대한민국 대통령

대한민국 대통령
—그 빛과 그림자

2023년 7월 17일 초판 1쇄 펴냄

지은이 박도
편집 박은경
펴낸이 신길순
펴낸곳 도서출판 **삼인**
전화 (02) 322-1845
팩스 (02) 322-1846
이메일 saminbooks@naver.com
등록 1996년 9월 16일 제25100-2012-000045호
주소 (03716) 서울시 서대문구 성산로 312 북산빌딩 1층

디자인 디자인 지폴리
인쇄 수이북스
제책 은정

ISBN 978-89-6436-242-6 93350
값 20,000원

대한민국 대통령

그 빛과 그림자

박도 지음

삼인

대한민국 역대 대통령을 소묘하다

아시아 동쪽 끝 한반도에 자리 잡고 있는 대한민국은 예로부터 산수가 매우 아름다운 '고요한 아침의 나라'다. 나라 곳곳에 어진 백성들이 오순도순 모여 살면서 찬란한 문화를 꽃피우며 수천 년의 역사를 이어왔다. 나는 한 기록자로서 나라 안팎 곳곳의 현대사 현장을 틈틈이 둘러보았다. 그때마다 우리 국토의 아름다움과 겨레의 높은 문화 수준에 새삼 경탄하곤 했다. 그때마다 절세의 애국애족 정치 지도자가 나타나 살기 좋고 평화로운 통일된 나라로 만들어주기를 염원해왔다.

1945년 해방둥이인 나는 초대 이승만 대통령부터 제19대 문재인 대통령까지 열세 명의 대통령과 내각책임제 장면 총리 시절을 온몸으로 겪으면서 살아왔다. 내 눈에 비친 그이들의 면모와 행적을 이 책에 한 분 한 분 소묘해보고자 한다. 이 책이 우리 현대사 이해와 역사 발전에 조금이라도 이바지하기를 바라는 마음으로 한 교육자, 한 작가 및 시민기자로서 양심껏 본 대로, 느낀 대로 쓰려고 한다.

일찍이 그리스의 철학자 아리스토텔레스는 "사람은 정치적인 동물이다"라고 말했다. 최첨단 산업사회인 오늘날은 강원도 산골에서 사는 한 서생의 일상조차 정치의 영향에서 벗어날 수 없다. 우리 모두는 '대한민국'호를 타고 인생이라는 바다를 항해하는 승객과 같다. 대통령은 대한민국호의 선장이요, 국민들은 그 배의 승객이다. 승객은 선장을 잘 만나야 '인생' 바다를 무사히 항해할 수 있다.

사람은 불완전하다. 진선진미한, 완벽한 사람은 거의 없다. 내가 역사현장 탐방을 하는 가운데 베이징에서 만난 한 독립지사는 인물을 평가할 때 그 공과功過를 5 대 5, 7 대 3, 3 대 7 식으로 분류했다. 어떤 사람도 정도의 차이는 있을지언정 공과의 양면이 있다는 것이다. 이 글을 쓰는 내내 그 말을 머릿속에 새겨둘 것이다. 이 책에 실린 글들은 2020년 1월 5일부터 '대한민국 대통령'이라는 제목으로 그해 10월 5일까지 인터넷 신문 《오마이뉴스》에 76회 절찬리 연재했던 기사를 대폭 다듬어 펴냄을 밝힌다. 대한민국의 번영과 나라의 평화와 통일을 이룰 위대한 정치지도자가 나타나기를 충심으로 기도하면서 무딘 붓을 든다.

2023년 6월
원주 치악산 밑
박도 글방에서

제13대 대통령 **노태우**

제14대 대통령 **김영삼**

제15대 대통령 **김대중**

제16대 대통령 **노무현**

초대~제3대 대통령

이승만

"나는 리승만입니다. 미국 워싱턴에서 국내·해외에 산재한 우리 2천 3백만 동포에게 말합니다. 어디서든지 내 말을 듣는 이는 자세히 들으시오. 들으면 아시려니와 내가 말하려는 것은 기쁜 소식입니다. […] 우리 임시정부는 중국 중경에 있어 애국열사 김구, 이시영, 조완구, 조소앙, 제가 합심하여 가는 중이며, 우리 광복군은 이청천, 김약산, 유동렬, 조성환 등 여러 장군의 휘하에 총사령부를 세우고, 각방으로 왜적에 항거하는 중이니 […]."

미국 국립문서기록관리청에서
이승만을 만나다

나는 2004년 2월 2일부터 3월 12일까지 40일간 미국 메릴랜드주 칼리지파크 조용한 숲속의 국립문서기록관리청(National Archives and Records Administration, NARA)에 머물렀다. 내가 그곳에 간 목적은 백범 암살의 배후 진상을 규명하고자 함이었다. 하지만 영어에 서툰 내가 실제로 할 수 있었던 일은 그곳 5층 사진자료실에서 한국 현대사 관련─주로 6·25 전쟁─사진을 검색하여 수집하는 일이었다.

NARA에 소장된 한국 현대사 관련 사진들은 이전에 내가 보지 못한 것으로 그 수량이 엄청났다. NARA 문서 상자에서 당시 이승만 대통령 사진이 숱하게 쏟아져 나왔다. 그때 나를 도와주던 재미동포 박유종 선생(사학자 박은식 선생 손자)은 NARA 소장 자료 상자에서 사진들을 일일이 찾아 한 장 한 장 넘기면서 뒷면의 영문 설명을 번역해줬다. 어느 날, 박 선생은 사진 한 장을 넘겨주면서 말했다.

"이 대통령이 맥아더 원수에게 대한민국과 자기를 살려준 은인이라고, 얼마나 고마웠는지 눈물을 글썽이면서 맥아더의 두 손을 꼭 잡고 있네요."

사진을 받아 살펴보니 정말 그랬다. 당시 이 대통령의 처지에서 맥아

중앙청 로비에서 열린 서울수복기념
식에서 이승만 대통령과 맥아더 장군.
(1950. 9. 29.) © NARA

더 장군은 마치 물에 빠진 자신과 대한민국을 인천상륙작전 성공과 서
울 수복으로 건져준 은인이었을 것이다.

내가 이승만 대통령을 멀리서나마 처음 보게 된 것은 초등학교 시절
이었다. 나는 고향인 경북 선산군 구미면 원평동 소재 구미초등학교를
다녔다. 그때 여학생들이 학교 운동장이나 동네 빈터에서 고무줄놀이
를 할 때 즐겨 불렀던 노래다.

우리나라 대한 나라 독립을 위하여
여든 평생 한결같이 몸 바쳐오신
고마우신 이 대통령 우리 대통령
그 이름 길이길이 빛나오리다.

어느 하루 우리 상급반 학생들은 갑자기 수업을 중단한 채 담임선생님의 인솔로 구미역에 갔다. 그날 경부선 특별열차를 타고 지나가는 이승만 대통령을 향해 태극기를 흔들기 위함이었다. 우리들은 구미역 플랫폼에 정렬한 다음, 담임선생님의 지시에 따라 대통령 특별열차가 지나갈 때 태극기를 흔들며 '이승만 대통령 만세!'를 크게 외쳤다. 그때 이승만 대통령은 객차 안 차창에서 우리를 향해 손을 흔들고 있었다. 그 순간 이 대통령의 수행원은 아마도 이렇게 말했을 것이다.

'각하! 저 어린 학생들조차 계속 집권하시기를 열렬히 바라고 있습니다.'

'충렬한 이 나라의 착한 어린이들이야!'

당시 이승만 대통령은 의뭉스럽게 동원된 민의를 빙자하여 3선 개헌의 무리수를 뒀다. 그 시절 서울역 뒤 중림동 우마차꾼들도 이승만 대통령 3선 출마지지 데모에 달구지를 끌고 한몫을 했다고 한다.

내가 구미중학교 2학년 때다. 그날(1960. 2. 28.)은 일요일임에도 대구 시내 학생들을 이런저런 구실로 등교시켰다. 3·15 정·부통령선거를 앞두고 대구 수성천변에서 열린 야당 정·부통령 후보자 선거 유세장에 참석하지 못하게 하려는 집권 자유당의 비열한 꼼수였다. 이를 알아차린 경북고등학교 학생들은 그날 하굣길에 "학생들을 정치도구로 이용치 말라"라는 구호를 외치면서 시위를 했다. 그 시위가 4·19 혁명의 효시요 도화선이었다. 그 여파는 이후 3·15 마산 시위에 이어 전국으로 산불처럼 번져나갔다.

마침내 이승만 대통령은 4·19 민주혁명으로 대통령직에서 물러났다. 철옹성 같았던 이승만 정권은 어린 학생들이 시작한 시위로 그만 맥없이 무너졌다. 남산공원에 세워진 이승만 동상은 어느새 시위대의

제3대 대통령 취임을 경축하고자 남산공원에 이승만의 동상을 세우고 있다.
(1956. 8.) ⓒ 국가기록원

쇠사슬에 묶여 종로, 을지로 시가지에 끌려다녔다. 4·19 이후 이승만 전 대통령은 더 이상 이 땅에 살지 못하고 하와이로 망명했다. 그때 권좌 언저리 사람들은 이렇게 말하곤 했다.

"이승만 대통령은 고령으로 3·15 선거가 부정인 줄 몰랐다."

"인의 장막으로 민심이 제대로 대통령에게 전달되지 못했다."

하지만 그런 말은 구차한 변명이었을 것이다. 당시 이승만 측근들은 자신의 자리를 계속 보존하고자, 곧 자유당의 장기 집권을 위해 3·15 정·부통령 선거를 치렀다. 여기에는 '3인조, 9인조 공개투표', '완장부대 활용' 등 기상천외의 부정한 선거 방법이 총동원됐다. 이승만 대통령은 3선 개헌이 무리수임을 알면서도 능청스럽게 모른 척했을 것이다. 이승만은 선민의식의 소유자로 백성들을 우습게 보는, 이 나라는 '나 아니면 안 된다'는 독선적인 인물이었다.

그는 이 나라 백성들을 위해 민주주의의 씨앗을 뿌린다는 초대 대통령으로서 어진 순교자는 결코 아니었다. 이 땅의 백성 위에 군림했던 반민주적 인물이었다.

그는 자신의 권력욕으로 개헌을 한, 첫 단추를 잘못 끼운 초대 대통령이었다. 우리 헌정사에 오명을 남겼다. 이는 우리 현대사의 불명예요, 비극이었다. 이후 대한민국 헌정 질서는 혼란스러웠고, 후임 대통령에게 '집권 연장을 위해 헌법을 고쳐도 된다'는 아주 나쁜 선례를 남겼다. 그 결과, 대한민국 헌법은 짧은 헌정사임에도 누더기처럼 기워졌다.

이승만은 1875년 3월 26일, 황해도 평산군 마산면 대경리 능내동에서 출생했다. 본관은 전주, 초명은 이승룡李承龍, 호는 우남雩南이다. 조선조 양녕대군 16대손으로, 아버지 경선李敬善과 어머니 김해 김씨 사이에서 셋째 아들로 태어났다.

1877년 서울로 이사해 온 뒤 서당에서 한학을 수학했다. 1891년 이승만은 박승선과 결혼하고 1895년 배재학당에 입학했다. 1898년 만민공동회에 참여하면서 독립협회에 적극적으로 참여했다. 1899년 1월 고종 황제 폐위 음모사건에 연루되어 5년 남짓 한성감옥에 투옥되었다가 1904년 8월 9일에 특별사면령을 받고 석방됐다.

그해 11월, 민영환과 한규설의 주선으로 조선의 독립을 청원하고자 미국으로 건너갔다. 1905년 2월 조지워싱턴대학교에 입학한 뒤, 8월 루스벨트 미국 대통령과 만났다. 이승만은 이 자리에서 조선의 독립 보존을 청원했다.

1910년 8월에 귀국한 뒤, 황성기독교청년회(YMCA) 청년부 간사 겸

감리교 선교사로 활동했다. 그런 가운데 1912년 '105인 사건'에 연루 돼 일제의 압박을 받자, 4월 다시 미국으로 건너갔다. 1900년대 초, 옥중에서 만났던 박용만의 도움으로 1913년 2월 하와이 호놀룰루로 활동 근거지를 옮겼다. 그 뒤 한인감리교회의 한인기독학원을 운영하며, 《태평양 잡지》를 발간했다. 하와이에서 박용만이 무력투쟁을 위해 국민군단을 창설했다. 그러자 이승만은 교육을 통한 실력양성을 주장하면서 두 사람은 독립운동 방법에 대한 견해 차이로 그때부터 대립하기 시작했다.

1919년 4월, 중국 상하이에서 대한민국임시정부가 수립될 당시 초대 국무총리로 선출되었다. 하지만 이승만은 상하이에 오지 않고 미국에서 임시정부 직제에도 없었던 대통령 행세를 했다. 1919년 9월 임시정부 헌법을 개정하여 대통령중심제를 채택하자 이승만은 이듬해인 1920년 12월에 상하이로 부임해 왔다. 이승만은 대한민국임시정부 수립 이전부터 우리나라를 국제연맹에서 위임 통치해달라는 청원서(우리나라를 국제연맹 위임국, 곧 미국과 같은 강대국에 위탁 통치케 해달라는 내용)를 미국 윌슨 대통령에게 보낸 바 있었다. 무장독립 투쟁론자였던 이동휘, 신채호 등의 불만은 매우 컸다. 신채호는 이승만의 위임 통치에 대해 다음과 같이 맹렬히 비난했다.

"이승만은 이완용보다 더 큰 역적이오. 이완용은 존재하는 나라를 팔아먹었지만, 이승만은 나라를 찾기도 전에 팔아먹었으니 더 큰 역적이란 말이오."

이승만은 임시정부 요인들에게 불신을 받는 등 갈등의 골이 매우 깊었다. 애초 임시정부 각료들은 이승만에게 거는 기대가 매우 컸다. 이승만이 독립자금 조달과 외교 능력이 뛰어나고 조지워싱턴대학교 시절 스승이었던 윌슨을 통해 미국 정부를 움직일 능력이 있을 것으로 판단했다. 그런 탓에 상하이 임시정부를 비롯한 다른 임시정부에서도 모두 이승만을 요직에 봉대했다. 하지만 이승만의 능력은 고무풍선처럼 부풀려 있었다. 게다가 미국에 거주하면서 상하이 임시정부 자리를 비우고 미주독립자금을 유용했다는 설까지 불거져 나왔다. 1925년 3월 11일, 대한민국 임시정부 임시의정원은 마침내 이승만 대통령을 탄핵하고, 내각책임제로 개헌을 하면서 임시정부 직제를 국무령제로 고쳤다.

　1933년 1월, 이승만은 스위스 제네바에서 열린 국제연맹 회의에서 조선의 독립을 청원하기 위한 활동을 벌였다. 그때 한 호텔 레스토랑에서 오스트리아인 프란체스카 도너를 만나 이듬해 10월 뉴욕에서 결혼했다. 그해 11월, 이승만은 국제연맹에서의 활동을 인정받으면서 다시 임시정부 국무위원에 선출되었다. 1934년엔 외무위원회 외교위원,

이승만 대통령 부부 신혼시절. ⓒ 눈빛
출판사 제공

1940년 주미 외교위원부 위원장으로 임명되었다. 1942년 8월 29일부터 이승만은 '미국의 소리(Voice Of America)' 방송에서 일본의 패망과 조선 독립운동의 필요성을 강조하는 방송을 시작했다. 그해 9월에는 미 육군전략사무처(Office of Strategic Services)와 연락해 임시정부 광복군이 미군과 함께 작전을 수행할 수 있도록 연결하는 활동을 했다. 1942년 일제강점기 당시 이승만의 '미국의 소리' 방송 일부다.

나는 리승만입니다. 미국 워싱턴에서 국내·해외에 산재한 우리 2천 3백만 동포에게 말합니다. 어디서든지 내 말을 듣는 이는 자세히 들으시오. 들으면 아시려니와 내가 말하려는 것은 기쁜 소식입니다. 자세히 듣고 다른 동포에게 일일이 전하시오. 또 다른 동포에게 시켜서 모든 동포에게 다 알게 하시오. [⋯] 우리 임시정부는 중국 중경에 있어 애국열사 김구, 이시영, 조완구, 조소앙, 제가 합심하여 가는 중이며, 우리 광복군은 이청천, 김약산, 유동렬, 조성환 등 여러 장군의 휘하에 총사령부를 세우고, 각방으로 왜적에 항거하는 중이니 [⋯].

최종고 편저, 『우남 이승만』 262~263쪽

일본의 패망

아시아에서 유일하게 서구 문물을 재빨리 받아들여 부국강병을 이룬 일본은 단시일 만에 제국주의 반열에 올랐다. 그런 뒤 가장 먼저 눈독을 들인 나라는 이웃 조선이었다. 그들은 당시 조선의 종주국이었던 청나라와 1894년 청일전쟁을 일으켰다. 그 전쟁에서 승리한 뒤 청의 세력을 조선에서 몰아냈다. 그러자 러시아가 이를 견제했다. 이에 화가 난 일본은 곧 1904년 러시아와도 러일전쟁을 일으켰다. 그 전쟁에서도 승리하자 일본은 미국과 '가쓰라·태프트 밀약'을 맺고 조선을 꿀꺽 삼켰다.

일본의 야욕은 조선을 차지하고도 그칠 줄 몰랐다. 일본은 1931년에 만주사변을 일으켜 괴뢰 만주국을 세웠다. 1937년에는 중일전쟁을 일으켜 중국 대륙을 야금야금 잠식했다. 이에 미국·영국 등이 중국을 지원하자 일본은 1941년 12월 8일 미국 태평양함대기지인 하와이 진주만을 기습 공격해 태평양전쟁을 일으켰다.

태평양전쟁 초기 일본은 파죽지세로 싱가포르, 필리핀, 인도네시아, 버마(미얀마의 옛 이름)까지 점령하는 등, 그들의 판도를 대폭 넓혀갔다. 하지만 반격에 나선 미국이 1944년 7월 7일 사이판을 점령했다. 이후 전세가 크게 반전되기 시작했다. 이 무렵 미국은 마침내 전대미문의 가공할 원자폭탄을 만들었다. 그런 뒤 이 원자폭탄을 1945년 8월 6일 히로시마에, 8월 9일에는 나가사키에 떨어뜨렸다. 두 도시는 순식간에 불바다가 됐다. 게다가 1945년 8월 8일 소련의 대일 참전으로 만주의 일본 관동군조차 맥없이 허물어지기 시작했다. 최후의 1인까지 결사 항전하겠던 일본은 원자탄의 위력에 깜짝 놀라 1945년 8월 15일 정오, 마침내 연합국의 포츠담선언을 무조건 수락할 뜻을 밝혔다.

미국은 일본의 갑작스러운 항복에 매우 다급해졌다. 그 무렵 미군은 한반도에서 1,000킬로미터나 떨어진 오키나와에 있었고, 한편 지리적으로 국경을 인접한 소련 제25군은 곧 청진, 원산, 옹기, 나진 등에 상륙할 태세였다. 미국은 자칫하다가 '재주는 곰이 부리고, 돈은 왕 서방이 받는' 처지에 이르게 되자 갑작스럽게 그은 북위 38도선을 기준으로 미소 양국이 분할하는 '일반명령 제1호' 초안을 만들어 8월 14일 소련

측에 전달했다.

미국은 이미 한반도에 상륙한 소련이 38도선 이 분할 점령안을 수락할 것인가에 대해 우려했지만, 소련은 의외로 다음 날 미국의 제안을 수락한다는 전문을 보내왔다. 이로써 한반도는 우리 겨레의 의사와는 전혀 무관하게 일제 패망 직전, 북위 38도선을 경계로 분할됐다. 마침내 미·소 두 나라는 한반도를 두 쪽으로 쪼갠 뒤 그들의 전리품으로 사이좋게 나눠 가졌다.

1945년 9월 9일, 미군은 38도선 이남인 서울에 진주해 조선총독 아베로부터 항복을 받았다. 그런 뒤 총독부 광장 국기 게양대에 하강된 일장기를 대신하여 성조기를 게양하고 미군정을 실시했다. 그들은 한반도 남쪽에 친미정권을 수립하기 위해 그 무렵 군웅할거하는 조선의 여러 지도인사들을 하나하나 저울질했다. 여운형, 김구, 김규식, 이승만 등 쟁쟁한 국내외 인사들이 물망에 올랐다. 미국은 그 가운데 가장 다

조선총독부 국기 게양대에서 일장기가 내려간 뒤 성조기가 올라가고 있다.(1945. 9. 9.) ⓒ NARA

루기 쉬운 이승만을 낙점했다. 그가 친미정권을 세우는 데 가장 적절한 인물로 보였기 때문이다. 거기에는 미국 군부, 특히 맥아더의 입김이 크게 작용했다.

미국에 체류 중이던 이승만은 도쿄의 맥아더 사령부를 경유하여 1945년 10월 16일 맥아더 전용기로 귀국했다. 이승만은 귀국 직전 일본 도쿄에서 맥아더 장군과 하지 미군정사령관을 만났다. 이들과 미리 회합을 하고 귀국한 뒤, 10월 20일 중앙청 앞에서 열린 연합군 환영대회에서 하지 미 주둔군사령관은 이승만을 서울 시민들에게 소개했다.

"이 가운데 조선 사람의 위대한 지도자가 있다. 그는 조선의 해방을 위해 싸웠고, 조선의 자유와 독립을 위해 큰 세력을 가진 분이다."

이승만은 조선 인민공화국 주석과 한국민주당 영수직 등의 제의를

이승만이 미군정청 광장(전 중앙청 광장)에서 열린 연합국환영대회에서 하지의 소개를 받은 뒤 축사를 하고 있다.(1945. 10. 20.) © 눈빛출판사 제공

모두 거절했다. 대신 1945년 10월 23일 독립촉성중앙협의회를 조직해 그 회장에 추대됐다. 초기 독립촉성중앙협의회는 조선공산당과 한국민주당 등 좌우익이 대부분 참여한 단체였다. 하지만 친일파 처리에 대한 이견과 이승만의 강한 반공주의로 조선공산당을 비롯한 좌익계 인사들은 모두 이 조직에서 탈퇴했다.

1946년 2월 14일, 미소공동위원회의 개최를 앞두고 이승만은 미군정이 조직한 남조선대한국민대표 민주의원에 참여해 의장에 선출됐다. 그러나 미군정이 소련군과 타협해 한반도 문제를 해결하려고 하자 그는 의장직을 사퇴하고 지방순회에 나섰다. 그는 미소공동위원회에 반대하며, 1946년 6월 3일에는 전북 정읍에서 "남쪽만의 임시정부, 혹은 위원회 조직이 필요하다"는 이른바 '정읍 발언'으로 38선 이남에서라도 단독정부를 세워야 한다고 주장했다.

미군정이 조직한 남조선대한국민대표민주의원에 참여한 김규식, 이승만, 김구 등 지도자들.(1946. 2.)
© NARA

1947년 9월 미소공동위원회가 완전히 결렬됐다. 그즈음 미국에는 매카시즘 선풍이 일었다. 반공 일변도인 이승만은 미군부에서 가장 선호하는 인물일 수밖에 없었다. 맥아더와 미 군부의 지지를 받는 이승만의 집권은 그때부터는 '땅 짚고 헤엄치기'였다. 김구를 비롯한 다른 민족지도자들은 이승만 집권을 위한 한낱 들러리에 불과했다.

그 무렵 한반도 문제가 유엔으로 이관되자 이승만은 유엔 감시하 실시되는 선거에 참여했다. 1948년 5월 10일 실시된 국회의원 총선거에서 이승만은 동대문구 갑 지역구에 출마했다. 독립운동가 최능진이 이승만과 대결하고자 같은 선거구에 입후보했다. 하지만 이승만 측의 방해공작으로 후보자 등록무효 선고를 받았다. 이로써 이승만은 그 지역구에서 무투표 당선됐다. 1948년 5·10 총선거는 200개의 선거구 중 4·3 항쟁이 일어난 제주도 두 곳을 제외한 198개 선거구에서 치러졌다. 좌익과 중도세력, 그리고 남북협상을 추진했던 세력은 불참했다.

1948년 5월 31일, 국회가 소집되자 선출된 국회의원 가운데 가장 연장자인 이승만이 의장으로 선출됐다. 제헌 국회는 3권 분립과 대통령제와 국회에 의한 대통령 선출을 규정한 헌법을 1948년 7월 17일에 공포했다. 사흘 뒤인 1948년 7월 20일 국회에서 이승만을 대통령으로 선출했고, 광복 3주년을 맞는 1948년 8월 15일, 마침내 대한민국 정부가 수립됐다. 그해 8월 25일에는 38도선 이북에서도 선거가 치러져 최고인민회의 대의원이 선출됐고 9월 9일에는 김일성을 수상으로 하는 조선민주주의인민공화국이 수립되었다. 그 누구도 상상치 못한 두 개의 정부가 태어나 한반도는 곧 분단국가가 됐다.

대한민국 정부가 수립되자 국회의원들은 일제강점기 친일행위자를 처벌하기 위한 '반민법'을 제정해 국회에서 통과시켰다. 반민특위 위원

이승만 대통령이 중앙청 광장에서 열린 대한민국 독립 1주년 기념식장에서 경축사를 하는 모습. (1949. 8. 15.) ⓒ NARA

장에는 임시정부 출신의 김상덕, 부위원장에는 김상돈이 선출됐다. 이들은 1949년 정초부터 본격 반민특위 활동에 들어갔다. 그해 1월 8일에는 친일기업가 화신재벌 박흥식 검거에 이어서, 일본군 첩자로 활동한 이종형, 강우규 열사를 체포한 김태석, 중추원 부의장 박중양, 임전보국단장 최린, 경성방직 사장 김연수, 고문경찰관 노덕술, 공주 갑부 김갑순, 사학자 최남선, 문학가 이광수, 밀정 배정자 등을 속속 체포했다. 하지만 반민특위가 활동을 시작하자 곧장 방해공작이 잇따랐다. 가장 먼저 이승만 대통령이 반민특위 활동에 앞장서 제동을 걸었다. 이승만은 애초부터 반민법 제정 자체를 반대했다. 그는 반민특위가 활동을 개시하자 "반민자 처단에 신중을 기하라"라는 특별담화를 발표했다.

이승만은 우선 신생국가의 조직을 확립하는 것이 급선무로, 이를 위해 과거의 잘잘못을 따질 상황이 아니라고 판단했다. 또한 그의 권력을 지탱해주는 세력은 친일분자였기에 친일세력 척결은 곧 자신의 권력을 약화시키는 결과로 여겼다. 반민특위가 노덕술을 비롯한 친일경찰 간부들을 체포하자 이승만은 특위위원들을 불러 이들을 석방하라고 노골적인 압력을 가했다.

그 방해공작의 압권은 1949년 6월 6일, 경찰이 반민특위를 습격하는 사건으로 드러났다. 당시 김태선 시경국장의 지시를 받은 윤기병 중부경찰서장은 부하를 이끌고 6월 6일 아침 반민특위 사무실을 습격했다. 이들은 출근하던 특위 요원 35명을 불법 체포했다. 이 사건을 계기로 반민특위는 사실상 무너졌다. 그 결과 오늘날까지도 우리 사회는 친일파 처벌 논의가 영구미제로 이어지고 있다. 초대 이승만 대통령이 반민특위 방해로 친일파들을 척결치 못하고 문제를 희석시킨 결과였다. 이로써 우리나라의 정통성, 그리고 사회의 도덕성과 민족정기에 크나큰 상처를 입혔다. 첫 단추를 잘못 꿴 것과 같은 오점을 남겼다. 그 이후 우리 사회에 정의감과 양심의 훼손, 그리고 권력에 좌고우면하는 기회주의자들을 양산케 했다.

제주 4·3 항쟁과 6·25 전쟁

제주 4·3 항쟁은 1947년 3·1절 기념 시위 때 경찰의 발포로 여섯 명의 제주도민이 사망한 사건으로 비롯됐다. 도민들은 이에 대한 항의로, 그해 3월 10일 관공서 관리까지 가담한 총파업을 일으켰다. 이에 미군정은 육지 경찰과 서북청년회를 파견하여 무자비하게 파업을 진압했다. 무차별 검거, 부녀자 겁탈, 재물 약탈 등이 발생하자 그해 4월

3일 한라산에 봉화가 오르고, 무장대가 경찰서와 서북청년회 등을 습격하면서 본격적인 항쟁이 시작됐다.

1948년 정부 수립 후 그해 11월부터 이듬해 4월까지 대규모 진압작전이 이뤄진 결과, 항쟁은 거의 진압됐다. 이 기간에 제주도 169개 마을 가운데 130개 마을이 불타고, 제주도민의 약 9분의 1에 가까운 2만 5천~3만 명 정도가 살해됐다. 그 희생자 가운데 3분의 1은 어린이나 노인, 그리고 여성이었다.

이승만은 제주 4·3 항쟁을 진압하고자 군대 파견을 명령했다. 그런데 출병 명령을 받은 14연대 내의 남로당계 군인들이 1948년 10월 19일 봉기를 일으켰다. 이들은 순식간에 여수 시내를 장악했고, 이승만 정부를 불신하던 세력이 이에 호응하면서 그 사태는 걷잡을 수 없이 번졌다. 정부군은 육해공군 합동작전으로 여수 시가지를 잿더미로 만든 뒤 사태를 수습했다.

여수 사건은 진압됐지만 그때 살아남은 사람들은 지리산 등지로 숨어들어 빨치산이 됐다. 이들 지역에서는 한때 '낮에는 대한민국, 밤에는 인민공화국'이라는 말이 돌았다. 이후 정부의 대대적인 지리산 빨치산 토벌작전으로 이들은 평정됐다. 여수 사건으로 위기의식을 느낀 이승만 정권은 일제가 만든 치안유지법을 모태로 '국가보안법'을 만들어 1948년 12월 1일 공포했다. 이 국가보안법 제정으로 이후 대한민국 국민들은 정치 및 사상, 그리고 문화 예술의 표현 자유를 제대로 누리지 못했다.

1949년 1월 18일, 김구는 외국군(미군) 철퇴와 남북협상을 들고나왔다. 그러나 정부는 즉각 남북협상을 반대하는 성명을 발표했다. 국회에서는 소장 개혁파 의원들이 외국군 철퇴 안을 제출했다. 하지만 이 제안은 민국당의 반대로 부결됐다. 이 문제에서만은 이승만과 민국당의 이해가 일치했다.

외국군 철퇴 문제는 1949년 6월 미국이 철수를 선언함으로써 해결됐다. 하지만 김구는 그해 6월 26일 한낮에 경교장 거실에서 현역 육군 소위 안두희에게 암살됐다. 이후 안두희는 이승만 정권 아래서 승승장구하여 현역으로 복귀되기도 했고, 전역 후에는 군납업자로 행세했다.

이승만은 집권한 지 1년이 지난 1949년 6월부터 대북 공세를 부쩍 강화하기 시작했다. 이때부터 38선 일대에서는 충돌이 잦아지고 격화됐다. 그즈음 중국에서 국민당 정부가 무너지자 38선은 자본주의 진영과 사회주의 진영이 맞부딪힌 제1선으로 세계적인 화약고가 됐다.

북위 38선 표지판. 러시아어, 영어, 한자 표기는 있으나 한글은 보이지 않는다.(1945. 10.) ⓒ NARA

1949년 가을로 접어들면서 이승만은 '북진통일론'을 들고나오기 시작했다. 그러자 북한의 김일성도 '국토완정론'을 들고나왔다. 그때부터 한반도 상공은 전운이 감돌았다. 이승만의 북진통일론은 실질적인 아무런 준비도 없는 맹탕이요, 허풍이었다. 이와 달리 북한의 김일성은 소련으로부터 탱크 등 막강한 군사원조를 받아 국토완정론을 착실히 준비하고 있었다.

1950년 6월 25일 일요일 새벽 4시, 38선 일대에서는 갑자기 북쪽으로부터 포성이 천둥처럼 울렸다. 이 포성은 이후 3년 동안 한반도를 초토화시킨 6·25 전쟁 발발 신호였다. 그 시각 38선 50킬로미터 남쪽의 서울 시민들은 대부분 깊은 잠에 빠져 있었다.

그날 아침, 이승만 대통령은 창덕궁(비원) 연못에서 낚시를 하다가 인민군의 38선 남침을 보고받았다. 신성모 국방장관은 "크게 걱정할 것 없다"라고 보고했다. 곧이어 이 대통령의 지시로 긴급 소집된 비상국무회의가 열렸다. 그 자리에서 채병덕 육군참모총장은 전방의 전황과는 전혀 다른 보고를 올렸다.

"적의 공격은 전면 남침이 아니라, 서대문 형무소에 갇혀 있는 공산주의자 이주하와 김삼룡을 살려내기 위한 책략 같으며, 우리 군을 즉시 출동시켜 침략자들을 일거에 격파하겠습니다."

그날, 6월 25일 정오부터 마이크를 단 군용 지프가 서울 도심지를 질주하면서 다급하게 방송을 했다.

"3군 장병들은 지금 즉시 원대 복귀하라."

그제야 일부 서울 시민들이 조금 동요했다. 여전히 대부분의 시민들은 38선 일대에서 전면전이 일어난 줄은 몰랐다. 38선에서 우리 국군이 월등히 우세한 전력으로 인민군을 제압하고 있다고 굳게 믿고 있었

대한민국 정부 수립 경축식장의 이승만과 맥아더.(1948. 8. 15.) ⓒ 맥아더기념관

다. 이승만 대통령을 비롯한 군 수뇌부가 걸핏하면 '북진통일'을 외치며, 국군 전투력을 과장했기 때문이다.

"우리는 3일 내로 평양을 점령할 수 있다."

이승만 대통령과 군 수뇌부의 허세와 허풍은 막상 전쟁이 일어나자 양치기 소년의 말처럼 곧 부메랑으로 되돌아왔다.

6월 26일 새벽 이승만은 도쿄 연합군 최고사령부에 전화를 걸어 전쟁 발발 사실을 알리고 맥아더와 통화를 요청했다. 부관이 깨울 수 없다고 하자 이승만은 그에게 분노를 쏟아냈다.

"맥아더 원수가 깨면 이렇게 전하시오. 당신네들이 빨리 우리를 도와주지 않으면 여기에 있는 미국 시민들이 한 사람씩 죽어갈 터이니 장군을 잘 재우시오."

곧 맥아더가 전화를 받자 이승만은 계속해서 분노를 터뜨렸다.

"오늘 이 사태가 벌어진 것은 결국 누구의 책임이오? 당신네가 좀 더 관심과 성의를 보였더라면 이런 사태가 일어나지 않았을 거요. 우리가 여러 차례 경고하지 않았소? 어서 한국을 구해주시오."

6월 27일 새벽 1시 경무대에서 긴급 비상 국무회의가 소집됐다. 이때 비상 국무회의에서 수도를 옮기는 '천도'가 확정됐다. 하지만 이 회의에서 당시 150만 서울 시민의 안정과 민생, 그리고 피란 대책은 전혀 고려되지 않았다. 일반 시민들이 정부의 수도 이전에 대해서 알게 되면 걷잡을 수 없는 혼란이 발생한다는 판단 때문이었다. 이승만 대통령은 비상 국무회의가 끝나자 다급하게 경무대를 빠져나와 서울역에 대기 중인 특별열차에 올랐다.

이 특별열차가 서울역을 떠난 시각은 그날 새벽 3시 무렵이었다. 대통령의 피란 행렬에는 부인 프란체스카, 김장흥 경무대 경찰서장, 황규면 비서, 그리고 경호경찰 한 명을 대동했다. 이승만이 탄 특별열차는 기관차 1량에 객차 2량이 달린 낡은 3등 열차였다. 이 열차는 부산과 진해를 향해 출발했다. 그날 오전 11시 40분에 열차가 대구에 도착했을 때 이승만은 열차를 멈추게 한 뒤 서울로부터 정보를 듣고는 다시 서울 쪽으로 되돌아갔다. 그날 오후 4시 30분께 이승만을 태운 열차가 대전에 도착했다. 이미 대전에는 서울을 탈출한 3부 요인과 고위 관료들이 상당수 있었다. 이승만은 대전 현지에서, 마치 서울에 여전히 남아 있는 것처럼, 서울 시민을 포함한 모든 국민들에게 안심하라는 연설을 녹음 방송했다.

"정부는 대통령 이하 전원이 평상시와 같이 중앙청에서 집무하고, 국회도 수도 서울을 사수하기로 결정했으며, 일선에서도 충용 무쌍한 우리 국군이 한결같이 싸워서 오늘 아침 의정부를 탈환하고, 물러가는 적을 추격 중입니다. 국민 여러분은 군과 정부를 신뢰하고, 조금도 동요함이 없기를 바라는 바입니다. 나 리승만은……."

전쟁 발발 66시간 만에 나온 이승만 대통령의 첫 육성에 대부분의 국민이 속았다. 이 방송을 들은 일부 서울 시민은 이 대통령이 경무대 (청와대)에 머물고 있는 줄 알고 피란길을 되돌려 집으로 돌아가기도 했다.

1950년 6월 28일 새벽 1시 무렵, 채병덕 육군참모총장은 인민군 탱크가 서울 미아리 방어선을 막 돌파했다는 보고를 받았다. 그는 후퇴 중인 부하들을 살려야겠다는 생각보다 일단 인민군의 남하를 한강 이북에서 저지해야겠다는 생각으로 즉시 공병감 최창식 대령에게 한강교 폭파 명령을 내렸다.

공병들은 한강교 곳곳에 미리 폭약을 설치해둔 채 발파 명령을 기다렸다. 이 명령이 떨어지자 즉각 폭파 버튼을 눌렀다. 한강대교를 비롯한 3개 철교의 일부 교각이 엄청난 폭음과 함께 주저앉았다. 한강교 폭파 시각은 1950년 6월 28일 새벽 2시 30분 무렵이었다. 사전 예고 없는 한강교 폭파로 일대의 숱한 피란민들이 그 자리에서 즉사하거나 수장 또는 큰 부상을 입었다. 한강교 폭파로 이후 서울 시민들은 '독 안의 쥐처럼' 꼼짝할 수 없게 됐다.

1950년 7월 1일 새벽 3시, 대전에 머물던 이승만 대통령은 또다시 신변 불안으로, 소수의 경호요원과 비서를 대동하고 억수같이 비가 쏟아지는 가운데 승용차를 타고 대전을 빠져나갔다. 그의 행로는 대전-대구-부산으로 이어지는 통상적인 남행 경로가 아니었다. 승용차로 전북 이리로 가서, 거기서 다시 열차를 타고 목포로 갔다. 그런 뒤, 목포항에서 소해정을 타고 무려 열아홉 시간을 항해한 끝에 부산에 이르렀다.

7월 2일 오전에 부산에 도착한 이승만 대통령은 그때까지도 한강방어선이 뚫리지 않았다는 보고를 받았다.

'내가 잘못 판단했어, 이렇게 빨리 부산으로 오지 않아도 되는 것인데……'

이승만은 자책한 뒤 7월 9일 대구로 갔다. 이후 대구에서 지내다가 8월 18일에 다시 부산으로 내려갔다.

그해 9월 28일, 유엔군의 서울 수복으로 서울에 돌아온 이승만 정부는 적 치하 시민들을 부역, 친공, 북한정권에 협력의 혐의로 대규모로 처벌했다. 한강을 용케 건넜던 '도강파'들은 개선장군처럼 당당했다. 이 대통령의 육성 방송을 믿고 서울에 남은 '잔류파'들은 '빨갱이', '불순분자', '부역자'라는 의혹을 받으며 검증에 시달려야 했다. 그해 10월 4일부터 11월 13일까지 무려 5만 5천여 명의 부역자를 검거했다.

서울 수복 후 우익 청년단원들이 인민군 부역 혐의자들을 연행하고 있다.(1950. 9. 29.) ⓒ NARA

부산 정치파동

대한민국 헌법 제정 당시 대통령은 국회에서 간접선거로 뽑았다. 1948년 7월 20일, 이승만은 재적의원 198명 중 180표를 얻어 대통령에 당선됐다. 하지만 이후 국회의원들은 이승만 대통령을 신뢰하지 않았다. 국회에서 제2대 대통령 선거를 치를 경우 이승만의 대통령 당선 가능성은 희박했다. 그런 가운데 1950년 5월 30일, 제2대 국회의원 총선거가 실시됐다. 그 결과는 여당인 국민당 24석, 제1야당인 민국당 24석으로, 기존 정당은 모두 참패했다. 그 대신 무소속이 126석으로 대약진했다. 당시 무소속은 대부분 반 이승만 세력이었다. 이에 이승만은 정치적으로 최대 위기에 처했다.

그런 가운데 6·25 전쟁이 발발했다. 이승만은 전쟁 전에는 북한을 이길 수 있다고 큰소리쳤다. 그러나 정작 전쟁이 일어나자 달아나기 바빴다. 그럼에도 6·25 전쟁은 이승만에게는 재집권의 좋은 기회였다. 전시 때는 어느 나라나 군대와 경찰의 힘이 막강하다. 이승만은 그들의 힘을 최대한으로 이용했다. 곧 자신의 집권을 위해서는 수단과 방법을 가리지 않았다.

1951년 11월 말, 이승만은 직선제를 골자로 하는 개헌안을 국회에 제출했다. 그런 뒤 이를 관철하고자 전국에 비상계엄령을 선포했다. 하지만 국회는 이 개헌안을 보기 좋게 부결시켰다. 국회는 한술 더 떠서 1952년 4월 17일, 내각제 개헌안을 제출했다. 국회 내에서 지지 세력이 빈약한 이승만은 이 개헌안을 평화적으로는 막아낼 수 없었다. 5월 25일, 이승만은 부산을 중심으로 경남, 전남과 전북에 계엄령을 선포했다. 그러고는 다음 날 헌병대를 동원해 국회의원들이 출근하는 통근버

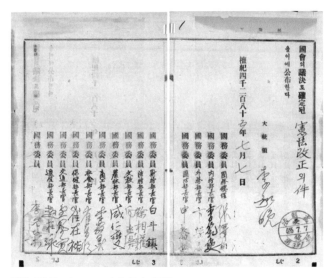

헌법 개정 공포.(1952. 7. 7.) © 국가기록원

스를 견인차로 끌고 갔다.

　그런 다음 국회의원 열 명을 국제공산당과의 관련 혐의를 뒤집어씌워 유치장에 가뒀다. 이에 민국당의 김성수 부통령은 사퇴서를 던지며 항의 했다. 국회도 구속된 의원 석방 결의안을 채택해 이승만을 압박했다. 하 지만 이승만은 요지부동으로 대통령 직선제와 국회 양원제 두 가지만을 발췌한 개헌안을 통과시키지 않으면 국회를 해산하겠다고 협박했다.

　이러한 강압 속에 그해 7월 4일 야간, 국회에서 의원들은 기립표결로 발췌개헌안을 통과시켰다. 출석의원 166명 가운데 찬성 163표, 기권 3 표, 반대 0표였다. 이른바 '부산 정치파동'이었다. 이 정치파동에는 군 대, 경찰, 그리고 정치 깡패들인 백골단, 땃벌레 등이 동원됐다. 이 개헌 으로 이승만은 1952년 8월 5일에 실시된 제2대 대통령 선거에서 직선 으로 무난히 당선했다.

제2대 대통령으로 당선된 이승만은 또다시 장기 집권 연장 욕심을 부렸다. 당시 헌법에 대통령은 1차에 한해 중임을 할 수 있었다. 이승만은 이 조항을 없애고 종신 대통령을 하고 싶었다. 그리하여 1954년 5월 20일에 실시되는 제3대 국회의원 선거에 개헌 선을 확보하고자 사활을 걸었다. 3선 개헌에 필요한 의원수를 확보하기 위해 경찰을 동원하는 등 온갖 불법을 저지르면서 선거를 치렀다. 그 결과 전국 203개 선거구에서 114석을 얻었다. 하지만 개헌 선에는 미치지 못했다. 그러자 무소속 의원 23명을 영입하여 개헌에 필요한 136석을 확보했다.

그해 11월 27일, 초대 대통령에 한해 3선 금지조항을 삭제한 개헌안이 국회 본회의에 상정, 비밀투표로 표결됐다. 결과는 재적 인원 203명에 재석 의원 202명, 찬성 135명, 반대 60명, 기권 7명이었다. 의결 정족수 136명에 1명이 모자라는 결과로 사회자인 당시 최순주 국회 부의장은 개헌안 부결을 선포했다. 하지만 이틀 뒤인 11월 29일에 최 부의장은 지난 27일 부결 선포는 계산 착오에 의한 것이란 궤변을 늘어놓으며 이미 부결 선포한 개헌안을 취소하고, 다시 가결을 선포했다. 이는 재적 의원 203명에서 의결 정족수인 3분지 2는 135. 3333······으로 이 경우 사사오입의 계산법에 따라 소수점 이하는 생략해야 한다는 논리였다.

이 사사오입 개헌 파동은 범야권의 신당 창당을 촉진했다. 하지만 내부적으로는 보수파와 혁신파의 대립으로 상당 기간 내홍을 겪었다. 결국 보수파 단독으로 1955년 9월 18일 민주당이 창당됐다. 민주당 대표 최고위원은 신익희, 최고위원 조병옥, 장면, 곽상훈, 백남훈 등이었다.

민주당은 1956년 5월 15일 제3대 정·부통령 선거에 대통령 후보로 신익희, 부통령 후보로 장면을 지명했다. 자유당도 대통령 후보에 이승만, 부통령 후보에 이기붕을 확정했다. 혁신계에서는 대통령 후보에 조봉암, 부통령 후보에 박기출을 내세웠다. 민주당은 선거구호로 "못살 겠다 갈아보자"를 내세웠고, 자유당은 이에 대해 "갈아봤자 소용없다", "구관이 명관이다" 등의 선거 구호로 맞받아쳤다.

1956년 5월 3일, 한강 백사장의 민주당 신익희·장면 후보의 유세장에는 30만 명의 인파가 몰렸다. 이승만 정권 교체를 바라는 이들의 꿈을 한껏 부풀게 했다. 하지만 신익희 후보는 선거를 열흘 앞두고 호남선 열차로 유세차 전북 이리로 가는 도중, 열차 안에서 뇌일혈로 운명했다. 그 무렵 〈비 내리는 호남선〉이란 가요는 신익희 후보의 추모곡처럼 백성들 사이에서 애창됐다.

이승만 대통령 부부의
투표장면. ⓒ 국가기록원

목이 메인 이별가를 불러야 옳으냐?

돌아서서 피눈물을 흘려야 옳으냐?

사랑이란 이런가요?

비 내리는 호남선에

헤어지던 그 인사가

야속도 하더란다.

그해 5·15 대통령 선거 결과는 이승만 504만 표, 조봉암 216만 표, 무효인 신익희 추모 투표 185만 표로 이승만이 당선됐다. 부통령 선거에서는 장면이 401만 표를 얻어 380만 표를 얻은 이기붕을 제치고 당선됐다.

이 선거에서 조봉암은 대약진을 했다. 게다가 그의 선거 공약 '평화통일론'은 철저한 반공주의자 이승만에게는 눈엣가시가 되었다. 선거가 끝나자 이승만은 정적 제거 리스트에 조봉암을 올렸다. 게다가 부통령에 민주당 장면 후보가 당선된 것도 자유당으로서는 무척 불안한 일이었다. 이승만이 팔순을 넘긴 고령이기에, 갑자기 사망하거나 건강상 업무를 수행할 수 없게 된다면 정권이 민주당으로 넘어갈 수도 있는 상황이었다. 더욱이 국회의원 하나 제대로 없는, 아직 창당도 하지 않은 혁신계의 조봉암 후보가 예상외의 지지를 받는다는 사실에 자유당은 더욱 안절부절, 가시방석에 앉은 듯했다. 그런 가운데 1956년 11월 10일, 조봉암을 비롯한 혁신계가 '진보당'을 창당했다.

그들은 창당대회에서 "책임 있는 혁신정치, 수탈 없는 계획경제, 민주적 평화통일"의 3대 정강을 채택하고, 위원장에 조봉암, 간사장에 윤길중을 선출했다. 진보당의 1차 목표는 1958년 5월에 실시되는 국회의원 선거에서 원내 교섭단체를 구성할 수 있는 20석 이상 확보에 있었다. 하지만 이승만은 이를 가만히 지켜보고만 있지 않았다.

1958년 1월 13일, 이승만은 경찰을 동원해 진보당 간부 전원을 체포 수감했다. 죄명은 간첩죄 및 국가보안법 위반으로 몰았다. 재판은 일사천리로 진행돼 1958년 7월 2일 조봉암은 1심에서 징역 5년을 언도받았다. 2심에서는 결정적 증거인 이중간첩 양명산이 '육군 특무대의 회유와 협박이 있었다'고 하며 진술을 번복했다. 하지만 2심 재판부는 이를 받아들이지 않고, 양명산과 조봉암에게 사형을 선고했다.

1959년 2월 27일, 조봉암은 대법원 확정판결에서 사형을 선고받았다. 조봉암은 최후 진술에서 이를 '정치적 음모'라고 주장했다. 하지만 재심 청구가 기각된 바로 다음 날인 1959년 7월 31일 곧장 사형이 집행됐다. 이승만은 정적에 대해 이른바 '사법살인'을 한 셈이었다.

1960년 3월 15일은 제4대 정·부통령 선거일이었다. 자유당 대통령 후보는 이승만, 부통령 후보는 이기붕이었다. 이에 맞서 민주당 대통령 후보는 조병옥, 부통령 후보는 장면이 지명됐다. 그러나 민주당 후보 조병옥은 선거를 한 달 앞두고 지병으로 쓰러졌다. 그리하여 도미 후 미국 월터리드육군병원에서 수술을 받았지만 사망했다. 3대 대통령 선거 때 신익희 후보의 비운이 다시 반복됐다. 자유당에게 제4대 대선에서 강력한 대항마였던 조봉암, 조병옥 후보가 사라지자 이승만 후보는 '땅 짚고 헤엄치기'로 당선되는 것이나 다름없었다. 하지만 이승만은 당시 85세로 대통령 유고시 부통령 자리가 매우 중요했다. 그런 까닭에 3·15 선거는 부통령 선거로 축소된 모양새였다. 이기붕 후보가 지난 선거 때 장면 후보에게 패한 전력이 있었다. 그래서 자유당은 1960년 3·15 정·부통령 선거에서 수단 방법을 가리지 않고 이기붕 후보를 당선시키고자 치밀하게 기획했다. 이는 곧 부정선거로 이어졌다.

자유당은 경찰과 공무원, 반공청년단, 정치 깡패 등 모든 여권 세력을 총동원해 민주당의 선거운동을 방해했다. 1960년 2월 28일은 일요일임에도 야당 후보자 유세를 방해하고자 대구 시내 중·고교생들을 등교시키는 등 자유당은 치밀하게 부정선거를 획책했다. 4할 사전 투표, 3인조 5인조 투표, 유권자 명부 조작, 완장부대 동원, 야당 참관인 쫓아내기, 투표함 바꿔치기, 투표 계산서 조작 등등. 모든 방법을 총동원했다. 이런 비열한 부정선거에 시민들은 크게 분노했다.

최초의 유혈시위는 선거 당일인 1960년 3월 15일 마산에서 일어났다. 그날 밤 마산 시민 수천 명은 개표장 부근에서 부정선거 규탄 시위를 벌였다. 그러자 일제히 정전이 되면서 경찰의 시위대 발포가 시작됐다. 이날 8명이 사망하고 80여 명이 부상을 입었다.

4·19 혁명

4·19 혁명의 직접 도화선이 된 것은 한 학생의 시신 사진이었다. 1960년 4월 11일 아침, 3·15 시위 때 최루탄을 맞고 행방불명이 된 마산상고 김주열 학생의 시신이 마산 앞바다에서 참혹한 모습으로 떠올랐다. 이것이 경찰의 소행으로 밝혀지자 마산 시민들의 분노는 마침내 폭발했다. 그날 마산 시민 2만여 명이 마산경찰서와 시청에 난입했고, 파출소도 습격했다. 이날 이후 마산은 사흘간 행정이 마비됐다. 이런 시위에도 당시 홍진기 내무장관은 이 사태를 '빨갱이'들이 조종한 것으로 몰고 갔다. 이승만 대통령도 이에 호응해 "이 난동에는 뒤에 공산당이

마산 앞바다에 떠오른 마산상고 김주열 학생의 시신. ⓒ 눈빛출판사 제공

있다는 혐의도 있어서 지금 조사 중"이라는 특별담화를 발표했다.

그해 4월 18일, 고려대학교 학생 2천여 명은 3·15 부정선거를 규탄하면서 태평로 국회의사당 앞까지 행진했다. 학생들은 대정부 건의문을 결의하고, 이날 밤 학교로 돌아오다가 종로4가 부근에서 반공청년단 임화수가 거느린 1백여 명 깡패들에게 각목, 쇠갈고리 등으로 집단 폭행을 당했다. 학생들이 거리에 쓰러진 사진이 이튿날 조간신문에 크게 보도됐다. 잠에서 깨어난 서울 시민들과 학생들은 그 장면에 분노를 참을 수 없었다.

마침내 1960년 4월 19일 화요일 아침, 서울대학교 문리대 학생을 선두로 법대생 등 여러 단과대 학생들이 교문을 뛰쳐나갔다. 서울 시내 많은 대학생, 고교생 및 일부 중학생들도 시위에 참여했다. 서울 세종로 일대는 10만 명 이상의 시위 인파로 가득 메워졌다.

서울대 학생들은 국회의사당을 선점했다. 이에 동국대 학생들은 경무대 쪽으로 향했다. 경찰이 갑자기 시위대에게 발포하기 시작했다. 그리하여 '피의 화요일'이 시작됐다. 당시 자유당 전위부대 노릇을 한 서울신문사와 반공회관이 불길에 치솟았다. 그날 오후 3시 정부는 계엄을 선포했다.

4·19 시위는 지방으로도 번져갔다. 부산과 광주에 이어 대전, 대구, 전주, 청주, 인천 등 전국의 중소도시로도 부정선거 규탄 시위는 산불처럼 무섭게 번져나갔다. 이날 시위로 115명이 사망하고 7백여 명이 부상을 당했다. 학생들의 시위가 심상치 않자 주한미국대사 매카너기는 경무대를 방문해 유감을 밝혔다. 그리고 미 국무장관은 주한대사를 통해 항의각서를 전달했다. 이에 이승만은 국무위원을 전원 사퇴시키고, 이기붕의 부통령 당선 취소 등으로 사태를 매듭지으려 했다.

이런 미온적인 방법으로 사태 해결을 모색하려는 가운데 대학교수들이 나섰다. 1960년 4월 25일, 대학교수들은 "학생의 피에 보답하라"는 플래카드를 앞세우고 시위를 벌였다. 자칫 잦아들려는 4·19 혁명에 대학교수들의 이날 시위는 다시 불길을 지폈다. 그때부터는 대학생은 물론 중고교 학생들까지 나서서 이승만 퇴진을 요구하였다. 이에 미국마저 이승만 정권 지지를 거두자 마침내 이승만은 대통령직에서 물러나겠다는 성명서를 발표했다.

"나는 무엇이든지 국민이 원하는 것이 있다면 민의를 따라서 하고자 한 것이며, 또 그렇게 하기를 원했던 것이다. 첫째, 국민이 원한다면 대통령직을 사임하겠다. 둘째, 3·15 정·부통령 선거에 부정이 있었다고 하니 선거를 다시 하도록 하겠다. 셋째, 이기붕 의장은 공직에서 물러나도록 하겠다. 넷째, 국민이 원한다면 내각책임제 개헌을 하겠다."

4월 27일 이승만은 하야 성명을 발표했다. 이튿날 이승만은 경무대에서 이화장으로 거처를 옮겼다. 그때 자유당 정권의 제2인자 이기붕 가족은 시위대에 쫓기고 있었다. 그의 집은 시위대의 방화로 불에 탔다. 그들은 경기도 포천의 한 군부대를 찾아갔다. 하지만 부대장으로부터 매정히 거절당한 뒤 발길을 돌렸다. 그날 밤 이기붕 가족은 몰래 경무대 별관 관사에 피신했다. 그제야 이들은 막다른 골목에 이르렀음을 깨달았다. 장남 강석은 비장한 마음으로 권총 두 자루를 준비했다. 1960년 4월 28일 새벽, 경무대 별관에서 자유당 2인자 이기붕 일가족은 권총으로 생을 마감했다. 이로써 1960년 4월 19일 '피의 화요일'은 마침내 그 막을 내렸다.

이기붕 씨 일가 권총 자살

―28일 새벽 경무대에서 장남 강석 군이 차례로 쏘아. 자결 결의는 이틀 전부터.

―이강석 군 "죽음으로 사죄하자"고 주장. 소식 듣자 거리엔 측은의 빛도

지난 [4월] 25일 밤 이래 행방을 감추고 있던 전 민의원 의장 이기붕(65) 씨는 28일 상오 5시 45분 경무대 별관 경비실 옆에 있는 대통령 여비서 이○○ 씨 집(관사 36호)에서 부인 박마리아(55) 여사와 강석(24, 이승만의 양자), 차남 강욱(21) 등 가족 3명과 함께 권총 자살하였음이 확인되었다. 자세한 자실 경위는 아직 구체적으로 밝혀지지 않았으나 장남인 강석 군이 자기의 권총으로 아버지, 어머니, 그리고 동생을 사살한 다음, 자기를 쏘아 함께 죽은 것으로 전해졌다.

1960년 4월 29일 《동아일보》

이승만 아들 이태산의 묘비. ⓒ 이종숙(재미동포)

　나는 몇 해 전, 한 재미동포로부터 사진 한 장을 전송받았다. 뜻밖에
도 이승만 대통령의 친아들 이태산의 묘지 사진이었다. 이승만은 미국
으로 떠나기 전에 박승선이란 여인과 결혼하여 아들을 두었고 미국으
로 갈 때 그 아들만은 데리고 갔다. 하지만 그 아들은 미국으로 건너간
뒤 곧 장티푸스에 걸려 필라델피아시립병원에서 병사했고 공원묘지에
안장됐다.
　1946년 한국에 건너온 이승만의 후처 프란체스카 여사가 돈암장에서
거처할 때 이승만의 첫 부인이 그곳을 찾아왔다. 당시 이기붕의 부인 박
마리아는 첫 부인을 이승만과 상면치 못하도록 따돌렸고, 변호사 이인
에게 이승만의 한국 내 결혼 문제를 깔끔히 매듭짓게 했다. 박마리아는
그 은공으로 훗날 남편 이기붕과 함께 '서대문 경무대'라는 별칭으로 권
세를 누렸다. 그러나 4·19 혁명으로 온 가족은 비극으로 막을 내렸다.

이승만 부부와 이기붕의 가족.(왼쪽부터 이강석, 프란체스카 도너 리, 이승만, 이기붕, 박마리아, 이강욱) ⓒ 눈빛출판사 제공

프란체스카 도너 리

나는 2012년 7월 16일, 미국 국립문서기록관리청과 맥아더기념관에서 수집한 이승만 대통령 사진 30여 점을 CD에 담아 이를 전하고자 이화장을 방문했다. 그날 이인수 박사 내외는 나를 정중히 맞은 뒤 이화장 경내를 두루 안내했다. 며느리 조혜자는 프란체스카 도너 리 여사가 매우 알뜰하고 빈틈없었다고 시어머니 칭찬을 아끼지 않았다. 프란체스카 여사가 경무대 시절에 썼던 낡은 냄비와 손잡이를 손수 철사로 묶은 프라이팬을 보여주기도 했다. 내가 떠날 때엔『우남 이승만 박사 서집』과 프란체스카 도너 리가 지은『이승만 대통령의 건강』, 이순애의 장편소설『프란체스카 리 스토리』를 건넸다.

젊은 날의 이승만 대통령 부부. ⓒ 눈빛출판사 제공

    1933년(당시 33세) 내가 이 박사를 처음 만나게 된 곳은 스위스 제네바의 레만 호반에 있던 호텔 식당이었다. 그때 나는 어머니를 모시고, 프랑스 파리를 경유해서 스위스를 여행하고 있었다. 그 당시 이 박사는 일본의 만주 침략을 규탄하고 있는 국제연맹에서 만주의 한국 동포들이 또다시 일제의 학정 밑에 놓이게 된 애절한 사연을 알리고, 한국을 독립시켜야만 극동의 평화가 온다고 호소하고 있었다.

    우리가 호텔에서 식사를 하려고 4인용 식탁에 어머니와 단둘이 앉아 있을 때다. 이미 만원이 된 식당에서 이 박사도 식사하려고 앉을 자리를 찾고 있었다. 이때 지배인이 "동양에서 온 귀빈이 자리가 없는데 함께 합석해도 되겠습니까?" 하고 양해를 구하기에 우리 모녀는 쾌히 승낙했다. 지배인의 안내를 받으며 우리가 앉아 있는 식탁으로 온 이 박사(당시 58세)의 첫인상은 기품 있고 고귀한 동양 신사로 느껴졌다.

프란체스카 도너 리, 『이승만 대통령의 건강』, 18~19쪽

1965년 7월 18일 밤, 결국 나와 인수는 대통령의 병상 곁에 서서 임종을 지켜보았다. 우리들은 이미 가오하고 있었다. 하지만 대통령의 숨결이 거칠어갈수록 안타까운 마음을 이길 수가 없었다. 그래도 다행인 것은 대통령이 이미 고통의 경지를 벗어났다는 것이다.

마침내 대통령의 숨소리가 멎자, 간호사는 임종임을 알려주었다. 하와이 시간 1965년 7월 19일 0시 35분이었다. 유난히도 맑은 하늘에서 별빛이 초롱초롱하게 비치는 밤이었다. 하염없이 흐르는 눈물을 억제할 수가 없었다. 그동안 참으로 힘들고 슬플 때도 많았지만, 대통령을 간호하며 함께 지낸 날들이 지금은 행복하게 생각되고 그리워지기도 한다. 병상에서 "호랑이도 죽을 때는 제 굴을 찾아간다는데" 하고 말하면서, "남북통일이 이루어지기 전에는 눈을 감을 수 없다"고 하던 대통령을 생각하면 한이 맺힌다.

아리랑 아리랑 아라리요
아리랑 고개로 넘어간다
오다가다가 만난 님이지만
살아서나 죽어서나 못 잊겠네

대통령이 나를 위해 지어 불렀던 이 노래를 부르면, 가슴속에 맺힌 한이 아리랑 고개로 넘어가는 것 같다.

위의 책, 126쪽

관 뚜껑이 덮인 뒤에야

1965년 7월 19일 이승만 대통령이 사망했다. 하와이 호놀룰루시 한 인기독교회의 영결 예배 뒤 미 군용기가 김포공항으로 관을 운구했다. 이화장에 모신 다음에 정동 제일교회에서 영결 예배를 올렸다. 그리고 1965년 7월 27일 가족장으로 동작동 국립묘지에 안장됐다.

부러져 넘어진 오동나무가 백 년 뒤 거문고로 쓰이게 되고,

장부의 업적은 관 뚜껑이 덮인 뒤에야 비로소 바른 평가를 할 수 있다.

(百年死樹中琴瑟, 丈夫蓋棺事始定)

두보, 「군불간소혜君不見簡蘇徯」에서

대구 근교에서 국군 헌병들이 부역 혐의자들을 골짜기로 데려가 자신의 무덤을 파게 한 다음 사격하고 있다.(1951. 4.) ⓒ NARA/이도영(재미동포) 제공

한 인물의 공과에 대한 정당하고 바른 평가는 사후 백 년은 지나야 내릴 수 있다고 한다. 아마도 유족이나 추종자들이 모두 사라진 이후라야 제대로 평가할 수 있다는 말일 게다. 강대국이 그어놓은 분단 상태의 한반도에서 신생 정부를 탄생시키는 산파 역은 매우 힘든 줄 모르는 바 아니다. 하지만 그 과정에서 이승만 대통령은 우매한 백성들을 너무나 많이 죽음의 골짜기로 보냈다. 나는 메릴랜드주의 국립문서기록관리청과 버지니아주 노퍽의 맥아더기념관에서 이승만 대통령 재임 시절에 있었던 숱한 학살 장면 사진들을 두루 살펴보았다.

당시 미군정하 신생 대한민국을 탄생시키기 위해서 어쩔 수 없었다고 항변할지 모르겠다. 하지만 내 눈에 비친 이승만은 대한민국 대통령이라기보다 미국이 국익을 위해서 내세운 인물로 보였다. 그는 대한민국 초대 대통령으로 나라를 민주 국가 반석 위에 올려놓는 대신, 미국을 등에 업고 헌법 위에 군림한 초법주의자로, 나쁜 선례를 남긴 인물로서 역사에 남게 되었다.

그가 자기 손으로 만든 헌법을 지키면서 민의에 따라 물러났더라면 지금의 광화문 광장은 어쩌면 '이승만 광장'으로 명명됐을지도 모른다. 또한 그 광장 네거리에는 '건국 대통령', 곧 '국부'로 그의 동상이 우뚝 솟아 있었을지도.

제4대 대통령

윤보선

1961년 5월 16일 새벽 4시 무렵 윤보선 대통령은 비서가 건네준 육군참모총장 장도영의 전화를 받았다. "각하, 지금 군부가 쿠데타를 일으켰습니다. 정부 인사들이 은신 중이오니 대통령 각하께서도 신변의 안전을 배려해주십시오." 하지만 윤보선은 피하지 않았다. 그날 오전 9시 무렵 장도영을 비롯한 3군 참모총장, 해병대사령관, 현석호 국방장관, 그리고 박정희 소장과 유원식 대령을 맞이했다. 윤보선은 그들을 보자 불쑥 "올 것이 왔구나!"라는 말을 뱉었다.

색깔론

1963년 10월 15일은 제5대 대통령 선거일이었다. 그때 나는 서울 중동고교 2학년생으로 동아일보 세종로보급소 관할 종로구 사직동 신문배달원이었다. 매일 새벽 3시 50분쯤 잠에서 깨어나 옷을 갈아입고, 4시 통금 해제를 기다렸다가 사이렌 소리가 울리면 워커를 신고 용수철처럼 문밖으로 튀어나갔다.

미처 어둠이 가시지 않은 새벽길을 내달려 청진동에 있는 동아일보 세종로보급소에 도착하면 새벽 4시 20분 전후였다. 보급소 총무는 본사 수송차가 막 내려놓은 조간신문 뭉치에서 내 몫의 신문을 재빨리 세어 건네기 마련이었다. 나는 그 신문을 옆구리에 끼고 담당 구역인 사직동으로 달려갔다. 주로 서민들이 살았던 서촌 사직동 250여 집에 배달을 마치고 집에 돌아오면 오전 6시 30분 전후였다. 학교 수업을 마치면 책가방을 들고 곧장 또 보급소로 갔다. 당시 신문은 조·석간제로 오후 4시 무렵이면 본사 신문수송차가 윤전기에 막 쏟아진, 잉크 냄새가 폴폴 나는 석간신문을 보급소 앞에 떨어뜨리고 갔다. 그걸 받은 뒤 내 몫의 신문을 옆구리에 끼고 다시 구역으로 달려갔다.

그때 동아일보 세종로보급소는 본사와 가까운 종로구 청진동의 한 한옥을 통째로 썼다. 지금 광화문 SK 서린빌딩 앞 르메이에르 오피

스텔 자리다. 중요한 사건이 터진 날이나, 대도시 유세 날은 석간신문 발행이 평소보다 늦었다. 그런 날 배달원들은 보급소 총무의 인솔로 세종로 네거리에 있는 동아일보 본사로 갔다. 윤전기가 돌아가는 창구에서 막 쏟아지는 인쇄 냄새가 폴폴 풍기는 신문 뭉치를 받아 어깨에 지고 보급소로 날랐다. 그리고 자기 몫을 챙겨 배달 구역으로 달음질쳤다.

당시에는 요즘 같은 소셜미디어 뉴스매체가 거의 없었다. 일반 시민들은 하루에 두 번 발간하는 조·석간신문으로 세상 돌아가는 일을 파악했다. 신문 구독률과 인기는 최고였다.

제5대 대통령 선거에는 장이석, 송요찬, 박정희, 오재영, 윤보선, 허정, 변영태 등 일곱 명의 후보들이 난립했다. 선거 막바지로 가자 사실상 민주공화당의 박정희 후보와 민정당의 윤보선 후보 양자 간 대결로 좁혀졌다.

그 선거는 '군정'이냐 '민정'이냐가 쟁점이었다. 윤·박 두 후보의 대도시 유세가 있는 날은 신문 발행이 늦어지거나, 호외를 발행했다. 대도시에서 주말 유세가 끝나면 으레 본사에서는 유세장 현장 기자들이 불러준 원고를 전송으로 받아 호외를 제작해 보급소로 보냈다. 그러면 우리 배달원들은 석간 배달을 한 뒤 보급소로 돌아와 대기했다가 막 쏟아진 호외를 받아서 독자 집으로 다시 달려가 "호외요"라고 소리치면서 문틈으로 밀어 넣었다.

제5대 대통령 선거 초반전에는 북한 밀사 '황태성 사건'이 쟁점이 됐다. 하지만 선거 종반, 민정당 윤보선 후보가 1948년 여순사건 때 박정희 후보 관련 신문 보도 자료를 공개하면서 '박정희 후보는 1949년 2월 13일 군법회의에서 무기징역을 언도받았다'는 내용을 폭로했다. 《동아일보》는 그 사실을 호외로 수백만 장 찍어 전국에 뿌렸다. 당시 민정당 측 한 연사인 김사만은 '경상도에 빨갱이가 많다'는 말까지 유세장에서 내뱉어 영남 사람들을 발칵 뒤집어놨다. 정책 대결이 아닌 색깔론으로 온통 진흙탕 싸움이었다.

당시 윤보선 후보의 선거 전략은 상대편을 중상 모략하는 흑색선전 전법이 주무기였다. 미래지향적인 공약으로 신선한 정책 대결을 펼치지 않고, 선거운동 기간 내내 상대의 과거 약점을 후벼 파는 마타도어 전략을 구사했다. 이는 결코 상대를 이길 수 있는 전략이 아니었다. 결국 윤보선 후보는 그 선거에서 박정희 후보에게 15만여 표라는 아주 근소한 차이로 고배를 마셨다. 호남 지방에서도 박정희 후보의 표가 윤보선 후보보다 훨씬 더 많이 나왔다. 이는 여순사태 때의 숨은 민심이 표출한 것으로 윤 후보 측의 큰 실책이었을 것이다.

제5대 대통령 선거 당시 박정희 후보와 사상논쟁을 보도한 《동아일보》 호외. (1963. 9.) ©《동아일보》화면 갈무리

선거 후 전문가들은 윤 후보 측이 대통령 선거전을 정책 대결이 아닌 사상논쟁으로 몰고 간 점을 큰 패인으로 꼽았다. 박정희 후보의 '일하는 대통령', '잘살아보자' 등 미래지향적인 호소에 견줘, 윤보선 후보는 상대방의 약점을 들춰내는 과거 지향적인 선거 작전이었다.

몇 해 전에 나는 충남 아산의 윤보선 생가를 둘러보았고, 그 전엔 구미 상모동의 박정희 생가도 둘러봤다. 두 생가는 그야말로 하늘과 땅 차이였다. 윤보선의 집은 고래 등 같은 기와집인데, 박정희의 상모동 집은 다 쓰러져가는 초가집으로 윤보선 집 행랑채보다 못했다. 그들의 용호상박 선거 때 농촌 유권자들은 수군거렸다. "윤보선 후보는 쌀 나무에 쌀이 달린 줄 알 거다. 그런 사람이 농민의 심정을 어찌 알겠느냐."라고.

당시 선거 결과는 '여촌야도與村野都' 현상으로, 도시에서는 야당 표가 많이 나왔고, 농촌에서는 여당 표가 많이 쏟아졌다. 지역적으로 보

윤보선 후보 부부가 제5대 대통령 선거에 투표하고 있다. ⓒ 국가기록원

면 서울·경기·강원·충청 등 중부 이북에서는 윤보선 후보 표가 많았던 데 비해, 경상도와 전라도에서는 박정희 후보가 월등히 더 앞섰다. 이로 미루어볼 때 윤보선 후보의 흑색선전 전략은 큰 패착이었다고 생각한다.

윤보선과 박정희는 악연이다. 윤보선 대통령의 5·16 쿠데타에 대한 미온적인 태도는 쿠데타 성공과 박정희의 집권에 결정적 역할을 했다. 동물의 세계에서 사자가 토끼를 잡을 때도 최선을 다한다는데, 제5대 대선에서 윤보선 후보는 상대 박정희 후보를 얕잡아보고 안일한 선거 전략을 짰다. 그리고 끝까지 완주한 군소후보 어느 한 사람의 지지도 받지 못했다. 당시 군소후보 장리석은 19만 표, 오재영은 40만 표, 변영태는 21만 표를 얻었다. 그 가운데 어느 한 후보라도 사퇴해 윤보선을 전폭 지지했더라면 선거 결과는 달라졌을 것이다. 옹고집 윤보선 후보의 정치력 부족을 드러내는 단면이었다.

대통령 선거 뒤, 윤보선은 "투표에서 이기고 개표에서 졌다"면서 자신을 '정신적 대통령'이라고 말했다. 그 말은 한때 언론에 유행어처럼 오르내렸다. 윤보선은 5대 대선에서 취한 색깔 공세 전략을 같은 해 11월 26일에 있었던 6대 총선에서도 그대로 사용했다. 그 결과 공화당

윤보선 대통령의 아산 집. ⓒ 박도

110석, 민정당 41석이라는 초라한 성적표를 받았다. 당시 윤보선 곁에는 앞을 내다보는 지략의 선거 참모가 없었나 보다. 아니면 그가 유능한 참모는 멀리하고, 낡은 옹고집의 지당 참모들을 곁에 둔 결과였는지도 모르겠다.

이 모두가 세상의 풍상을 모르고 자랐던 윤보선 후보의 아집이 빚어낸 결과일 것이다. 그는 일제강점기에 영국 에든버러대학에서 고고학을 공부했다. 하지만 백성들의 바닥 마음을 제대로 읽지 못한 것이 그의 한계였다. 민정당의 윤보선 후보가 쿠데타와 군정의 부당성을 강조하면서 미래지향적인 선거 전략으로 정책 대결에 나섰더라면 아마도 우리 사회의 민주화가 20~30년은 더 앞당겨졌을 것이다. 그랬더라면 이후 젊고, 아까운, 숱한 학생들의 희생도 막아냈을 것이다.

올 것이 왔다

1961년 5·16 쿠데타가 날 무렵 나는 고교 1학년이었다. 5·16 이후 집안 사정으로 학교를 다닐 수 없어 휴학한 채 경향신문을 배달했는데 종로구 가회동과 삼청동, 화동 일부가 내 구역이었다. 재동 입구 창덕여고(현 헌법재판소)에서 배달을 시작해 북촌 가회동 길을 따라 삼청공원 어귀까지 올라갔다. 거기서 고개를 넘어 삼청동 윗동네에서 내려와 화동 경기고등학교(현 정독도서관) 앞에서 끝났다.

안국동에 윤보선 대통령 자택이 있었다. 무려 250간의 대저택이었다. 나중에 복학한 뒤 고3 때 만난 짝이었던, 전남 보성 양조장 집 아들 염동연이란 친구가 그 대저택 앞에 살고 있었다. 그 친구는 수시로 나를 자기 집으로 데리고 가서 가난한 친구의 굶주린 배를 채워줬다. 그 때마다 윤보선 전 대통령의 대저택을 보았다. 윤보선의 집안은 대통령을 비롯해 당 대표, 서울대 총장, 대사, 장성, 장·차관 등 고위 고직자 10여 명, 의사만 해도 60여 명을 배출한 가히 장안의 '세도가'였다.

윤보선은 1897년 충남 아산군 음봉면 뒷내에서 만석꾼의 아들로 태어났다. 1906년 신학문을 배우고자 상경해 교동소학교(현 교동초등학교)에 입학한 뒤 4년제를 수료한 다음, 일본인 자녀를 교육하기 위한 히노데(日出)소학교에 편입해 졸업했다. 이후 일본으로 건너가서 게이오 (慶應)의숙 중등부에 입학하여 2년쯤 공부하다가 귀국했다. 나중에 상하이에 가서 임시정부 최연소 의정원의원으로 활동하다가 1921년 6월 영국으로 유학을 떠났다. 당시 영국인 평균 임금이 7파운드였는데, 그는 400파운드를 주고 이탈리아제 스포츠카를 구입해 타고 다녀 한국의 '프린스'로 통했다는 이야기도 전해진다.

대한민국 정부 수립 후 윤보선은 이승만 정권하 서울시장, 상공부장관, 적십자총재 등을 역임했다. 1952년 5월 부산 정치파동 후 이승만과 결별하고, 야당에 들어가 서울 종로갑구에서 3, 4대 국회의원에 당선됐다. 1960년 민주당 대통령 후보였던 조병옥이 갑자기 사망하자 일약 민주당 최고위원에 피임돼 민주당 구파의 지도자 반열에 올랐다.

4·19 민주혁명 후 자유당 정권이 무너지자 내각책임제로 개헌한 제5대 국회의원 선거에서 민주당은 압도적인 승리를 거뒀다. 그 뒤 민주당은 신파와 구파로 갈려 파벌싸움을 벌였다. 구파 핵심인물은 윤보선과 김도연이었고, 신파의 핵심인물은 장면이었다. 당시 신파에서는 '대통령은 구파에 양보하고, 국무총리는 신파 장면을 옹립한다'는 전략을 세웠다. 하지만 구파는 '우선 윤보선을 대통령에 당선시킨 다음, 그 여

세를 몰아 김도연을 국무총리로 지명한다'는 전략이었다. 구파들의 복안대로 윤보선은 국회(민의원, 참의원 양원)에서 무난히 대통령에 당선됐다. 대통령이 된 윤보선은 애초 복심대로 김도연을 국무총리로 지명했다. 하지만 국회 인준 투표에서 부결됐다. 윤보선 대통령은 마지못해 장면을 지명했다. 결국 장면이 국회 인준에 통과돼 국무총리가 됐다. 내각책임제에서 대통령은 명목상의 국가원수로 실권은 총리가 쥐고 있었다. 윤보선은 대통령으로서 장면 정부를 적극 도와주지 않고 사사건건 어깃장을 놓는 등 각종 정쟁을 유발시켰다. 그러한 신·구파의 대립은 끝내 분당사태로 이어졌다.

1960년 9월 22일 민주당 구파는 장면 내각이 발족한 지 불과 한 달 만에 신당 발족을 선언했다. 신당의 이름은 '신민당'이었다. 장면 내각이 4월 혁명 정신을 제대로 받들지 못한 데다 한 정당이 국회 의석의 3분의 2 이상을 차지하면 1당 독재의 함정에 빠질 수 있다는 것이 그들이 내세운 분당 합리화 논리였다.

그즈음 나는 날마다 그런 뉴스가 실린 신문을 보면서 무척 짜증이 났다. 특히 윤보선 대통령의 장면 내각에 대한 너그럽지 못한 태도는 어떤 불길한 예감을 갖게 했다. 4·19 혁명 정신을 외면한 윤보선의 이 오만은 후일 5·16 군사쿠데타를 초래하는 빌미가 됐다.

4월 혁명 이후, 그동안 이승만 정권에 꽉 막혀 있던 각종 현안이 우리 사회에 둑이 무너지듯 분출됐다. 민족 자주와 통일 문제, 6·25 전쟁 민간인 학살 문제, 한미경제협정 문제 등이 한꺼번에 쏟아졌다. '가자 북으로! 오라 남으로!', '이 땅이 뉘 땅인데 오도 가도 못하느냐!'라는 구호의 플래카드를 앞세운, 남북학생 회담을 촉구하는 데모가 일어나기도 했다. 정가에서는 불길한 '3월 위기설' 또는 '4월 위기설'이 나돌았다. 그럴 때일수록 윤 대통령이 장면 내각을 돕는 게 정치 도의상 옳은 처사였다. 하지만 그는 작은 그릇의 정치인으로 사사건건 장 내각을 비판만 하다가 함께 넘어지고 같이 망하는 '공도동망共倒同亡'의 길을 걸었다.

1961년 5월 16일 새벽 4시 무렵 윤보선 대통령은 비서가 건네준 육군참모총장 장도영의 전화를 받았다.

"각하, 지금 군부가 쿠데타를 일으켰습니다. 정부 인사들이 은신 중이오니 대통령 각하께서도 신변의 안전을 배려해주십시오."

하지만 윤보선은 피하지 않았다. 그날 오전 9시 무렵 장도영을 비롯한 3군 참모총장, 해병대사령관, 현석호 국방장관, 그리고 박정희 소장과 유원식 대령을 맞이했다. 윤보선은 그들을 보자 불쑥 "올 것이 왔구나!"라는 말을 뱉었다. 쿠데타의 주동자 박정희가 입을 뗐다.

"대통령 각하, 근심을 끼쳐드려서 죄송합니다. 저희도 처자가 있는 몸으로서 국가와 민족을 위하는 애국일념에서 목숨을 걸고 이 혁명을 일으킨 것입니다."

박정희는 이미 선포된 계엄령을 윤 대통령에게 추인해달라고 요청했다. 윤보선은 이를 거절하고 '우리 군인들끼리 피를 흘리는 일이 없도록 잘 수습하라'면서 이들을 돌려보냈고 쿠데타 지휘부는 일단 모두 물러났다. 잠시 후 박정희와 유원식이 다시 접견실로 돌아와서 윤보선에게 말했다.

"저희들은 대통령 각하께 과거에도 충성을 다했고, 지금도 그러합니다. 앞으로도 그 충성에는 변함이 없습니다. 저희는 이 혁명을 '인조반정'으로 생각하고 있습니다."

유원식이 언급한 인조반정이란 광해군을 폐위시키고 인조를 왕위에 앉힌 사건이다. 그러므로 이 말은 장면 총리를 실각시킨 뒤 윤보선을 옹립하겠다는 암시로도 해석될 수 있는 고도의 계산된 말이었다. 윤보선의 '올 것이 왔다'라는 말은 머지않아 권력이 당신 눈앞에 펼쳐질 것을 기대한 것이었나 보다.

그들이 돌아간 다음, 유엔군사령관 매그루더와 주한미국대사 마셜이 윤 대통령을 찾아왔다. 매그루더는 '반란군 병력은 겨우 3,600명인데, 그 열 배인 3만 6,000명만 동원하면 쿠데타군을 진압할 수 있다'고 병력 동원령을 요청했다. 하지만 윤보선은 '국군 사이에 교전이 벌어지면 그 틈을 타서 북한이 쳐내려올 수도 있다'는 논리로 이를 거부했다. 그러면서 사태 해결을 위해 '거국내각을 구성해야 한다'는 견해를 피력했다. 이는 윤보선이 쿠데타를 추인하겠다는 말이나 다름없었다. 이튿날 윤보선은 비서를 시켜 제1야전군사령관 이한림과 6개 군단장에게 '국군끼리 충돌하지 말라'는 요지의 친서를 보냈다. 쿠데타를 묵인 방조한 셈이었다. 5월 18일, 혜화동 가르멜수도원에 잠적했던 장면이 그날에야 모습을 드러냈고 전 국무위원의 사임을 발표했다. 후일 장면은 그 결정적인 동기가 윤 대통령의 태도였다고 회고록에서 밝혔다.

쿠데타 지휘부가 내건 혁명공약은 "첫째, 반공을 국시의 제일의로 삼고"로 시작하여 "여섯째, 이와 같은 우리의 과업이 성취되면 참신하고도 양심적인 정치인들에게 언제든지 정권을 이양하고 우리들 본연의 임무로 복귀할 준비를 갖추겠다"라는 것이었다. 민정 이양의 뜻을 밝힌 것이다. 하지만 박정희는 쿠데타가 자리 잡자 곧 국가재건최고의장으로 내세웠던 얼굴 마담 장도영을 실각시키고 대신 자신이 전면에 나섰다. 그러고는 청와대로 찾아와 군정을 1년쯤 연장하겠다고 했다. 그리고 막상 발표 당일에는 2년으로 연장해 1963년 여름에 민정 이양을 한다고 했다. 이에 분개한 윤보선은 대통령직에서 하야하기로 결심했다.

그러나 버그 주한미국대사의 만류로 주저앉았다.

윤보선은 박정희의 어깨에 대장 승진 계급장을 달아주는 들러리 역할까지 했다. 박정희가 미국 방문을 앞두고, 자신의 권위를 내세우기 위하여 현재 계급을 중장에서 대장으로 승진시키고, 그 계급장을 윤 대통령이 직접 달아줄 것을 요청했던 것이다. 윤보선 대통령이 박정희와 김종오 장군의 대장 진급 계급장을 달아주다가 "두 분 다 같이 체구가 작군요"라고 말하자 박정희가 정색하면서 "작은 고추가 더 맵지 않습니까?"라고 발끈 대꾸했다는 일화도 있다.

경북 선산군 도개면 도개마을에서 있었던 박정희의 첫 결혼식 때 신부 집 마당 초례청에 자리한 하객들도 신랑의 체구가 작다고 쑥덕거렸다. 신랑 박정희는 그 말이 귀에 들려오자 매우 화가 났다. 그 노여움과 신부의 결혼 전 이런저런 염문에 대한 얘기를 듣고 이후 처가와 아예 발길을 끊었다. 박정희는 체구가 작은 데 대한 심한 콤플렉스로 늘 선글라스를 끼고 다녔다. 케네디와 정상회담을 할 때도 왜소함을 감추고 강한 인상을 심어주고자 선글라스를 착용했다.

1961년 11월, 육군대장 계급장을 달고 미국에 간 박정희는 11월 14일 케네디와 한미정상회담을 갖고 공동선언문을 발표했다. 이는 미국이 박정희 군사정권을 정식으로 인정하는 한미정상회담이었다.

윤보선의 착각과 오해

윤보선은 그제나 이제나 박정희가 자신에게 정권을 물려줄 것으로 알았다. 그는 박정희가 '목숨을 걸고 혁명했다'는 말의 진의를 오래도록 미처 파악하지 못했다. 일본군 장교 출신으로 해방 후 좌익에 연루돼 죽음의 문턱까지 갔다가 살아난 비주류 육군소장이 '목숨 걸고' 쿠데타를 한 뒤 만석꾼 아들에게 권력을 호락호락 이양할 수 있었을까. 이는 윤보선의 대단한 착각이었다.

윤보선은 대통령으로서 상황 판단력과 사리 분별력이 부족했다. 그뿐 아니라, 대통령으로서 가장 중요한 헌정수호 의지가 모자라는 함량미달의 정치인이었다. 그는 세상물정 모르는 구시대 인물에 불과한 고집불통의 사람으로, 한 마디로 격동의 시대 대통령 감은 아니었다. 그는 대통령으로서 우리 현대사에 헌정 중단을 막지 못한 책임에서 자유로울 수 없다. 이런 상황이 된 데에는 윤 대통령으로서 미처 예상치 못했던 강대국의 힘도 작용했으리라 추측된다.

윤보선은 그동안 박정희가 정권을 자신에게 넘겨주리라 잔뜩 김칫국을 마신 데 대한 자괴감 등으로 매우 분개했다. 이후 두 사람은 이승에서 끝내 화해하지 못한 채 줄곧 앙숙관계로 지내게 된다. 박정희 역시, 윤보선을 이용했으면서도 그를 구시대의 전형적인 인물이라고 헌 버선짝처럼 싫어했다. 박정희는 일찍이 고향의 이웃마을 만석꾼 아들인 장택상도 몹시 싫어했다. 윤보선과 장택상이 수많은 소작인의 피땀을 가로채 호화로운 유학 생활을 누린 인물들로, 박정희 자신 같은 소작인 자식들은 상대도 하지 않던 것을 보아왔기 때문일 것이다.

1962년 3월 22일 윤보선은 하야선언을 발표하고 청와대를 떠났다. 자신과 박정희의 양자 대결을 링 밖에서 흥미롭게 관전하던 미국 측으로부터도 용도 폐기처분 당한 것을 그제야 알았기 때문이다. 청와대를 떠나면서 윤보선은 반드시 '권토중래'하리라고 다짐했다. 하지만 끝내 청와대로 돌아오지 못했다. 젊은 박정희에 견주어 너무 늙었고, 지략이 부족했다. 그 모든 것을 확대경으로 손금 보듯 지켜보던 미국의 CIA 등 국무성 참모들도 윤보선 카드를 그만 접었을 것이다.

본인의 사의존중. 박 의장, 윤 대통령 사표 수리에 담談

박정희 최고회의 의장은 윤 대통령의 사임이 최고회의 본회의에 의하여 허가된 직후 담화를 발표하고 '최고회의에서는 진지한 토의를 거듭한 나머지 결국 대통령 자신의 의사에 의하여 사임하겠다는 것이므로 그 의사를 존중한다는 뜻에서 사임허가를 만장일치로 의결하였다'고 말하였다.

1962년 3월 25일 《동아일보》 1면

윤보선은 대통령 사임조차 박정희에게 허가받는 수모를 당했다. 그는 평소 한 번도 본 적 없는, 경상도 시골의 한 비주류 육군소장에게 계속 이용만 당한 채 대통령 자리에서 물러났다. 그는 마음속으로 칼을 갈았으리라.

윤보선은 1967년 6대 대선에서 일대의 설욕전을 위해 투지를 벼렸다. 그가 이끄는 신한당은 대선을 1년여 앞둔 1966년 3월 30일, 일찌감치 대통령 후보를 지명하고 전열을 가다듬었다. 그 소식을 접한 민중당은 대통령 후보로 유진오 전 고려대 총장을 영입한 뒤 신한당에 통합을 제의했다. 윤보선은 민중당을 '사쿠라당'이라고 일축했다. 그러자 당내 김도연, 장택상, 정일형 등이 민중당과 통합하지 않으면 탈당하겠다고 압박해왔다. 게다가 백낙준, 이범석, 허정 등 재야인사들도 압박해왔다. 결국 윤보선은 통합원칙에 합의해 자신과 유진오, 백낙준, 이범석 4자 회담을 제안했다. 그 회담에서 대통령 후보는 윤보선, 당수는 유진오로 합의 추대되어 야권의 전열을 가다듬었다. 그런 뒤 공화당 박정희 후보와 맞붙었다.

윤보선 후보는 공화당 박정희 후보를 황소에 빗대 "지난 농사 망친 황소, 올봄에는 갈아보자", "박정해서 못살겠다. 윤택하게 살아보자"라는 구호로 맹공했다. 하지만 5대 대선에 견줘 윤보선은 야당 후보로서의 신선함이 떨어졌다. 게다가 두 차례나 대선 후보를 양보하지 않으면서 굳어진 고집불통 이미지로 1967년 5월 3일에 실시된 제6대 대통령 선거에서 참패했다. 이번에는 116만 표 차였다. 그럼에도 윤보선은 대통령에 대한 집념을 버리지 못했다. 제7대 대선을 앞두고 김대중, 김영삼, 이철승 등 젊은 신진 세력들이 '40대 기수론'을 내세우고 등장했다. 윤보선은 당내 지명 희망이 보이지 않자 아예 탈당해 국민당을 새로이 창당한 뒤 다시 한번 대권을 잡을 기회를 엿봤다. 하지만 국민 여론은 싸늘했다. 윤보선이 자기 대신 내세운 박기출 후보는 겨우 4만여 표를 얻는 데 그쳤다.

박정희와의 악연

1971년 10월, 박정희의 유신 선포로 나라 전체가 '겨울공화국'이 되었다. 서슬 퍼런 유신 체제하 윤보선은 민주화운동에 앞장서서 눈물겨운 투쟁을 벌였다. 1974년에는 전국민주청년학생총연맹(민청학련) 사건과 관련해 기소되었다. 그해 7월에는 인민혁명당(인혁당) 사건과 관련해 탄원서에 서명도 했고, 민청학련 사건의 배후로 지목돼 징역 3년 집행유예 5년을 선고받기도 했다. 1977년에는 정구영, 지학순 등과 민

윤보선 대통령과 박정희 최고회의
의장의 회담. © 국가기록원

주구국헌장을 발표했고, 1979년 10·26 사태를 맞았다. 5공 전두환 정
권이 들어서자 윤보선은 국정자문위원을 맡았다. 그는 군사정권과 이
전에 없던 우호관계로 전두환과 친밀한 관계를 유지했을 뿐 아니라,
1987년 대선에선 노태우 후보를 지지하기도 했다. 이러한 윤보선의 행
보는 당시 재야로부터 맹렬한 비난을 받았다. 배우자와 자녀들조차 그
에게 제발 나서지 말라고 만류했다고 전해진다.

　한 인물에 대한 평가는 그의 말년을 보라고 했다. 윤보선의 말년 행
적은 많은 사람들을 어리둥절케 했다. 그런 그에게도 죽음은 비켜 가지
않았다. 윤보선은 1990년 7월 18일 안국동 자택에서 94세를 일기로
세상을 떠났다. 그는 다른 대통령과 달리 서울 동작동 국립묘지로 가지
않고 충남 아산 선산에 안장됐다. 죽어서 국립묘지에 묻힌다는 것은 최
대의 영광이 아닐 수 없다. 하지만 윤보선은 그 혜택을 사양한 채 선산
으로 갔다. 그 이유에 대해서는 명당이라는, 이른바 풍수지리설 때문이
라는 얘기도 있었고, 박정희와 같은 곳에 묻히기 싫어서 그랬다는 소문
도 있었다.

　이 두 가지 설의 진위에 대해서는 알 수 없지만, 풍수지리설에 따라

못자리를 정하는 전근대적인 이가 이 나라 대통령이었다는 얘기에는 어이가 없다. 내가 둘러본 지구촌 어디에도 대한민국 같은 요란한 무덤은 없었다. 우리나라보다 땅덩어리가 수십 배나 큰 미국이나 중국, 러시아 등지에서도 무덤은 매우 간소했고, 중국의 덩샤오핑이나 저우언라이 같은 지도자는 당신의 무덤을 아예 만들지 말고 유해를 바다에 뿌리라는 유언을 남겼다. 또 프랑스의 드골 대통령은 일반인이나 조금도 다름없는 무덤에 비문조차 당신 이름과 생몰연대만 쓰게 했다. 이처럼 외국의 정상들은 사후 묘지에 연연치 않음을 보여주고 있었다.

만약 두 번째 이유로 국립묘지에 가지 않았다면 전직 대통령으로서 사후에까지 대단히 옹졸하기 그지없는 처사다. 대한민국 대통령까지 지냈음에도 헌정사를 부정한 인물로 여겨진다. 어쨌든 그 진위 여부를 떠나, 이런 말들이 나돌 만큼 윤보선과 박정희 두 사람의 이승에서의 악연은 깊었다. 아마 저 세상에서도 두 사람은 여태 화해하지 않았을지 모르겠다. 이제 저승의 텅 빈 링 위에서 구경꾼도 없는데 서로 견원지간으로 지낼 필요는 없지 않은가.

강원도 산골의 한 서생은 그분의 묘지를 현충원 국립묘지로 천장했으면 좋겠다는 말을 후손들에게 전한다. 대한민국의 정통성과 역사를 위하여. 그리고 당신들 가문의 명예를 위하여.

국무총리

장면

국회는 내각책임제로 개헌을 했다. […] '대통령은 상징적으로 국가원수 지위만 부여받으며, […] 행정권은 국무총리를 중심으로 한 국무원(내각)이 맡는다. 입법부는 민의원과 참의원 양원으로 구성한다.' […] 이미 쿠데타군은 한강 다리를 건넜다. 그는 가르멜수도원에 잠적해 있다가 이틀 후인 5월 18일 내각 총사퇴를 발표한 뒤 곧 장 집으로 돌아왔다. 그때 비서들이 울부짖으며 말했다. "이처럼 당해야만 합니까?" 장면은 부드럽게 한마디 했다. "이 사람아, 피를 흘리면서까지 정권을 유지하면 뭘 하겠나?"

주미대사 시절 © NARA

장면을 만나다

이 책은 대통령 이야기만 쓰는 게 마땅하다. 그런데 굳이 장면 국무
총리를 넣는 것은 제2공화국 시절은 내각책임제이기 때문이다. 당시 헌
법에 대통령은 국가를 대표하는 수반의 위치였고, 국정의 실권과 책임
은 국무총리에게 있었다. 그래서 장면 총리를 이 책에 포함시켰다.

미국 국립문서기록관리청에서 한국 현대사 및 6·25 전쟁 관련 사진
을 검색할 때 웬일인지 장면 전 총리의 사진이 꽤 많이 나왔다. 장면 총

한국전쟁이 발발하자 유엔 안보리에서 발언하는 장면 대사.(오른쪽, 1950) ⓒ NARA

리는 당시 주미대사로 1950년 6·25 전쟁이 발발하자 본국 훈령에 따라 유엔 및 미국 트루먼 정부 상대로 외교활동을 종횡무진 펼쳤기 때문이다.

장면 대사는 이승만 대통령의 훈령으로 유엔 안보리에 참석해 유엔군이 6·25 전쟁에 참전토록 교섭했다. 또한 미국으로부터 군사와 경제 원조를 받는 등 당시 위기에 빠진 대한민국을 구하는 데 맹활약했다.

곱상한 신사풍의 장면 사진을 대할 때마다 그의 인생길에 아쉬움을 지울 수 없다. 정계에 발을 들여놓지 않았더라면 종교인이나 교육자로서 평생 풍랑 없이 살았을 인물이기 때문이다.

1961년 5월 16일 새벽 2시쯤이었다. 당시 장면 총리는 반도호텔(현 롯데호텔 자리) 809호를 총리공관으로 썼다. 경무대는 윤보선 대통령이

신익희 한국 국회의장을 비롯한 의회 지도자들이 장면 주미대사의 안내로 애치슨 미 국무장관을 만나 미국의 원조에 감사의 뜻을 전하는 모습.(가운데 애치슨 미 국무장관, 그 왼쪽 신익희 국회의장, 오른쪽 장면 주미대사. 1950. 3. 22.) ⓒ NARA

차지하고 있었기 때문이다. 조인원 경호대장이 장 총리의 잠을 깨웠다. 장도영 육군참모총장의 다급한 전화를 건넸다.

"총리 각하, 육군 30사단 장병들이 장난질하려는 것을 막았고, 현재 해병대와 공수부대 일부가 서울로 들어오려는 것을 한강 다리에서 막고 있습니다."

"뭐라고?"

"염려 마십시오. 그저 그런 일이 있다는 것만 아십시오."

"매그루더 주한미군사령관에게 보고했소?"

"네, 보고했습니다."

"알았소. 지금 즉시 이곳으로 와서 자세히 보고하시오."

"네, 알겠습니다."

전화가 끊어지자 곧 멀리서 총소리가 들렸다. 잠시 뒤 현석호 국방장관이 총리공관으로 달려왔다. 총소리는 좀 더 가까운 곳에서 들렸다. 경호대장과 현 장관은 장 총리에게 일단 자리를 피하는 게 좋겠다고 말했다.

장 총리는 그 말을 받아들였다. 승용차에는 총리 부부와 경호원이 탔다. 먼저 반도호텔 길 건너편 미국대사관으로 갔다. 대사관 문은 굳게 닫혀 있었다. 승용차는 무교동 샛길을 빠져나가 한국일보사 앞의 미 대사관 관저로 갔다. 조 경호대장이 대사관 관저의 문을 두드렸다. 하지만 그곳에서도 문은 열리지 않았다. 명재경각의 순간이었다. 장 총리는 운전기사에게 지시했다.

"명륜동(자택)으로 가세."

"예, 알겠습니다."

승용차가 곧장 창경궁 앞을 지나 혜화동 로터리에 이르렀다. 그 순간

장 총리는 다시 지시했다.

"혜화동 가르멜수도원으로 가세."

장 총리는 혜화동 가르멜수도원에 은신하면 아무도 짐작하지 못할 것으로 판단했다. 그는 그때부터 5월 18일 낮 12시까지 55시간 동안 그곳에서 숨어 지냈다. 장 총리는 그곳에 머물며 몇 차례 미국대사관에 연락해 도움을 청했다. 하지만 미국은 끝까지 방관자적 태도로 일관했다. 아마도 그것은 사전에 기획된 시나리오에 따른 것일지도 모른다.

배신감

장 총리는 깊은 배신감을 느꼈다. 우선 미국에 대해서였다. 그는 6·25 전쟁 당시 주미대사로 재임했기에 미국을 가장 잘 아는 듯했지만 그 깊은 속내는 몰랐다. 미국은 자기네 판도 안의 국가에서 강한 자와 손을 잡기 마련이다. 그래서 약소국가의 집권자는 도전자를 이겨내야만 그 위치를 계속 유지할 수 있다. 그는 미국의 그러한 대외정책, 곧 정글의 법칙을 잘 몰랐던 것이다. 미국으로서는 내부 강자가 우두머리로 자기네 편에서 미국의 국익이 되는 정책을 성실하고 완벽하게, 그리고 강력하게 추진해주면 그 나머지는 OK다. 아마도 미국은 그때뿐 아니라, 지금도 마찬가지일 것이다. 이는 지난날 제국들의 식민지 통치 방법이었다.

미국으로서 언필칭 민족주의자나 진보적 인사는 솔직히 달갑지 않았다. 그런데, 장면은 집권한 뒤 시민들을 너무 많이 풀어줬다. 진보 인사 및 학생들까지 남북협상에 나가겠다고 나섰다. 이에, 미국을 움직이는 '보이지 않는 손'은 '장면은 아니다'라며 제3의 인물을 필요로 했을 것이다. 그 대체 인물은 비주류요, 한때 좌익이었던 박정희 육군소장이었을 것이다. 미국에게 그의 친일은 조금도 흠결이 아니다. 오히려 가산점이었을 것이다. 친일한 자는 친미도 할 수 있기 때문이다. 그래서 미국은 그들의 군정 기간에도 친일한 자들을 등용해 쓴 전력이 있다.

장면에게 배신감의 두 번째 대상은 육군참모총장 장도영이었다. 장면 총리는 일주일 전, 그에게 아주 구체적으로 물었다.

"장 총장! 박정희 육군소장이 쿠데타를 모의하고 있다는 정보가 여러 경로로 들어왔소. 어떻게 된 거요?"

그러자 장도영은 정색을 하면서 대꾸했다.

"각하! 그럴 리가 없습니다. 박 장군에 대한 모략입니다. 미군이 주둔하고 있는데, 어떻게 그자가 함부로 쿠데타를 할 수 있습니까? 제가 참모총장으로 있는 한, 절대 그런 일은 있을 수 없습니다. 안심하십시오, 총리 각하!"

장도영은 장 총리에게 새삼 충성을 다짐하면서 안심시켰다. 그 무렵 장 총리는 장도영을 신뢰했다. 장도영은 미국이 추천한 인물이고, 자기와 같은 성을 가진 데다 같은 평안도 출신이었다. 장도영만은 틀림없는 자기 사람일 거라고 굳게 믿고 있었다. 장 총리는 여러 차례 장도영에게 쿠데타설을 추궁하며 확인해왔다. 그의 대답은 한결같았다. 결과적으로 장도영은 두 진영에 발을 담근 채 좌고우면하는 기회주의자였다. 장 총리는 막상 5·16 쿠데타가 일어나자 장도영이라는 '믿는 도끼'에 발등을 찍힌 셈이다. 어쩌면 장도영은 말할 수 없는 그 무엇을 무덤까지 가지고 갔을 것이다.

장면의 세 번째 배신감은 윤보선 대통령에 대해서였다. 윤보선은 민주당 신파가 적극 밀어줘 대통령이 될 수 있었다. 그러나 경무대에 들어간 이후, 사사건건 장 내각의 발목을 잡았다. 아예 장 총리에게 정권을 내놓으라는 듯이, 여러 사람을 동원하여 총리 퇴진 여론몰이를 하고 있었다. 또한 국군 통수권은 자기에게 있다고 줄곧 주장했다. 그런 사람이 정작 쿠데타가 일어나자 국군 통수권을 행사하지 않았다. 군사반란이 일어났으면 대통령은 지체 없이 병력을 동원해 진압하는 게 올바른 처사다. 그런데도 결정적인 순간, 쿠데타 세력을 용인하고 그들에게 협조하는 태도를 보인 것은 정치 도의상 도저히 있을 수 없는 일이다.

장면은 1961년 5월 18일 낮, 윤 대통령이 이미 박정희의 쿠데타를 인정했다는 보도를 보고, 자기 스스로 가르멜수도원에서 나왔다. 그는 이미 상황이 끝난 것으로 판단했다. 중앙청에서 국무회의를 주재하고 내각 총사퇴를 발표했다. 이로써 제2공화국은 출범 9개월 만에 그 막을 내렸다.

장 총리 하야 성명 발표.

유혈 방지와 반공 강조, 18일 중앙청 각료들 참석리.

장 국무총리는 18일 하오 1시 임시국무회의를 소집하고, 전 각료 사퇴를 의결하였다. 이로써 작년 9월에 집권한 장 내각은 약 9개월 만에 군부 혁명에 의해 퇴진케 된 것이다. 장 총리는 마지막 각의 후 혁명위의 주선으로 기자회견을 갖고 "군사혁명이 발생한 데 대해 정치적, 도의적 책임을 통감한다"고 말한 후, 유혈이 없어야 하며, 반공태세를 더욱 강화하고, 국제적 지지를 계속 받도록 해야 한다고 거듭 강조하였다(호외 재록 군 검열 필).

1961년 5월 18일 《경향신문》 석간

장면은 1899년 8월 28일, 서울 종로구 적선동 외가에서 태어났다. 평양 출신의 아버지 장기빈과 어머니 황루시아 사이 3남 4녀 중 장남이었다. 어릴 때 이름은 '지태'였다. 이후 '공부를 열심히 하라'는 뜻으로 본명은 면勉으로 지어줬다고 한다.

장면은 아버지가 인천 해관(현 세관)에서 근무했기에 어린 시절 인천에서 성장했다. 어릴 때부터 부모를 따라 성당에 다녔다. 인천성당의 부설 박문학교 보통과, 고등과, 인천공립심상소학교를 수료한 다음, 수원농림고등학교에 진학했다. 수원농림 2학년 때인 1916년 6월, 김옥윤과 결혼했다. 수원농림을 졸업한 뒤 미국으로 유학 가고자 YMCA에서 영어공부를 했다. 그는 1920년 한국천주교청년회 대표 자격으로 미국 유학을 떠났다. 뉴욕 맨해튼 가톨릭대학 영문학과에 진학하여 부전공으로 교육학을 이수한 뒤 1925년에 졸업했다.

귀국길에 로마에서 열린 한국 순교자 시복식諡福式(죽은 뒤 복자품에 오르는 예식)에 한국천주교청년회 대표로 참석했다. 이때 교황 비오 11세를 알현하고 가톨릭 수뇌부와 교류한 일은 후일 그가 외교활동을 펼칠 때 큰 자산이 됐다. 1925년 8월에 귀국한 장면은 이후 6년 동안 평양교구에서 봉직했다. 1931년 서울 동성상업학교 서무주임 겸 영어교사로 봉직하다가 1936년에 동교 교장이 됐다. 이후 혜화유치원장, 계성소학 교장 등 서울 시내 가톨릭계 학교를 두루 도맡았다.

1945년 해방 후 장면은 가톨릭계 대표로 입법의원이 됐다. 이후 1948년 5·10 총선에 종로을구에서 무소속으로 입후보해 민의원(국회의원)으로 당선했다. 그해 정부 수립 후 장면은 파리에서 열린 제3차 유엔총회에서 수석대표로 참석하여 대한민국 정부 승인을 받아냈다. 1949년 1월 5일, 장면은 주미대사로 임명됐다.

1950년 6·25 전쟁이 발발하자 장 대사는 혼신을 다하여 미국과 유엔에 도움을 청했다. 장면은 6월 25일(미국 시각) 유엔 안보리에 참석해, 북한은 즉각 38선 이북으로 철수할 것과 유엔 회원국은 북한에 대해 일체 원조하지 않을 것을 결의하게 했다. 6월 26일에는 트루먼 미 대통령을 만나 미군 파병을 요청하는 등 유엔의 6·25 전쟁 참전에 디딤돌 역할을 충실히 수행했다.

이런 공로로 이승만 대통령은 장면을 제2대 국무총리로 임명했다. 장면이 국무총리로 재임하는 동안 이승만과 국회는 심한 갈등을 겪었다. 국민방위군 사건과 거창 양민 학살사건 등 때문이었다. 장 국무총리는 국회와 대통령 사이를 중재하는 역할을 충실히 했고, 국회의 신뢰를 얻었다. 이승만의 임기가 끝나는 대로 국회는 장면을 다음 대통령으로 추대할 움직임이었다. 이를 직감한 이승만은 대통령 간선제 대신 직선제 개헌안을 발의했다. 하지만 국회는 이를 부결했다. 국회는 내각제 개헌안을 추진하면서 장면을 대통령으로 선출하려 했다. 이러한 정국에 이르자 장면은 이승만의 미움을 받아 1952년 4월에 국무총리직에서 사임했다. 이승만은 발췌개헌안을 통과시킨 뒤 직선으로 제2대 대통령에 당선됐다.

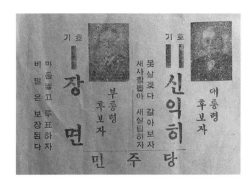

제3대 대통령 선거 당시 민주당 정·부통령 후보 선거 벽보.(1956) © 국가기록원

장면은 정치 일선에서 물러나 《경향신문》 고문으로 활동했다. 1955년 신익희 의원 주도의 민주당이 창당됐다. 재야의 장면은 민주당 창당 발기인으로 나설 것을 권유받아 곽상훈과 함께 민주당 신파의 지도자가 됐다. 1956년에는 조병옥·곽상훈·백남훈 등과 함께 민주당 최고위원으로 피선됐다. 그는 그해 5월 15일 정·부통령 선거에서 신익희와 러닝메이트로 부통령에 출마했다. 선거 기간에 신익희 후보가 갑자기 사망해 정권교체를 이루지 못했다. 하지만 장면은 부통령에 당선하는 쾌거를 이뤘다.

당시 부통령은 헌법상 참의원 의장과 헌법위원회 위원장, 탄핵재판소 재판장 등 3개 국가기관의 장을 겸한 자리였다. 하지만 부통령에 당선된 장면은 많은 제약을 받았다. 먼저 이승만의 견제였다. 이승만은 장면이 참의원 의장이 되는 것을 막고자 아예 참의원 선거를 실시하지 않았다. 그뿐 아니라 정·부통령이 취임하는 자리에서도 장면을 소개하지 않는 등 공식 석상에서 부통령 좌석을 마련치 않는 일도 일어났다. 이승만 대통령 아래 장면은 이름만 부통령이었지 늘 감시받는 인물이었다.

1956년 9월 29일 서울 명동 시공관에서 민주당 전당대회가 열렸다. 장면 부통령은 암살 기도 정보를 듣고 당초에 대회장에 나가지 않으려고 했다. 하지만 전당대회에 참석한 당원들의 요구가 거셌다.

"내 손으로 뽑은 우리 당의 부통령 얼굴이라도 보자."

장 부통령은 그 요구를 끝내 외면할 수 없어 뒤늦게 참석했다. 그날 오후 2시 30분쯤 대회 막바지에 장면은 전당대회에 참석했다. 그런 뒤 격려 연설을 마치고 퇴장하다가 총격을 당했다. 다행히 총알은 장면의 왼손을 관통하고 지나가는 데 그쳤다. 범인 김상봉 일당은 장면을 저격하면서 "조병옥 만세!"를 외치는 등 민주당 내부 소행으로 돌리려는 치졸한 행동을 보였다. 당시 세간에는 김종원 치안국장과 이익흥 내무부장관이 그 배후이며, 그 뒤에는 이기붕이 있을 것이라는 추측이 떠돌았다. 하지만 당국은 행동책 김상봉과 그에게 총을 준비해준 이덕신(성동경찰서 사찰주임), 그 두 사람 사이를 연결해준 최훈 등 세 사람으로 범인을 한정했다. 대법원이 이들 3인에게 사형 선고를 내렸다. 장면은 1957년 11월 2일 이승만 대통령에게 관대한 처분을 내려달라는 탄원 편지를 보냈다. 이후 장면은 제2공화국 총리가 된 다음에도 이들을 감형하는 선에서 사건을 마무리지었다.

1960년 3월 15일에 실시되는 정·부통령 선거에서도 장면은 민주당 부통령 후보로 지명받아 출마했다. 이번에도 선거 기간에 조병옥 대통령 후보가 사망했다. 자유당은 이번 선거에서만은 꼭 이기붕 후보를 당선시키고자 온갖 선거 부정을 저질렀다. 무리한 3·15 정·부통령 선거 결과, 장면은 무려 700만 표 차이로 패배했다. 하지만 3·15 부정선거를 규탄하는 시민들의 시위 확산은 4·19 민주혁명으로 이어졌다. 장면은 4·19 혁명의 열기가 고조되는 1960년 4월 23일 부통령직에서 물러났다. 그의 사퇴는 이승만의 하야를 촉진하는 배수진이었다. 그해 4월 26일, 이승만은 대통령직에서 물러났다.

1952년 부산 정치파동을 보고 《런던타임스》의 한 기자는 "한국에서 민주주의를 바라는 것은 쓰레기통에서 장미꽃을 구하는 것과 같다"라고 혹평했다. 그로부터 8년이 지난 뒤 한국인들은 그 쓰레기통에서 장미꽃을 피워냈다. 4·19 민주혁명 덕분으로 한국은 마침내 민주주의 국가 반열에 오를 수 있었다.

내각책임제 개헌과 제2공화국

1960년 4월 27일 이승만 대통령이 국회에 사임서를 제출하자 즉시 수리됐다. 그날로 허정 외무장관이 대통령 권한대행이 되어 과도정부가 출발했다. 국회는 내각책임제로 개헌을 했다. 아래는 제2공화국 헌법의 골자다.

- 대통령은 상징적으로 국가원수 지위만 부여받으며, 민·참의원 합동회의에서 선출한다.
- 행정권은 국무총리를 중심으로 한 국무원(내각)이 맡는다.
- 입법부는 민의원과 참의원 양원으로 구성한다.

이 헌법에 따라 제5대 국회의원 총선거가 1960년 7월 29일 실시됐다. 이 총선에서 민주당은 민의원 233석 중 175석, 참의원 58석 중 31석을 차지해 마침내 '민주당 시대'를 열었다. 민주당의 압승은 내각책임제를 원활하게 이끌고, 정치 안정을 기하라는 백성의 열망이었다. 하지만 민주당의 신파와 구파는 사사건건 갈등과 대립으로 그 기대를 저버렸다.

민주당 구파는 대통령 윤보선-국무총리 김도연 안을, 신파는 대통령은 윤보선-국무총리 장면 안이 복안이었다. 하지만 구파는 윤보선을 민·참의원 합동회의에서 제4대 대통령으로 일단 당선시킨 뒤, 대통령·총리를 나눠 가진다는 묵계를 깨뜨렸다. 윤보선 대통령은 1차로 국무총리에 김도연을 지명했다. 그러나 김도연이 국회 인준의 벽을 넘지 못하자 윤보선 대통령은 하는 수 없이 2차로 장면을 지명했다. 장면은 가까스로 인준의 벽을 넘어 마침내 제2공화국 내각책임제 국무총리가 됐다.

1960년 8월 23일 대한민국은 마침내 장면 내각을 출범시켰다. 그러나 민주당 구파는 장면 내각 출범 1주일 만에 각료 인선에 불만을 품고, 별도 원내 교섭단체를 만들었다. 이에 장면은 9월 10일 협상을 통해 구파 인사 5명을 입각시킨 제2차 내각을 발표했다. 그래도 구파의 불만은 여전히 수그러들지 않았다.

장면 정권은 출범 즉시 경제 제일주의를 내세우고, 경제개발5개년계획을 수립했다. 문제는 재원이었다. 장면 정권은 10만 감군안을 기획했다. 하지만 군부와 미국의 반발을 불러와 유야무야됐다. 또 하나는 한·일 국교정상화를 통한 대일 청구권자금의 확보 방안이었다. 장면은 경제개발5개년계획의 청사진을 마련한 뒤 우선 국토건설단부터 출범시켰다. 이처럼 그 계획들이 하나하나 궤도 위에 오를 즈음 5·16 쿠데타가 일어났다.

4·19 민주혁명으로 이승만 독재정권을 무너뜨린 학생과 시민들은 그동안 잠재된 욕구를 마음껏 뿜어냈다. 자유당 시대는 '반공'으로 날이 새고 '반공'으로 날이 저문 데 견주어, 민주당 시대는 '데모'로 날이 새고 '데모'로 날이 저문다고 할 만큼 각종 데모가 끊이지 않았다. 심지어 데모를 그만하자는 데모까지 등장할 정도였다. 게다가 자유당 독재 시절의 유산을 청산하는 일과 6·25 전쟁 당시 양민학살 사건 진상을 밝히라는 요구도 빗발쳤다. 장면 정권은 이러한 데모대와 피학살자 유족의 진상규명 요구를 구태여 탄압하지 않았다. '4·19 학생들의 피가 마르기도 전에 정권을 연장해보겠다고 계엄령을 펴거나 독재적 방법을 쓸 수는 없다'는 게 그의 신념이었다.

장면 총리는 '국민이 열망하던 자유를 한번 주어보자. 오랫동안 자유당 정권하에 억눌리고 쌓였던 울분을 마음껏 발산시키면 그제야 가라앉을 것'으로 내다봤다. 이는 장 총리의 민주주의에 대한 굳은 신념이었다. 곧 자유가 베푼 혼란과 부작용에 스스로 혐오를 느낄 때, 비로소 진정한 자유를 얻는다는 게 그의 정치철학이었다. 우리 사회의 모든 분야에서 민주주의 원리와 법치를 기반으로 삼고자 했다. 그렇게 스스로 민주주의를 몸으로 익힐 때까지 장면 정권은 묵묵히 기다리는 자세로 일관했다. 그는 이 땅에 민주주의가 정착하도록 인내하면서 노력했다.

장 정권은 정치적으로 풀뿌리 민주주의인 지방자치제를 시·읍·면에까지 실시했다. 한편 사회주의 정당도 합법화했다. 이와 함께 예술의 표현의 자유도 허용하여 문학계에서는 최인훈의 『광장』 같은 작품도 나올 수 있었다. 이러한 자유의 물결을 틈타 마침내 학생들과 혁신계 일부의 성급한 통일 논의로 '가자 북으로! 오라 남으로!'라는 구호와 플래카드까지 등장했다. 장 정권은 더 이상 손을 쓰지 않을 수 없었다. 그리하여 데모규제법과 반공임시특례법을 제정하고자 했다. 그러자 야당과 일부 혁신계 인사들이 1961년 3월 22일 서울시청 앞 광장에서 '2대 악법 반대 궐기대회'를 열었다. 날이 어두워지자 횃불을 든 시위대가 중앙청에서 혜화동까지 누볐다.

다음 날인 3월 23일, 청와대회담이 열렸다. 이 자리에는 장면, 윤보선, 민의원 의장 곽상훈, 참의원 의장 백낙준 등 4인이 참석했다. 윤보선 대통령은 이 자리에서 장면에게 "사태를 수습할 거국내각을 만들라"고 압박했다. 장면은 "좀 더 시간이 필요하다"면서 "내가 그만두면 나보다 더 잘할 사람이 있느냐"라고 반박했다.

그 무렵 세간에는 '3월 위기설' 또는 '4월 위기설'이 파다했다. 장 내각은 이에 대비해 군에 폭동 진압 훈련을 지시했다. 쿠데타를 준비 중이던 박정희는 호시탐탐 폭동이 일어나기를 기다렸다. 폭동이 일어나면 이를 진압하는 척하면서 그 틈에 반란을 일으킬 계획이었다. 하지만 폭동은 일어나지 않은 채 3, 4월 위기설이 넘어갔다.

앞서 서술했듯, 1961년 5월 16일 새벽 반도호텔 809호에 묵고 있던 장면 총리는 장도영 육군참모총장의 다급한 전화를 받았다. 후회막급으로 이미 쿠데타군은 한강 다리를 건넜다. 그는 가르멜수도원에 잠적해 있다가 이틀 후인 5월 18일 내각 총사퇴를 발표한 뒤 곧장 집으로 돌아왔다. 그때 비서들이 울부짖으며 말했다.

"이처럼 당해야만 합니까?"

장면은 부드럽게 한마디 했다.

"이 사람아, 피를 흘리면서까지 정권을 유지하면 뭘 하겠나?"

6·25 전쟁 중 대한민국 해상 이동 방송선을 방문한 장면 국무총리 일행.(오른쪽에서 네 번째 장면 총리. 1951. 2. 15.) © NARA

장면 총리는 격동의 한국 현대사에서 유약한 인물이었다. 이른바 '신사' 정치인의 한계였을지도 모른다. 한 나라를 이끌어갈 지도자라면 목숨 바쳐 헌정 질서를 수호하고, 때로는 강철 같은 강단으로 국민을 보호할 줄 알아야 할 것이다.

1966년 6월 4일, 장면은 향년 66세로 영원히 잠들었다. 경기도 포천 천보산 가톨릭공원묘원에 안장됐다. '그 나라 지도자는 백성들의 수준과 같다'고 했다. 강원 산골 서생이 보기에 장 총리는 이 나라 백성들보다 한 걸음 앞선, 순결한 민주주의 신봉자였다. 그가 시대를 잘못 타고난 것일까? 시대가 그를 몰라준 것일까?

대한민국 헌정사로 볼 때 내각책임제하 첫 총리였던 장면도 마땅히 국립현충원에 모시는 게 후세인들의 바른 도리일 것이다.

박정희

1961년 5·16 쿠데타를 한 달 앞둔 박정희는 그해 4월 18일 군용
비행기로 금오산 상공을 지나면서 시 한 수를 읊었다.
'영남에 솟은 영봉 금오산아 잘 있거라
삼차 걸쳐 성공 못 한 흥국일념 박정희는
일편단심 굳은 결의 소원성취 못 하오면
쾌도할복 맹세하고 일거귀향 못 하리라'

© 국가기록원

어머니

작가 이병주는 소설 『그를 버린 여인』의 '작가의 말'에서 '그'를 다음과 같이 말하고 있다.

"세상에 도의가 제대로 작용한다면 '그'는 평생을 뒤안길에서 살아야 할 사람이었다. 그런데도 '그'는 인생의 정면에서, 그것도 한 나라 원수로서 집중적인 조명을 받고 살아야만 했다."

여기서 '그'는 박정희를 말한다. 박정희가 집권을 시작한 1961년 5월 16일부터 김재규의 총탄으로 생을 마친 1979년 10월 26일까지 무려 18년 동안 이 나라의 많은 사람들은 긴장 속에 살았다. '죽은 공명이 산 중달을 이긴다'는 말처럼. 지금도 숱한 정치인, 심지어 대통령 후보자조차 선거철이 되면 박정희의 사후 원력이라도 입고자 구미 상모동의 박정희 생가를 찾는다. 사후 40년이 지났지만, 아직도 그의 위세는 시퍼렇게 살아 있다.

박정희 대통령은 경북 선산군 구미면 상모동 출신으로 나의 구미초등학교 대선배다. 더욱이 그의 셋째 형(박상희)과 나의 선친은 젊은 날 한때 동지 관계로 이후 집안끼리도 매우 가까웠다. 서로 쌀 뒤주 사정까지 알고 지냈다. 가까운 사이였기에, 한편으로는 대놓고 이야기하는 게 조심스러울 수 있다. 하지만 공인이기에, 바른 역사를 알리고 후세에 그분의 참모습을 헤아리는 데 도움이 되고자 까마득한 고향 후배가 보고 듣고 느낀 대로 가감 없이 이 글을 남긴다.

박정희는 1917년 음력 9월 30일(양력 11월 14일) 경상북도 선산군 구미면 상모동 117번지 금오산金烏山 지봉 효자봉 기슭에서 태어났다. 구미는 산남수북山南水北(금오산의 남쪽, 낙동강의 북쪽)으로 산자수명한 고장이다. 구미 금오산(977m)은 보는 사람의 위치에 따라 각각 다르게 보이는 신비로움을 지니고 있다.

낙동강 건너 인동 장張씨들은 일찌감치 금오산 남쪽 오태동에 둥지를 틀었다. 또 경남 김해에 살던 허許씨들은 배를 타고 한양에 가다가 금오산 산세에 매료된 나머지 오태동 옆 임은동에 '임은 허씨' 세거지世居地를 잡았다. 후일 인동 장씨 가문에서는 장택상 국무총리가 나왔고, 임은 허씨 가문에서는 13도 창의군 허위 군사장과 동북항일연군 제3로군 허형식 총참모장 겸 군장을 배출했다.

박정희가 태어날 때 그의 아버지 박성빈은 46세, 어머니 백남의는 45세였다. 그는 7남매의 막내둥이였다. 당시 첫째 형 동희는 22세였고, 그 아래로는 대략 3~4세의 터울이었다. 위로 두 형은 결혼하고, 큰누나 귀희는 칠곡 은殷씨 문중으로 출가해 박정희가 태어나던 해에 딸을 낳았다. 박정희의 어머니 백남의는 원치 않은 임신을 한 뒤, 딸과 같이 배가 불러오는 게 이웃 보기 몹시 남세스러웠다. 게다가 가난한 집에 식구가 또 하나 늘어나는 게 이만저만 걱정이 아니었다. 그래서 배 속의 아이를 지우려고 나름 애를 썼다. 박정희는 어머니의 배 속에서부터 악전고투로 생명을 이어갔다.

박정희가 태어난 상모동 마을은 금오산 남쪽 기슭으로 이곳 사람들

박정희의 구미 상모동 생가.

이 '모래실'이라고 불러왔다. 박정희의 외가 수원 백씨水原白氏들이 대대로 살아온 곳이었다. 박정희가 태어날 무렵 이 마을에는 선산 김씨 몇 집만 겨우 밥을 먹을 수 있는 처지였고, 나머지 집은 거의 세 끼를 못 먹을 만큼 가난했다. 그런 가구 90여 호가 금오산 산자락에 여섯 개의 소부락으로 나뉘어 옹기종기 모여 살고 있었다.

원래 박정희의 집안은 할아버지 대까지는 성주 철산에서 살았다. 아버지 박성빈은 약목의 수원 백씨 문중으로 장가간 이후 약목으로 이사했다. 젊은 시절 무과에 합격해 '효력부위效力副尉'라는 벼슬까지 받았다고 한다.

성격이 호탕했던 박성빈은 조선조 말엽 부패정치에 환멸을 느껴 젊은 날에는 동학농민운동에 가담했다가 체포되어, 처형 직전에 사면됐다고 한다. 이후 집안일에 관심을 보이지 않은 채 한량이나 반거들충이로 지냈고, 술로 세월을 보내며 가산을 탕진할 지경에 이르렀다. 이에 아내 백남의는 가족들 입에 풀칠이라도 하고자 구미 상모동 친정 수원 백씨 선산 위토位土(묘에 딸린 논밭)를 얻어 당신이 앞장서 전 가족을 이끌고 이사했다.

상모동 박정희 생가는 박성빈이 큰아들 동희와 함께 손수 흙벽돌로

지어 1950년까지 옛 모습을 유지했다. 6·25 전쟁 당시 다부동 전투 때
인 1950년 8월 16일 미 공군 B-29 전투기의 '융단폭격'으로 이 일대
가 거의 폐허가 됐다. 전쟁이 끝나자 맏형 동희가 사랑채만 옛 모습으
로 복구해 살았다. 이후 안채는 초가로 지었다가 5·16 쿠데타 후 기와
지붕으로 개축했다. 바깥 초가 사랑채는 박정희가 태어난 산실(현재 박
정희·육영수 영정이 있는 추모관)로, 그가 구미초등학교 때까지 주로 썼
던 공부방이었다.

박정희의 어머니는 눈을 감을 때까지, 막내 정희를 지우려 했던 데
대한 죄의식으로 그에 대한 애정이 남달랐다. 훗날 박정희가 좌익에 연
루돼 목숨이 명재경각에 이르자 어머니는 병석에서 손자 재석(둘째 아
들 무희의 장남)을 서울로 면회 보내 막내아들에게 어떻게든 살아남으
라는 말을 전했다고 한다.

"막내야, 넌 어쩌든동 살아라."

박정희인들 왜 동지에 대한 의리가 없었겠는가? 1948년 10월, 여수
순천사건 후 곧장 당국에 체포돼 수사과정에서 동지와 조직을 몽땅 고
변한 뒤 끝내 혼자 살아남은 데는 어머니 말의 영향이 컸을 것이다. 하
지만 그는 일체 자기변명도 없이, 아무런 말도 남기지 않은 채 세상을
떠났다. 그것이 그의 진면목이었다. 그는 비겁하게 남을 탓하지 않고 스
스로 모든 걸 끌어안고 무덤까지 간 강한 사람이었다. 이런저런 말로
구차하게 자신을 변명하지 않는, 시쳇말로 독종이었다. 그래서 미군조
차 그에게 '스네이크Snake(뱀) 박'이라 했단다.

이웃 약목에서 생계가 막막해 식구들 입에 풀칠이라도 하고자 처가
묘지기로 구미 상모동에 이사 온 박성빈의 막내아들 박정희는 후일 대
한민국 대통령이 됐다. 그것도 18년간 거의 전권을 쥐고 국정을 통치한

막강한 대통령으로.

소년 박정희

박정희가 구미보통학교에 입학한 날은 1926년 4월 1일이다. 그 무렵 구미보통학교는 구미면 내에서 유일한 공립 초등교육기관이었다. 내가 구미초등학교에 다니던 1950년 무렵에는 구미 면내에 3개의 초등학교가 있었다. 구미초등학교는 원평동에, 구미동부초등학교는 광평동에, 구미서부초등학교는 봉곡동에 소재했다.

2020년 구미시에는 총 52개 초등학교에 2만여 명의 학생들이 재학 중이다. 이렇게 학교와 학생 수가 늘어난 까닭은 구미시가 이웃 면들을 흡수 통합하여 건설한 구미공단이 내륙 최대의 산업단지로 비약적 발전을 했기 때문이다. 하지만 소년 박정희가 살던 그 시절 상모동에서 초등학교에 다니려면 20리(8킬로미터)나 떨어진 곳(구미초등학교)까지 걸어야 했다. 그 시절을 회고한 박정희 일기다.

상모동에서 구미면소재지 학교까지는 약 8킬로미터로 20리 길이 었다. 나는 구미보통학교를 1926년 4월 1일에 입학했다고 기억한다. 아침 8시에 학교 수업이 시작되었는데 새벽에 일어나서 20리 길을 걸어서 그 시간에 닿기는 여간 고생이 아니었다. 시간이 좀 늦었다고 생각되면 20리 길을 거의 뛰어야 했다. 동리에서 시계를 가진 사람이 아무도 없으니 시간을 알 도리가 없고, 다만 학교에 가는 도중 만나는 우편배달부를 보고서 오늘은 여기서 만났으니 '빠르다' '늦었다'를 가늠했다.

봄과 가을은 연도의 풍경을 구경하면서 상쾌한 마음으로 학교에 다니는 것이 기쁘기만 하였다. 하지만 여름과 겨울은 고생이 이만저만이 아니었다. 여름에 비가 오면 책보를 허리에 동여매고 삿갓을 쓰고 학교에 갔다. 그럴 때면 아랫도리 바지는 둥둥 걷어 올려야 한다. 학교에 가면 책보의 책은 거의 비에 젖어 있었다. 겨울에는 솜바지저고리에 솜버선을 신고 두루마기를 입고 목도리와 귀마개를 하고 눈만 빠끔하게 내놓고 다녔다.

땅바닥이 얼어서 빙판이 되면 열두 번도 더 넘어진다. 눈보라가 휘몰아치면 앞을 볼 수가 없다. 시골 논두렁길은 눈이 많이 오고 눈보라가 치면 길을 분간할 수 없게 되기도 한다. 사곡동 뒤 솔밭 길은 나무가 우거지고 가끔 늑대가 나온다 해서 혼자는 다니지를 못했다.

학교 가는 길 망태골 밭두렁 길을 뛰어가다가 뒤를 돌아보면 청녕둑(집 앞에 있는 작은 산 이름) 소나무 사이에 막내아들을 보내놓고 애처로워서 지켜보고 서 계시는 어머니의 흰옷 입은 모습이 희미하게 보인다. 학교에서 돌아오는 시간이 늦어도 어머니께서는 늘 그 장소에 나와 계시거나 더 늦을 때는 동네 어귀 훨씬 밖에까지 형님들과 같이 나오셔서 '정희 오느냐?' '정희야!' 하고 부르시면 '여기 가요' 하고 대답하면서 집으로 돌아갔다.

초등학교 3학년 여름방학 때였다. 상희 형님이 처가인 김천에 가면서 나를 데리고 갔다. 산골에서 자라서 촌뜨기이기 때문에 김천을 구경시켜주겠다는 형님의 선심이었다고 본다. 형님의 처가댁은 김천시 황금동이었다.

하루는 형님과 같이 시내를 걸어가는데 아이스크림 장수가 있어 형님이 그것을 사 먹으라고 돈을 주었다. 고깔같이 생긴 용기에 아이스크

림을 담아주는 것을 조그마한 나무 스푼으로 떠먹었다. 생전 처음 먹어
보는 아이스크림 맛이었다. 먹다가 보니 형님은 자꾸만 걸어가고 있었
다. 빨리 먹고 형님을 따라가려고 급하게 먹다가 그만 아이스크림 용기
가 깨뜨려졌다. 나는 먹고 난 다음 그릇은 주인에게 돌려주는 줄만 알
고 있었기에 깜짝 놀라 앞서 걸어가고 있는 형님을 큰 소리로 불렀다.

'형님! 이것이 깨어졌어요. 물어줘야겠어요'라고 울상을 하며 당황
해했다. 그 광경을 본 아이스크림 장수는 그 그릇도 같이 먹는 것이니
걱정할 것 없다고 말했다. 그때야 나는 아이스크림을 든 채 형님을 쫓
아 따라갔다. 그날 저녁에 형님과 형수씨는 나에게 '촌놈'이라고 마구
놀려댔다. 이 일로 그 뒤에도 촌뜨기 노릇을 했다고 놀림을 받았다.

박정희, '나의 소년시절' (1970. 4. 26.)

이 일기에 당시 김천에서 만났을 '황태성'이란 인물 얘기는 일체 나
오지 않고 있다. 아마도 '나의 소년' 시절을 쓸 당시 박정희 대통령은
황태성이라는 사람을 자신의 기억에서 모조리 지우고 싶었을 것이다.
하지만 내가 살펴본 여러 기록과 그 시대 생존한 이들의 증언에 따르
면, 당시 박정희가 상희 형과 함께 김천에 갔을 때 분명 황태성을 만났
을 것이다. 경북 상주군 청리면 출신의 사회주의자 황태성은 그 무렵
김천에서 야학운동에 전념하고 있었다.

황태성의 중매로 박상희와 결혼한 조귀분은 대구 신명여학교 출신으
로 근우회勤友會(항일여성독립운동단체) 김천지회장을 겸한 야학 교사였
다. 모처럼 김천 처가를 방문한 박상희가 그곳에서 동지인 황태성을 만
나지 않았을 리가 없다. 박정희와 황태성의 첫 만남도 그때 자연스럽게
이뤄졌을 것이다. 이는 나의 작가적 추론이다.

박정희 셋째 형인 박상희 선생. ⓒ 박준홍

'황형, 제 막냇동생입니다. 체구는 작아도 공부를 잘해 학교에서 급장
을 한답니다.'

'아, 그래요?'

박상희는 그렇게 동생을 소개했을 것이다.

'박정희입니다.'

'아이고! 반갑네.'

황태성은 박정희의 머리를 쓰다듬으면서 박상희에게 말했을 것이다.

'예로부터 작은 고추가 맵다고 했소. 내가 관상을 보니까 아주 야무
지고 똑똑해 보이오. 박 형, 아우가 장차 큰일 낼 것 같소.'

1946년 10·1 항쟁으로 박상희는 그 며칠 뒤인 10월 6일 아침, 선산경
찰서(당시 구미역전에 소재) 옆 볏논에서, 충북 영동에서 지원 나온 진압
경찰에 의해 바로 총살당했다. 황태성은 그 소문을 듣고 '날 살려라' 망
명도생으로 월북하여 북한에서 한때 무역상 부상(차관급)까지 지냈다.

박정희와 황태성의 첫 만남 후 15년의 세월이 흘렀다. 1961년 5월 16일, 북의 황태성은 박상희의 막내아우 박정희가 쿠데타를 일으켜 남한에서 실권을 잡았다는 소식을 들었다. 그는 깜짝 놀라 반가운 마음에 스스로 남북평화통일을 꾀하는 밀사를 자처하고 나섰다. 언저리의 북한 사람들이 만류했다. 하지만 황태성은 "나는 살 만큼 살았다"라고 말하면서 그 뜻을 굽히지 않았다. 마침내 그는 김일성의 승낙을 받은 뒤 북한 공작원 루트인 임진강을 건너 서울에 나타났다.

그는 남녘에 안착한 뒤, 구미에 사는 조귀분을 만나 그 사위 김종필 중앙정보부장을 통해 박정희와 만나려고 시도했다. 하지만 그 뜻을 이루지 못하던 중 미 CIA 정보요원의 촉수에 걸려들었다. 이 정보를 접한 민정당의 윤보선 대통령 후보는 이를 호재로 삼아 제5대 대통령 선거의 쟁점으로 집요하게 물고 늘어졌다. 하지만 건곤일척의 그 선거에서 상대의 약점만 물고 늘어지는 선거 전략은 윤 후보의 아둔한 패착이었다.

1963년의 5대 대통령 선거 당시 민정당의 윤보선 후보는 색깔 공세에만 치중한 나머지 정책대결에서는 박정희 후보에게 밀렸다. 그해 10월 15일 투표가 끝나고 개표가 시작되자 초반에는 민정당의 윤보선 후보가 앞서나갔다. 당시 중앙정보부장 김형욱의 회고록에 따르면, 쿠데타 주체들은 개표를 중단하도록 압력을 넣었다. 김형욱의 정보로는 개표가 늦은 영남과 호남 표에서 승부가 나리라 낙관했다. 예상대로 시간이 흐를수록 박정희 표가 더 많이 나왔다. 10월 17일 오후 3시에 완료된 개표 결과다. 박정희 후보는 46.6퍼센트인 472만 2천여 표를 얻었고, 윤보선 후보는 45.1퍼센트인 454만 6천여 표를 얻어 15만 여의 근소한 표차로 박정희 후보가 당선됐다. 특히 박 후보는 윤 후보

제5대 대통령 선거 포스터.
ⓒ 국가기록원

보다 영남과 호남에서 66만 표, 35만 표를 더 얻어 당선됐다. 윤 후보 측 한 찬조연사가 여수 유세에서 "이곳은 여순반란사건이란 핏자국이 묻은 곳이다. 그 사건을 만들어낸 장본인들이 죽었느냐, 살았느냐? 살았다면 대한민국에서 지금 무슨 일을 하고 있는가? 여러분은 아는가, 모르는가? 여러분이 모른다면 저 종고산은 알 것이다."라고 터뜨린 사상논쟁은 오히려 그 진원지인 여수·순천 지역에서 역효과를 냈다. 그리고 당시에는 농촌 인구가 더 많았다. 농촌 출신 박정희 후보의 중농 정책 공약이 윤 후보의 공약을 압도한 것도 패인이라는 분석이 설득력을 얻고 있다.

강준만, 『한국 현대사 산책 1960년대 편 2권』, 231~237쪽 요약 정리

박정희는 선거에서 승리했음에도 황태성 문제로 머리가 더욱 복잡해졌다. 미 CIA 요원들이 정보망을 거미줄처럼 쳐놓고 현미경으로 황태성의 동정을 들여다보고 있었기 때문이다. 박정희로서는 어떻게든 황태성 문제를 매듭지어야만 했다. 황태성을 비밀리에 다시 북으로 돌려보내기에는 이미 때를 놓쳤다. 미국은 여전히 박정희의 지난날 좌익에 연루되었던 경력을 주시하고 있었다.

김형욱 중앙정보부장은 박정희에게 황태성의 사형을 즉각 집행하자

고 건의했다. 곧 있을 제6대 국회의원 선거에 낙승하려면 그래야 한다는 강력한 주장이었다. 처음에 박정희는 이를 허락하지 않았다. 그도 황태성과의 인간적인 도리로 무척 고심했을 것이다. 평소 따랐던 셋째 상희 형의 친한 친구요 동지가 아닌가? 다행히 국회의원 선거에서 박정희의 공화당은 과반수 의석을 확보했다. 그해 연말 김형욱은 다시 박정희에게 황태성 사형 집행승인서를 내밀었다.

"이봐, 형욱이! 꼭 사형시켜야 하나?"

"각하, 우리가 미국과 야당에게 몰리지 않으려면……."

박정희는 한동안 눈을 감고는 말했다.

"이봐, 형욱이. ……그럼, 자네가 알아서 해."

박정희는 살아남기 위해 자신에게 드리워진 레드콤플렉스를 지워야 했다. 오죽하면 혁명공약 첫 번째가 '반공을 국시로 삼고'였을까? 1963년 12월 14일 오전, 황태성은 인천 근교의 한 군부대에서 총살당했다.

2015년 10월 28일, 서울 인사동의 한 밥집에서 조촐한 출판기념회가 있었다. 김학민, 이창훈 공저 『박정희 장군, 나를 꼭 죽여야겠소』라는 책이 나온바, 나는 그 출판기념회에 초대받았다. 미국에서 귀국한 황태성의 손녀 황유경이 그 출판기념회에 참석해 눈길을 끌었다. 이날 행사엔 황태성의 원혼을 달래는 오우열 시인의 살풀이춤과 극락의 강을 건너는 애달픈 굿거리장단이 있었다. 황유경의 회고담이다.

고2(1965년) 때 가을이었을 겁니다. 그때 저는 '꽃씨회'라는 봉사단체에서 활동하고 있었습니다. 요즘의 '사랑의 열매' 같은 것을 사람들 겉옷에 달아주고 성금을 받아 불우이웃돕기를 하는 단체였어요. 그날 회원 10여 명이 청와대에 들어가 대통령에게 인사하고, 그 가운데

제가 대통령 앞으로 가서 옷깃에 열매를 달아주면서 돌연 '제가 황태성 씨 손녀입니다'라고 말해버렸습니다. 그 순간 박 대통령 얼굴은 금세 굳어지면서 얼른 자리를 떴습니다. 그러자 곁에 있던 사람들이 허둥지둥 그 행사를 끝내더군요. 그 자리에 있었던 어느 누구도 무슨 일이 있었는지 눈치를 채지 못했을 겁니다. 그날 청와대를 나와 곧장 명동으로 갔는데 뜻밖에도 경찰이 철통같이 그 일대를 지키며 우리 회원들을 못 들어가게 하는 거예요. 그 '꽃씨회'는 1년도 못 가 해체됐어요. 지금도 '꽃씨회'가 왜 해산됐는지 당시 회원 중 누구도 그 이유를 모를 겁니다.

김학민·이창훈, 『박정희 장군, 나를 꼭 죽여야겠소』 364~365쪽

일선교

나는 경북 구미시 원평동 장터마을에서 태어났다. 아버지와 할아버지가 태어난 곳은 거기서 50리 떨어진 낙동강 건너 도개면 도개마을이다. 이 마을은 박정희 전 대통령과도 연고가 있는 곳이다. 첫 부인 김호남과 혼례를 치른 처가 마을이기 때문이다. 나는 갓난아이 때부터 할머니 품에서 자랐고, 할머니가 여든이 넘어 돌아가실 때까지 함께 살았다. 서울 구기동에서 살 때 우리 집은 북한산 중턱 산동네였다. 대청마루에서 청와대 뒷산과 북악산 팔각정 일대가 정면으로 보였다. 밤이면 우리 집에서 북악스카이웨이 가로등 불빛이 빤히 보였다. 할머니는 이따금 대청에서 청와대 쪽을 바라보며 아련한 추억을 들려주셨다.

"상모 양반[박정희]'은 밤에도 저렇게 불을 켜고 주무신다. 그 양반

장가올 때 어찌나 까맣고 쪼고만 하고 풍채가 초라했던지 그때 초례
청에서 동네사람들이 많이 쑥덕거렸다. 그런데 그 쪼고만 사람이 어찌
나 강단은 그리 셌던지 조강지처를 단칼에 버리고는 다시는 돌보지 않
았던 독한 사람이었단다."

사람에게 첫인상은 거의 평생을 지배하나 보다. 나의 할머니에게 깊
이 새겨진 박정희 전 대통령의 이미지는 대구사범학교 5학년 재학 중
도개마을로 장가온 그때 그 모습이었다. 그래서 늘 그분을 '상모 양반'
으로 불렀다.

내 어린 시절, 도개마을 사람들(특히 부녀자)은 장날 우리 집에 오면
'상모 양반' 장가오던 때 얘기를 자주 들먹거렸다. 박정희의 첫 부인 김
호남도 장날이면 도개마을 친정 사람들을 만나려고 구미장터 어귀의
우리 집에 오곤 했다. 나는 상모 양반의 초혼에 얽힌 이런저런 이야기
를 귀에 익도록 들으며 자랐다. 후일 도개마을에 가서 취재하면서 들은
얘기도 대체로 이와 비슷했다.

박정희의 어머니는 마흔이 지난 늦둥이 출산으로 젖이 매우 부족했
다. 유아 시절 젖을 배불리 먹지 못해 체구가 몹시 작았던 박정희는 어
린 시절 20리가 넘는 그 먼 길을 책보를 들거나 허리나 등에 메고 걷고
뛰느라 몸도 여위었고, 얼굴도 뙤약볕으로 새까맣게 그을렸다. 박정희
는 성장기에도 제대로 먹지 못해, 성년이 된 뒤에도 체구가 작고 깡말
랐다. 그 왜소함을 감추기 위해 5·16 아침 서울시청 앞에 첫 모습을 드
러낼 때도, 케네디 대통령과 첫 만남 때도 그는 선글라스를 썼다.

오래간만에 고향 땅을 찾아서 여러분들을 이 자리에서 만나게 되니
기쁘기 한량없습니다. 그동안 고향에 계신 여러분들이 나에 대해서 항

시 음으로 양으로 여러 가지 도와주시고, 성원해주신 데 대하여 진심으로 감사의 말씀을 드립니다. 사람은 누구나 자기가 태어난 고향을 사랑합니다. 자기의 고향을 사랑한다는 것은 인지상정이라, 누구도 다 같은 생각일 것입니다. 내가 이 고장에서 태어나고, 이 고장에서 잔뼈가 굵었고, 또 우리의 조상들의 뼈가 이 고장에 묻혀 있기 때문에, 우리가 아무리 객지에 가서 오래 산다 해도, 또는 나이를 아무리 많이 먹는다 해도 어릴 때 자라난 고향산천은 잊을 수 없는 것입니다. […] 이번에 일선교 준공식이 있다는 얘기를 듣고, 이 준공식에는 꼭 내가 참석해서 고향에 계신 여러분들을 한번 뵈어야 되겠다, 이렇게 오래전부터 벼르고 있었습니다.

경북 선산군 일선교 준공식 때 박정희 대통령 치사(1967. 3. 30.)

일선교는 선산읍 생곡리와 도개면 도개리를 잇는 다리로, 낙동강 동부지방과 서부지방을 연결시켰다. 이 다리가 없었을 때 사람들은 도개나루나 생곡나루에서 나룻배로 낙동강을 건너다녔다. 나도 어린 시절 어느 겨울, 찬 강바람을 맞으며 도개나루에서 낙동강을 건너 도개마을 작은집에 갔다. 이곳에 현대식 다리가 세워지는 일은 이 지방 사람들의 숙원사업이었다. 그 꿈같은 일이 5·16 이후에 추진돼 마침내 준공됐다. 그날 박정희 대통령은 안경모 건설부장관, 김인 경북도지사와 마을 노인과 함께 일선교 준공 테이프를 끊었다.

1936년 8월, 대구사범 재학시절, 박정희는 학생의 신분으로 장가가기 위해 이 도개나루를 나룻배로 건넜다. 그로부터 31년이 지난 1967년 3월 30일에 당신이 이 다리 준공 테이프를 끊을 줄이야.

이것이 인생이다. 아마도 당시 박 대통령도 무척 감개무량했을 것이다. 일선교 준공식 날, 인근 도개마을과 생곡마을 사람들이 죄다 일선교 개통식장에 나와 농악대의 신명 속에 동네잔치를 벌였다고 한다. 그 잔치에 단 한 집 가족만 모습을 드러내지 않고 침통하게 하루를 보냈다는 후문이다. 바로 박 대통령의 첫 부인 친정 선산 김씨 댁이었다.

2000년대 초 어느 해 봄, 나는 일선교를 지났다. 그때 강물은 두 사람의 아픈 사연을 아는지 모르는지 그저 쉬엄쉬엄 흐르고 있었다. 그야 말로 사람은 가고 강물만 흐르고 있었다. 만일 박정희와 김호남 두 사람의 부부 금슬이 좋았더라면 문경초등학교 박정희 선생님은 굳이 만주군관학교에 가지 않았을 것이다. 그랬더라면 우리나라 현대사도 다르게 흘렀을 것이고, 그의 최후도 그렇게 볼썽사납게 끝나지 않았을 게다.

5·16 쿠데타

1961년 5월 16일 새벽, 나는 아버지가 켜놓은 라디오 방송에 잠이 깼다. 그날은 평상시와 달리 행진곡과 함께 귀에 익은 박종세 아나운서의 떨리면서도 다급한 목소리가 흘러나왔다.

친애하는 애국동포 여러분! 은인자중하던 군부는 드디어 금조 미명을 기해서 일제히 행동을 개시하여 국가의 행정, 입법, 사법의 3권을 완전히 장악하고 이어 군사혁명위원회를 조직하였습니다. 군부가 궐기한 것은, 부패하고 무능한 현 정권과 기성정치인들에게 더 이상 국가와 민족의 운명을 맡겨둘 수 없다고 단정하고 백척간두에서 방황하는 조국의 위기를 극복하기 위한 것입니다.

5·16 군사쿠데타 성공 후 시청 앞에 선글라스를 쓰고 나타난 박정희 소장.(1961)

혁명공약

1. 반공을 국시의 제일의로 삼고, 지금까지 형식적이고 구호에만 그친 반공태세를 재정비 강화한다.

2. 유엔헌장을 준수하고 국제협약을 충실히 수행할 것이며, 미국을 비롯한 자유우방과의 유대를 더욱 공고히 할 것이다.

3. 이 나라 사회의 모든 부패와 구악을 일소하고 퇴폐한 국민도의와 민족정기를 바로잡기 위해 정신한 기풍을 진작시킨다.

4. 절망과 기아선상에서 허덕이는 민생고를 시급히 해결하고 국가자주경제 재건에 총력을 경주한다. […]

혁명공약은 계속 반복됐다. 그날 라디오에서 귀를 떼지 않던 아버지 표정은 금세 납덩이처럼 굳었다. 아버지는 이것은 군사반란이요, 쿠데타라고 단정했다. 사실 그때 나는 '혁명', '군사반란', '쿠데타'가 무엇인지 잘 몰랐다. 평소와 다름없이 책가방을 들고 등교했다. 등굣길에 안국동 네거리를 지나는데 M1소총에 착검을 한 군인들이 20~30미터 간격으로 대로변에 서 있었다. 삼엄한 공포 분위기였다.

며칠 후 아버지는 쿠데타의 주동자가 군사혁명위원회 장도영 의장이 아니고, 부의장인 박정희 소장이 사실상 실권자라고 귀띔했다. 구미역 뒤 각산에 사는 신문사네 시동생이라는 소리에 나는 깜짝 놀랐다. '신문사네'라면 고향 어른들이 늘 귓엣말로 말하던 박상희 선생의 부인(조귀분) 아닌가. 군사혁명위원회 부의장 박정희 소장은 야전 점퍼 차림에 검은 선글라스를 쓰고 시청 앞에 비로소 그 모습을 드러냈다. 대부분의 사람들은 작달막한 체구에 깡마르고, 선글라스로 얼굴 표정을 가린 그의 외모에서부터 오싹한 한기를 느꼈다.

많은 이들이 박정희의 냉엄한 표정에 혀를 내둘렀지만, 그 무렵 내게 박정희라는 인물은 소설로 그려보고 싶은 인물이었다. 같은 고향 출신이라는 데 어떤 친밀감을 느꼈다. 동서양을 막론하고 수많은 작가들이 어린 시절과 고향 이야기를 작품의 제재로 삼았다. 독일의 헤세는 고향 칼브를 『데미안』 등 여러 작품에서 그렸고, 영국의 에밀리 브론테는 고향 하워스의 황야에 살면서 불후의 명작 『폭풍의 언덕』을 남겼다. 우리나라의 현기영, 김원일, 박완서 등의 작가들도 어린 시절에 고향에서 보고 들은 이야기를 뒷날 명작으로 남겼다. 나도 습작기인 고교 시절에 고향 이야기 안에 박정희란 인물을 그렸다. 곁에서 보던 아버지는 살아 있는 사람에 대한 글은 함부로 쓰지 말라고 충고했다. 그러면서 당시 세상에 아직 알려지지 않았던, 그분에 대한 이야기(좌익 숙정 때 혼자 살아남은)를 들려주셨다. 나는 그 얘기를 전해 듣고 큰 충격에 빠졌다.

내 나이 쉰다섯이던 2000년 8월 22일, 중국 대륙 항일유적지 답사길에 안동 고성 이씨 석주가의 집안인 지린성 인민대회상임위원회 부주임 이정문 동포의 안내로 창춘 교외에 있는 옛 만주군관학교를 굳이 찾아갔다. 중국 현지 동포들도 잘 모르는 그곳을 애써 찾아가니 그 무렵 옛 만주군관학교는 중국군 기갑 부대로 변해 있었다. 내가 카메라를 꺼내자 이 부주임은 사색으로 렌즈를 막으면서 제지했다. 그래서 정문을 지난 곳에서 부대 담과 막사 일부 그리고 현지답사를 증명하는, 가까이 있던 날라툰소학교 정문을 찍고 돌아왔다.

일본은 1931년 9월 18일에 만주사변(일명 9·18 사변)을 일으킨 이듬해 3월 1일에 청조 마지막 황제 푸이를 꼭두각시로 앉힌 괴뢰만주국을 수립했다. 만주滿洲란 중국 동북삼성인 랴오닝성, 지린성, 헤이룽장성에 일본인들이 붙인 지명으로 그 면적은 우리나라 전 국토의 다섯 배가 넘는 123만 평방미터다. 지난 세기 만주 벌판은 군벌과 마적, 일제 관동군과 위만군 그리고 우리 독립군들이 서로 뒤엉켜 각축을 벌였던 풍운의 대륙이었다.

박정희는 1937년 3월 25일 대구사범학교를 졸업하고 곧장 문경공립보통학교 교사가 됐다. 그는 시골 교사에 만족하지 못하는 욕구불만의 청년이었다. 집안의 가난, 식민지하에서도 양반 상놈을 찾는 구시대 풍조, 큰 칼을 찬 군인에 대한 어릴 적부터의 동경심, 그리고 결혼생활의 파경에 대한 자괴감 등 복합적인 분노의 탈출구로 그는 만주군관학교를 스스로 선택했다.

박정희의 만주행에는 시대상황도 한몫을 했다. 당시 일제는 만주 침략을 계기로 대륙 병참기지화 정책을 전개했다. 반면 조선에 대해서는 영구통치를 위해 조선인을 완전한 일본인으로 만들려는 이른바 황국신민화 정책을 폈다. 이로써 말도 글도 모두 일본식을 강요했고, 1940년부터는 성과 이름도 일본식으로 바꾸도록 강요했다. 이런 사정으로 조선의 젊은이들은 숨이 막힐 지경이었고, 그 탈출구로 만주를 쉽게 떠올릴 수 있었을 것이다. 당시 만주는 '동양의 서부'로 일컬어질 만큼 희망과 기회의 땅이었다.

정운현, 『군인 박정희』, 79~80쪽

조기준(전 고려대 교수)은 당시 만주가 마치 해방 후 미국행처럼, 일 제강점기 당시 조선 청년들의 유일한 탈출구였다고 말했다.

지난 세기 숱한 조선 청년들이 서로 다른 복장으로 광막한 만주벌판을 누비면서 자기 나름의 꿈을 키웠다. 낙동강 옆 구미 임은동에서 자란 한 소년(허형식)은 괴나리봇짐을 지고 만주로 망명도생하여, 항일빨치산으로 백마를 타고 만주벌판을 달리면서 조국 광복을 꿈꾸었다. 임은동 건너 마을 금오산 산비탈 상모동에서 태어난 한 청년(박정희)은

긴 칼을 차고 이 만주벌판을 누비며 천하를 호령하려는 청운의 꿈을 키웠다. 또 평양 만경대에서 태어난 한 소년(김일성)도 만주벌판에서 대망을 꿈꾸었다.

어디 그들뿐이었으랴. 지난 세기 이 만주벌판을 누비던 모든 조선 청년들의 꿈이 하나로 모아졌더라면 조국 분단의 비극은 결코 오늘까지 이어지지 않았을 것이다.

만주국 장교 시절의 박정희.

여순사건

1948년 10월 19일 밤 8시쯤 비상 나팔을 신호로 하여 여수 주둔 국군 14연대에서 반란이 일어났다. 이 14연대는 제주도 공비토벌작전에 출동하기 위하여 대기 중이었다. 연대 내의 남로당 조직책인 지창수 상사가 주동이 된 이날 밤의 반란으로 20여 명 장교들이 현장에서 사살되었다. 14연대가 여수시를 점령하자 순천에 파견되어 있던 2개 중대도 이에 호응하여 순천을 점령했다. 이 반란으로 여수에서 군인들과 공무원 1천2백 명이 피살되었고, 순천에서도 4백여 명의 인명 피해가 발생했다.

조갑제, 『내 무덤에 침을 뱉어라』 2권 212쪽

이 여순사건이 진압되자 군에서는 대대적인 수사가 펼쳐졌다. 박정희 소령이 군 수사당국에 체포된 것은 1948년 11월 11일로 그날은 육사 7기생 졸업식 날이었다. 당시 육사 교관이었던 박 소령이 체포돼 연행된 곳은 지금 신라호텔 부근의 남산 기슭에 있던 헌병대 영창이었다. 그가 입창되자마자 수사관은 낡은 작업복으로 갈아입게 했다. 그 순간부터 피의자 신분이 됐다.

그 무렵 군 수사기관은 신문에 앞서 기선 제압으로 먼저 피의자의 숨을 죽였다. 이는 피의자에 대한 구타 등 폭력행사를 뜻했다. 박정희는 그런 폭력에 이골이 나 있었다. 1940년 4월, 만주군관학교 제2기생으로 입학한 박정희와 김재풍 생도는 1기 선배들로부터 건방져 보인다는 이유로 체벌을 받았다. 기골이 장대한 방원철은 주먹으로 박정희의 따귀를 갈기기 시작했다. 김재풍은 금방 옆으로 쓰러졌다. 하지만 박정희는 달랐다. 박정희는 방원철의 주먹을 맞고 몸이 옆으로 밀렸다가도 금방 원래 자세로 돌아와 딱 버티고 서서 다음 타격을 기다렸다. 박정희의 몸은 마치 용수철 같았다. 방원철은 속으로 '야, 여기 독한 놈 하나 있구나' 하는 생각이 들어서 더 세게 때렸다. 그래도 고개를 치켜들고 강편치를 받아내는 박정희가 그에게는 꼭 차돌 같고, 뱀대가리처럼 무섭게 느껴졌다고 회고했다. 그처럼 박정희는 군내에서 독종으로 정평이 나 있었다.

수사관은 각목으로 박정희를 사정없이 두들겨 패도 숨이 죽지 않자 전기고문을 했다. 마침내 박정희는 몸부림을 치다가 의식을 잃었다. 비몽사몽 끝에 깨어나고 이튿날 오전 조카 박재석이 구미에서 면회를 왔다. 할머니는 병석에 누워 있기에 대신 왔다고 했다.

"삼촌요, 할매 말씀 그대로 전합니다. '막내야, 넌 어쨌든동 살아라' 그 말만 합디다."

조카가 떠난 뒤 영창에 돌아오니 눈물이 앞을 가렸다. 어머니 생각만 해도 억장이 무너졌다. 맏형 박동희의 부인인 선산 김씨 형수도 떠올랐다. 박정희가 해방 후 1946년 5월 8일 일군 패잔병으로 풀이 죽어 고향으로 돌아온 뒤 어느 날이었다. 그 며칠 후 박정희는 가슴에 싸인 울분을 삭이고자 대구사범 시절 불던 나팔을 겨드랑이에 끼고 뒷산에 올라갔다. 막 나팔을 불려고 입에 갖다 대려는데 멀리서 망태에 갈비를 한 짐 지고 내려오는 형수가 보였다. 잠시 뒤 형수는 돌부리에 넘어져 데굴데굴 구르고 있었다.

그 무렵 형수는 영양실조인 데다 가난으로 제때 병원 치료를 한 번 받지 못해 시력을 잃고 있었다. 박정희는 나팔을 접고 달려가 형수의 갈비 망태를 대신 지고 집으로 돌아왔다. 박정희는 그 얼마 후 선산에 사는 김재규를 만나자 서로 의기 투합하여 같이 다시 남조선(대한민국) 군문에 입대하고자 구미역에서 서울행 열차를 탔다. 그런 뒤 조선경비사관학교를 찾아갔다.

그다음으로 맏딸 재옥도 떠올랐다. 그 무렵 그의 어린 딸은 할머니와 살고 있었다. 어쨌든 자기의 핏줄이 아닌가. 박정희는 그 시절 매우 드물었던 '이혼'을 함으로써 어린 딸에게 큰 상처를 남겼다.

북에서 내려온 만주군관학교 선배 최창륜의 말도 박정희의 심장을 찔렀을 것이다.

"이보라우 다카키 마사오! 우리 속담에 '개 꼬리 삼 년을 두어도 황모 못 된다'는 말 들어봐서. 지금은 갸네들이 모두 받아주지만 곧 자리가 잽히면 우리 같은 만군 출신들은 낙동강 오리알 신세야. 내 말 명심하라우!"

또 한 사람, 그 전해 춘천 8연대 경리장교 박경원 대위의 결혼식에 갔다가 서로 눈이 맞아서 동거 중인 이현란이라는 이화여대생도 떠올랐다. 체포되던 날 아침도 누군가 곧 연행될 거라 그에게 귀띔했지만 그 여인이 눈에 밟혀 도망가지 못했다.

다섯 사람의 환영幻影이 박정희의 마음을 돌려놓았다. 그는 먼저 진술서를 달라고 한 뒤 남조선노동당 군사조직체계도와 조직책 이름을 수사관들도 놀랄 정도로 낱낱이 샅샅이 적어놓았다. 박정희는 펜을 잡고 혼잣말처럼 중얼거렸다.

'이왕 고변할 바에야 수사관조차 깜짝 놀라도록 화끈하게 하자. 그래야 반대급부가 있을 테지.'

미국이 박정희를 살리다

1949년 초 어느 날, 방첩대 김안일 소령이 나에게 박정희 소령이 "국장님을 뵙고 꼭 할 말이 있다고 간청하고 있으니 면담을 해주십시오"라고 했다. 박 소령이 조사 과정에서 군내 침투 좌익 조직을 수사하는 데 적극 협조했다는 점도 강조했다. 사실 사관학교 등 군내 좌익 조직 수사는 최초 단서를 잡지 못해 어려움을 겪고 있었다.

나는 면담 요청을 승낙했다. 내가 박정희를 만난 곳은 명동 구 증권거래소 건물 3층 정보국장실이었다.

박정희 소령은 묵묵히 앉아 있다가 입을 열었다.

"나를 한번 도와주실 수 없겠습니까."

작업복 차림의 박정희는 초췌하여 측은해 보이기까지 했다. 그러나 태도는 전혀 비굴하지 않고 시종 의연한 자세였다. 평소 박정희의 인품에 대해서는 들어 알고 있었으나 어려운 처지에서도 침착한 그의 태도가 일순 백선엽을 감동시켰다. 그래서였을까.

"도와드리지요."

참으로 무심결에 내 입에서 이런 대답이 흘러나왔다. 약 20분간 면담을 마치고 그를 돌려보냈다. 나는 내 입으로 한 약속을 지키기로 했다.

당시 숙군 작업은 이승만 대통령 요청에 따라 로버츠 미 군사고문단장도 간여하고 있었다. 나는 정보국 고문관 리드 대위로 하여금 참모총장 고문관 하우스만 대위와 로버츠 준장에게 박정희 소령 구명에 관한 양해를 구했다. 그와 동시에 육군본부에 재심사를 요청했다. 육본은 참모회의를 거쳐 형 집행 정지 명령을 내렸고, 박 소령을 불명예제대시키는 선에서 마무리했다.

최근 입수해 읽은 짐 하우스만의 『한국 대통령을 움직인 미군 대위』라는 책에서 숙군 관련 부분을 아래에 옮긴다.

여순반란 사건 직후였다. 당시 육군본부 정보국장이었으며 숙군 작업을 지휘했던 백선엽 대령이 어느 날 한 뭉치의 적색 침투자 명단을 내게 갖고 왔다. 거기에는 내가 진실로 아꼈고, 또 빼어난 실력을 가진 자도 많았다. 김종석, 최남근 … 이런 사람들은 정말로 아까운 사람들이었다.

김종석은 일본 육사 출신으로 오키나와 전투에서 살아남은 자였다. 머리가 비상했고, 용기가 배어 있는 그런 인물이었다. 그는 이형근과 일본 육사 동기였다. 그런데 육군참모총장 이응준 장군이 이형근을 사위로 삼은 뒤 약간 불리한 출세길에 오른 처지에 있었다. 그 명단에는 박정희 소령도 있었다. 그도 역시 일본 육사 출신으로 우수한 두뇌의 소유자였다.

많은 우수한 장교들이 공산당으로 체포돼 군사 재판을 받은 후 수색 육군 형장에서 총살형이 집행됐다. 나는 이 비극의 현장을 내 손으로 직접 찍은 비디오 필름을 갖고 있는데, 이 필름을 틀어볼 때마다 이데올로기에 대한 처절한 혐오 같은 것을 느끼곤 한다.

김종석 중위는 처형 직전 나와 짧막한 대화를 나누었다. 그는 나를 보며 "하우스만 씨, 미안하오"라는 말만 했다. 나는 이 아까운 청년 장교가 소멸돼가는 것을 보고 한탄했으나 담배 한 대를 권할 수 있는 처지밖에 안 되었다.

그는 담배를 깊이 빨아들이며 한 대를 다 피운 후 참으로 태연히 죽어갔다. 이 숙군 과정에서 유일하게 박정희 소령만 살아났다. 그는 그를 어려울 때 구해준 동료·선배·후배들의 발뒤꿈치를 사정없이 무는 사람이라고 해서 가끔 미군들 사이에서는 '스네이크 박'이라고 불리기도 했으나 그에게는 돕는 사람이 많았다.

이 죽음의 사슬에서 그를 풀어낸 사람 중에는 정일권·백선엽·장도영·김점곤·김안일 등 상당수를 헤아린다.

육군본부 정보국의 직속상관이었던 김점곤은 숙군 작업의 실무를 맡고 있던 김창룡과 특별한 친분관계를 맺고 있었기 때문에 박정희의 체포 소식을 김창룡한테 일찍 보고받을 수 있었다. 김점곤은 김창룡에게 '때리지 말 것(고문하지 말 것)'과 '먹을 것을 넣어줄 것'을 우선 부탁해 박정희를 고문에서 살아남게 했다. 김창룡의 직속상관이자 수사실무 책임자였던 김안일은 숙군 책임자인 백선엽을 만나게 해달라는 박정희의 소청을 받아들여 그를 데리고 백선엽의 방을 방문했었다.

김안일은 준장으로 퇴역한 뒤 목사로 일했다. 그가 박정희에게 유달리 호의를 베푼 것은 김창룡의 건의도 있었지만 박정희가 신문과정에서 군의 공산당 비밀 조직을 소상히 불어 숙군 작업을 손쉽게 진행할 수 있게 했던 점과, 박이 사형수로 있으면서도 의젓함을 잃지 않은 인품에 감동했기 때문이었다.

나는 이승만 대통령으로부터 이 숙군 작업이 얼마나 잘 엄중하게 처리되고 있는가에 대해 1일 보고를 하도록 명령받고 있었다. 나는 그때 신성모 국방장관, 윌리엄 로버트 미 군사고문단장 등과 함께 수시로 이 대통령을 만나고 있었다. 그때 나는 박정희 피고의 형 집행을 면죄해줄 것을 이승만 대통령에게 건의했다. 그 이유로 나는 그가 일본 육사 출신으로 모스크바 공산주의자는 아니며, 군의 숙군 작업을 위한 군 내부의 적색 침투 정보를 고스란히 제공한 공로를 들었다.

내가 알기로는 백선엽·정일권이 서로 어떤 약속을 하고 이 대통령을 찾아간 것은 아닌 것으로 알며, 나도 어떤 개별 권고나 공식 건의에 의해 이 대통령에게 박정희를 변호하러 간 것은 아니었다. 지난날 박정희 소령은 (그의 상관 원용덕 8연대장에게) "이것이 미국 군대요? 한국 군대요?"라고 대든 말에 미뤄보더라도 모스크바의 지령에 따라 움직여온 공산주의자는 절대 아니었으며, 그가 이재복-이중업 조직책으로 이어온 한국군 내부의 거의 모든 직책 조직을 샅샅이 폭로한 것은 확실히 그의 목숨을 건질 만한 가치가 있는 것이다.

짐 하우스만, 『한국 대통령을 움직인 미군 대위』, 32~35쪽

형 집행 면죄 이후 박정희는 백선엽의 배려로 정보국 문관으로 근무하다가 6·25 전쟁 발발 후 장도영의 건의로 육군에 다시 복직하게 됐다. 숙군 당시 중형을 받은 군인 가운데 구명된 경우는 박정희밖에 없었다.

5·16이 있은 바로 이틀 뒤였다. 박정희 장군은 그날 나를 만나러 8군 캠퍼스 안의 우리 집에 오겠다고 통보해왔다. 대문 앞에 지프 소리가 난 후 레이밴 안경을 걸친 박정희가 나의 오랜 친구인 강문봉을 통역자로 대동하고 문간을 들어섰다. […]

박정희는 "하우스만 씨, 나를 위해 미국에 좀 갔다 오지 않겠소"라고 정중하게 물어왔다. 나는 웃었다. 대답 대신 내 방으로 들어가 미국행 항공 티켓을 가져다 박에게 보여줬다.

숙군 대상자 처형 장면.(1950. 4. 서울 동북쪽 10킬로미터 산골짜기, 미 육군무관 밥 에드워드의 정보 보고서) ⓒ NARA/이도영(재미 동포)

바로 그 이튿날 나와 아내는 반 공무 겸 반 휴가로 본국에 들어갈 예정이었다. 나는 박이 부탁하지 않아도 사실 남의 눈에 뜨이지 않게 본국으로 돌아가 한국사태의 자초지종을 보고할 예정이었다. 박정희는 별 놀라는 표정도 없이 "잘 부탁하오"라고 말했다.

워싱턴에 도착한 후 즉시 미 합참의장 라이언 렘니처 장군에게 직접 보고하러 들어갔다. 한국사태를 소상히 보고했고, 박정희라는 인물에 관해서도 말했다. 박이 나의 관사를 찾아와 얘기한 것은 물론, 미국과의 관계를 가까이하기를 바라고 있다는 것을 보고했다.

위의 책, 53~63쪽 요약 정리

이렇듯 미국은 박정희를 두 번 살려준 셈이다.

끝내 쫓지 못한 '똥파리 한 마리'

2001년 겨울, 나는 박정희를 주인공으로 한 소설을 쓰고자 자료를 취재하려고 한 고향 친구(강구휘 전 경북 도의원)와 함께 박정희 상모동 생가에 갔다. 생가를 둘러본 뒤 친구의 안내로 상모교회에 가서 박정희의 구미보통학교 친구 한상도 장로를 만나 이런저런 얘기도 들었다. 그는 그때까지도 박정희 전 대통령을 뚜렷이 기억하고 있었다.

"보통학교 3학년 때까지 같이 상모동에서 [학교가 있는] 원평동까지 걸어서 다녔어요. 그는 그림도 잘 그렸고, 수학도 무척 잘하는 등 학과 성적에 모두 뛰어났지요. 체구는 작았지만 공부를 잘했기에 다른 친구들이 그를 엄청 어려워했답니다."

그다음으로 친구의 안내에 따라 임은동에서 구미중학교 허호 2년 선배로부터 왕산旺山가의 피어린 항일투쟁사를 들었다. 그와 함께 셋이 이웃 마을 오태동 장택상 생가에 가서 세 집안에 얽힌 이런저런 얘기도 들었다. 그런 뒤 금오산에 있는 왕산 허위 유허비까지 답사했다. 그날 저녁, 한 밥집에서 친구가 우리 옆자리에서 식사하던 늙수그레한 노인을 지난날 선산경찰서 '장 형사'라고 소개하면서 우리 자리로 합석하게 해 그로부터 박 대통령의 일화를 들을 수 있었다.

5·16 쿠데타에 고향 사람들도, 심지어 박 대통령의 친족까지 놀랐다고 한다. 경상도 벽촌 구미 상모동 출신 무명의 한 군인이 그렇게 엄청난 일을 한 데 입을 다물지 못한 모양이다. 박정희 최고회의 의장이 입법·사법·행정 3권을 손아귀에 넣자 권력을 쫓는 전국 각지의 '똥파리(청탁자)'들이 멀리 구미 상모동까지 날아들기 시작했다.

장 형사의 말이다.

5·16 후 어느 날, 선산경찰서장(현 구미경찰서장)이 정보과 순경 네 사람을 갑자기 부르더니 즉시 무장을 하고 구미역으로 출동하라고 명령합니다. 부산에서 출발한 상행열차로 박 의장 맏형 박동희를 구미역에서 이 킬로미터나 되는 상모동 생가로 호송한 다음, 그날 그 시간부터 한 사람씩 24시간 교대로 생가에 상주케 하면서 출입자들을 일일이 체크하라고 지시합니다. 그렇게 된 사연은 그 며칠 전, 전라도 이리에 사는 한 예비역 대위가 상모동 박동희를 찾아와 갖은 향응을 베풀며 온갖 말로 환심을 사게 했답니다. 그런 뒤 그 맏형을 앞세워 당시 부산에 있는 경남도지사실로 갔답니다. 당시는 군정으로 군인들 세상이니까 그 예비역 대위가 박동희를 앞세워 이권을 노렸던 모양입니다. 현역 군인이었던 경남도지사가 국가최고회의 의장 친형이 경북 구미에서 왔다고 하니까 차마 문전 박대는 못 하고 응접실로 모신 뒤, 몰래 서울 장충동 의장 공관으로 비상 전화를 한 모양입니다. 경남도지사의 보고를 받은 박 의장은 경남지사에게 즉시 당신 형을 열차에 태워 고향집으로 귀가 조치케 했습니다. 그러면서 그날부터 선산경찰서 경찰이 당신 생가를 경비하면서 청탁자들의 접근을 저지하라는 지시를 서장에게 한 모양입니다[당시 선산경찰서는 구미에 소재했음].

처음에는 무장한 순경 네 사람이 여섯 시간씩 돌아가면서 교대로 생가를 지켰는데 피차 불편하여 한 사람이 맡기로 하자 동희 씨가 저를 선택하더군요. 그때부터 1979년 10월 26일까지 18년 동안 상모동 박정희 대통령 생가는 나의 근무처였습니다. 무장 경찰이 생가를 지킨다는 소문이 나자 이후 똥파리들이 얼씬도 하지 않더군요. 그래도 긴장을 풀지 않고 끝까지 생가에 상주하며 친인척들 관리를 했습니다. 혹 박 대통령 집권 당시 서울에서 무슨 박람회나 청와대에 경사가 있을 때는 제가 대통령 고향의 일가친척들을 인솔하여 상경했지요.

박 대통령, 그분은 참 용의주도한 사람입니다. 1년에 네 차례 큰대에 제수비로 금일봉을 저를 통해 전달했는데, 요즘[2001년 무렵] 10만 원 정도였어요. 1960년대 어느 날 청와대에서 저를 부르더군요. 그날 청와대에 이르자 박 대통령이 현관까지 마중을 나오셨습니다. 내실로 가자 육 여사가 손수 저녁상을 들고 오셨는데 대통령과 겸상케 했어요. 그날 밤 청와대를 떠나오는데 박 대통령이 역시 현관까지 배웅하면서 저에게 금일봉을 주시더군요. 그러면서 "장 형사, 이 돈을 은행에 정기 예금을 시킨 뒤 그 이자를 생활비에 보태 쓰라"고 하시더군요. 형사들은 눈치 하나는 빠르잖습니까? '너 이 돈 먹고, 다른 돈이나 이권에는 절대 혀를 대지 말라'는 말로 이해했지요. 그 뒤로도 대통령께서 생가에 나들이하실 때는 언제나 제 몫의 선물이나 금일봉을 빠뜨리시지 않았습니다.

장 형사의 철저한 친인척 관리로 박동희 씨는 돌아가실 때까지 평범한 농사꾼으로 사셨습니다. 박동희 씨가 이권에 개입했다는 이야기는 그 어디에도 없었지요. 오히려 당시 구자춘 경북지사가 생가 앞길에 자동차가 다니도록 길을 넓혀주려는 것을 동희 씨가 그건 동생에게 누가 된다고 손사래를 쳤고, 한국전력에서 박정희 생가에 전기를 놓아주려고 하자 다른 동네 다 놓은 뒤에 당신 집은 가장 나중에 놓아달라고 하여, 이웃 동네들이 먼저 전기가 들어오는 혜택을 봤지요.

그와 비슷한 얘기는 고향 사람들을 통해 몇 차례 들은 바 있다. 박정희 조카 박재석이 구미에서 문구상을 하다가 삼촌이 대통령이 되자 서울로 이사를 했다. 그 소문을 들은 박정희가 조카 박재석을 불렀다.

"당장 구미로 내려가라."

"삼촌, 대한민국은 자유민주주의국가로 거주 이전의 자유가 있습니다."

조카의 그 항변에 박정희는 그를 구미로 쫓지는 못했다. 또 큰집 장조카 박재홍은 상모동 이웃 사람이 아들을 군대 보낸 뒤 후방으로 빼달라고 참깨, 고춧가루 등과 여비를 주기에 서울 신당동 삼촌 집으로 갔다. 그날 밤 퇴근한 삼촌에게 그 얘기를 전하자 박정희는 당장 그 보따리 들고 내려가라고 호통을 친 뒤 더 이상 청탁하면 '휴전선 철책 부근인 최전방 부대로 보내겠다'라고 전했다는 얘기도 있었다.

대통령이 된 이후 구미 사람들은 청와대는 얼씬하지 못하게 한 모양이다. 당시 구미에 살던 가까운 친척들도 청와대에서 '물 한 잔도 못 얻어먹었다'고 말할 만큼 친인척 관리를 철저히 했던 모양이다.

'Nobody's perfect'라는 말처럼 완벽한 사람은 아무도 없다. 그렇게 친인척 관리에 철저했던 박 대통령이었건만 1974년 8월 15일 광복절 경축식장에서 아내를 잃은 뒤부터는 느슨해졌나 보다. 특히 박근혜를 퍼스트레이디로 내세운 뒤, 그에게 접근하는 노회한 '똥파리 한 마리'는 끝내 쫓지 못하고 이승을 떠났다. 그 똥파리의 딸은 박근혜가 탄핵을 당하는 빌미를 제공했다. 아마도 그 모두가 박 대통령의 업보인 모양이다.

현재 구미시는 이전의 선산군 아홉 개 면과 지난날 이웃 칠곡 일부까지 편입한 대도시다. 하지만 내가 자랄 때 구미는 선산군에 배속된 신흥 면소재지로 인구 1만 명 안팎의 조그마한 시골이었다. 그 조그마한 구미도 역전 중앙 통을 기준으로 상구미와 하구미로 나눠 불렀다. 지난날 구미에 중학교는 단 하나뿐으로 일대의 고아, 칠곡의 학생들도 구미중학교에 다녔다. 그래서 박정희 전 대통령의 형제의 자녀(조카)들, 그리고 맏딸 박재옥까지도 나와 같은 구미중학교를 다녔다.

이웃집 쌀 뒤주 사정까지 터놓고 알던 그 시절, 1946년 10·1 항쟁으로 가장을 잃은 셋째 형 박상회의 집은 살림이 참 어려웠다. 그런 가운데서도 부인 조귀분은 천성이 낙천적이었다. 산에 땔감 나무를 하러 가서도 '노세노세 젊어서 놀아 늙어지면 못 노나니'와 같은 차차차를 부르면서 고단한 세상살이 시름을 잊고 살았다. 나는 그분을 보고 '사람 팔자 알 수 없다'는 말을 실감했다. 구미의 가난한 서민들이 사는 각산 마을에서, 어느 날 문득 대한민국에서 가장 끗발 좋은 박정희 대통령 형수에, 김종필 국무총리의 장모로 서울 효창동 마나님이 되는 걸 봤기 때문이다.

지주의 아들과 소작인의 아들

박정희와 장택상의 두 생가는 경부선 철길을 사이에 두고 서로 부르면 대답할 수 있을 정도의 이웃마을이다. 해방 무렵까지만 해도 장택상 전 총리 집안은 영남 제일 대부호 만석꾼으로, 고향 일대에서 남의 땅을 밟지 않고 다닐 정도였다. 장택상은 어린 시절에 일본으로 건너가 야마구치(山口)에서 소학교를 다녔고, 도쿄 와세다(早稻田)대학에서 공부하다가 영국 에든버러대학에서 경제학을 공부했다. 그는 어린 시절부터 이 세상의 온갖 부귀영화는 다 누렸다. 해방 후 수도경찰청장, 초대 외무부장관, 2대 국회의원 선거에서는 고향 칠곡에 출마하여 이후 5대까지 내리 네 차례나 당선됐다. 그리하여 국회부의장, 제3대 국무총리 등 대통령만 빼놓고 대한민국 정부의 요직은 거의 다 누렸다.

이와 달리 박정희는 출생부터 한 편의 비극 드라마처럼 참담했다. 그 무렵에는 조혼으로 나이 마흔만 넘으면 며느리나 사위를 보고 긴 담뱃대를 물고 노인행세를 하던 때였다. 박정희 어머니는 앞서 서술했듯, 마흔이 넘은 나이에 갖게 된 아이를 지우려고 온갖 민간요법을 다 써봤다고 했다. 아버지는 처가의 위토만으로 도저히 생활이 안 돼 장 직각(장택상 아버지 벼슬 이름)의 땅 다섯 마지기를 소작하며 생계를 이어갔다. 소년 박정희는 가을 추수가 끝나면 둘째 무회 형이 지게에다 도지賭地(논밭을 빌린 삯)와 마름에게 줄 뇌물 씨암탉을 지고 장 직각 댁으로 가는 것을 보고 자랐다.

어릴 때 제대로 먹지 못해 체구도 작은 소작인의 막내아들은 세월이 흐른 뒤, 국가최고회의 의장이 되고 곧 대통령이 됐다. 장택상이 볼 때는 천지개벽이라 할 정도로 놀랄 일이었다. 마름의 아들도 아닌, 워낙 천한 집 자식이라 대면조차 하지 않았던 소작인 아들이 자신이 그렇게도 꿈꾸던 이 나라 대통령이 됐다니. 장택상은 5·16 쿠데타 이후 군정 연장반대투위 고문, 대일굴욕외교반대범국민투쟁위원회 의장 등 반 박정희 운동에 앞장섰다. '박정희 의장', '박정희 대통령'이라는 공식 칭호를 붙이지 않았다. '박정희 씨', '박정희 군'이라고 낮춰 부르며 특유의 독설을 늘어놨다. 이 말을 전해 들은 박정희 대통령은 화가 머리끝까지 치솟았다. 세상이 변한 줄도 모른 채, 아직도 자신을 소작의 아들이라고 깔본다고.

1963년 11월 26일, 제6대 국회의원 선거 때 장택상이 고향 칠곡에서 입후보하자 박 대통령이 총재로 있던 민주공화당은 30대 정치 신인을 후보로 내세웠다. 경북 칠곡 선거구는 장택상이 네 차례 내리 70퍼센트 이상의 유효 득표율로 당선된, 그의 텃밭이었다. 대부분 언론과 유권자들은 그의 당선을 낙관했다. 하지만 예상을 깨고 장택상은 무명의 정치 신인에게 참패를 당했다. 민주공화당 송한철 후보 3만 1,446표에 자유당 장택상 후보 2만 3,647표였다.

장택상 후보가 선거에 패한 가장 큰 이유는 '무장경찰' 때문으로 읽힌다. 당시 칠곡경찰서에서 장택상 후보를 특별히 보호한다는 명분으로 무장경찰 네댓을 앞뒤로 호위시켰다. 지역 유권자들은 무장경찰을 두려워한 나머지 장택상의 유세장에 걸음을 하지 않았다. 그렇게 참패한 뒤에도 장택상은 계속 현실을 인정하지 않았다.

"이번 선거는 장택상이가 진 것이 아니라, 대한민국 민주주의가 패한 것이다."

그러다가 그만 병이 들었다. 마침 미국에 있는 딸의 초청으로 신병을 치료하고자 장택상이 수속을 밟는데, 외무부에서 여권이 나오지 않았다. 그제야 냉엄한 현실을 깨닫고 마침내 '박정희 대통령 각하 전상서'라는 사실상 항복 편지를 청와대로 보냈다.

각하의 건승하심을 축복합니다. 각설 소생은 금년 1월경에 신병으로 의사의 권유에 의하여 미국 병원에 가서 치료를 받기로 결심하고 외무부로부터 회수여권을 발급받아 가서 치료를 마치고 금년 초에 귀국한즉, 의외에도 비행장에서 여권을 압수당하고 1주일 후에 다시 외무부에 가서 압수된 여권의 반환을 요청하였더니, 외무부 측은 본인의 여권은 취소되었으니 반환할 수 없다고 거절을 당하였습니다.

지금 소생은 자양滋養할 여유도 없거니와 일체 비용은 미국에 거주하는 소생의 여식이 부담하므로 외화 유출의 과오를 범하지 않을 것입니다. 그뿐만 아니라 소생이 비록 부덕하와 국가에 공로는 없을망정 그렇다고 해서 국가에 해를 끼친 일도 없습니다. 일제 36년간 여권으로 굶주림을 받다가 건국 후 제1대 외무부 책임자[외무부장관]로 이 나라 여권을 창조한 바가 있는 소생에게 회수여권 한 장 허용할 아량이 없대서야 참으로 가혹하다고 할 수 없습니다.

이것이 각하의 처단이라면 소생은 다시 개구開口할 여지조차 없지만 만일 그렇지 않고 한 하부의 처사라면 각하의 재결裁決이 있으시기를 바라마지 않습니다. 소생은 금후도 병세 여하에 따라 미국에 가야만 하는 처지에 서 있습니다. 소생의 신상관계로 각하의 염려를 번뇌케 하여드려 죄스러움을 미리 사과 올립니다.

장병혜·장병초 엮음, 『대한민국 건국과 나』 288~289쪽

지난날 대지주의 아들이 소작인 아들에게 꼬리를 납작이 내리고 땅에 엎드려 쓴 글이다. 이 편지가 청와대에 접수된 뒤, 얼마 뒤 장택상은 외무부로부터 여권을 받고 미국에 가서 치료를 받을 수 있었다. 이후 경부고속도로를 건설할 때였다. 구미에서 직선으로 칠곡으로 가려면 오태동 장택상 생가를 지나야 했다. 장택상은 차마 자기 생가가 고속도로에 편입돼 허물어지는 것을 막고자 또다시 청와대에 탄원을 한 모양이다. 박정희는 이를 들어줬다. 지금도 그 부분은 직선이 아니고 곡선도로이다. 이른바, '장택상 커브길'이다.

두 생가 현장을 답사하자 지난날 으리으리하던 장택상 전 총리의 구미 오태동 생가는 이미 오래전에 남의 손으로 넘어가 있었다. 한때 절이 됐다가 지금은 한식집으로 바뀌었다고 한다. 그 시절 다 쓰러져가던 초가삼간 박정희 전 대통령의 상모동 생가는 말끔히 단장돼 경상북도 지정기념물 제86호가 됐다. 방문객이 줄을 잇고 있었다.

구미 임은동에서 태어나 평생 구한말 13도 창의군 군사장 왕산 허위

旺山 許蒍 집안을 지킨 허호 전 시의원이 들려준 얘기다. 인동 장씨가 왕손의 명당을 찾아 인동에서 금오산 기슭 오태동을 찾아왔지만 정자 명당자리는, 약목에서 먹고살 수 없어 처가 수원 백씨의 묘답을 부쳐 생계를 잇고자 고리짝을 지게에 지고 찾아온 박정희 아버지 박성빈에게 돌아갔단다.

박정희 조부가 돌아가시자 묘를 쓸 곳이 마땅치 않아 장사 전날 한밤중에 염을 한 시신을 지게에 지고 몰래 남(장택상)의 땅에 묻고자 이웃 산으로 가는데 컴컴한 어둠에다가 급한 마음에 발이 그만 산길 돌무더기에 걸려 넘어졌단다. 그러자 지게에 진 시신이 땅에 떨어졌다. 다시 땅바닥 시신을 지게에 지려고 하다가 괭이로 땅을 파고 곧장 묘를 썼단다. 그곳은 장택상 집안 소유의 산이었다. 많은 세월이 지나 장택상 가에서 풍수를 들여 명당을 찾으니 바로 박정희 조부 산소자리였다. 그러자 장택상 가에서는 대노하면서 박정희 가로 사람을 보내 이장하라고 명했다. 그러자 분부대로 하겠다면서 차일피일 미루다 그만 해방을 맞았다.

장택상이 국무총리가 된 뒤 초도시찰로 전방 국군 5사단에 갔다. 마침 사단장은 이웃 상모동 출신 박정희 소장이었다. 그때 장택상 총리가 생각하기를 저 조그맣고 새까만 볼품없는 자가 무슨 큰 인물일까 하찮게 여겼단다. 그러면서 그동안 사람을 보내 이장을 권고했던 당신네가 오히려 치신머리없는 짓이었다고 더 이상 이장 얘기는 없었다는 '믿거나 말거나'와 같은 얘기를 들려줬다. 아무리 명당이라도 사람과 땅이 서로 연과 때가 맞아야 명당이 된다는 한 일화라 하겠다.

마침내 군복을 벗다

박 의장의 지방 여행과 비는 거의 불가분 관계처럼 따라다녔다. 1963년 8월 30일 아침 철원군 지포리에서 열린 그의 예편식에도 비가 축축이 내려 도열한 수많은 장병을 흠뻑 적셨다. 박정희 육군대장은 군사혁명 후 2년 동안 그 스스로가 두 개의 별을 더 달았다. 이날 박정희 대장은 부인 육 여사와 함께 예편식에서 시종 침통한 표정이 얼굴에서 사라지지 않았다. […] 21발의 예포가 이제는 잡초 우거진 옛 싸움터 골짜기에서 메아리치고 "본연의 임무에 복귀한다"는 혁명공약이 오랜만에 낭독되었다. "일반 명령, 육군대장 박정희의 예비역 편입." 김성은 국방장관의 일반명령이 떨리는 목소리로 낭독됐다.

"다시는 이 나라에 본인과 같은 불운한 군인이 없도록 합시다."

7년 전(1957) 7사단장으로 복무한 바 있는 철원군 지포리, 초연이 사라진 2913부대에서 박 의장은 이 한마디를 마지막으로 남기고 17년간(1946~1963)의 긴 군대생활에 종지부를 찍었다. 현역 육군대장직만 물러난 박 의장은 대통령 권한대행, 최고회의의장 및 그에 따르는 공직을 지닌 채 오는 10월 15일 대통령 선거에 나설 예정이다.

이만섭, 유혁인 특파원, 1963년 8월 30일《동아일보》

그날 박정희 대장은 "친애하는 60만 장병 여러분!"으로 시작하는 연설문을 읽다가 손수건을 꺼내 눈물을 닦기도 했다. 이날 박정희 대장이 "다시는 이 나라에 본인과 같은 불운한 군인이 없도록 합시다"라고 한 말은 당시 유행어가 되기도 했다. '나도 그와 같은 불운한 군인이 되고 싶다'는 풍자만화까지 쏟아졌다.

이 연설문 초안을 직접 쓴 비서관에 따르면 애초에는 그 말이 없었다고 한다. 이 원고를 검토한 당시 최고회의 이후락 공보실장이 '불운한'이라는 단어를 추가했다는데, 박 의장이 이를 허락한 것으로 전해진다. 그렇다면 군을 떠난 대장 박정희는 왜 '나처럼 불운한 군인'이라고 말했을까?

박정희가 상모동에서 원평동 구미보통학교까지 걸어 다닌 20리 남짓한 등하굣길 중간에는 광평동 평야가 펼쳐졌다. 가을걷이가 끝난 텅 빈 들판에서는 이따금 대구 주둔 일본군들이 동계 기동훈련을 했다.

어느 하굣길에 박정희는 선산경찰서장이 일본군 부대장에게 말채찍을 맞으면서도 '하이!', '하이!' 하는 장면을 목격했다. 일본 순사만 해도 조선 사람들이 슬슬 기던 시절이었다. 그 높은 경찰서장이 군 부대장 앞에서 벌벌 떨면서 말채찍을 맞는 걸 본 어린 박정희에게 군인이

전역식에서 마지막으로 군복을 입고 있는
박정희 대장.(1963. 8. 30.) ⓒ 국가기록원

가장 센 사람으로 머릿속에 각인됐다. 그때부터 그는 강한 사람이 되고자 군인의 꿈을 키웠다고 한다.

이후 박정희의 본보기 인물은 나폴레옹이었다. 초등학교 재학 중 나폴레옹 전기를 읽었다. 나폴레옹의 초상화를 구해 공부방 벽에 붙여놓기도 했다. 1932년 구미보통학교를 졸업한 뒤 박정희는 대구사범학교에 입학했다. 집안의 가난은 계속돼 기숙사비조차 제때에 낼 수 없어 학기 중에도 고향집에 와서 지내기도 했다. 학업성적은 점차 곤두박질쳤다. 교련 점수만은 월등히 우수했다. 당시 교련 교관 아리카와 대좌(현 대령)로부터 각별한 총애도 받았다.

1937년 3월 25일 박정희는 대구사범학교를 졸업하고 그해 4월 1일 문경보통학교 교사로 부임했다. 3년 남짓 교사생활을 했으나 어린 시절에 열망했던 군인에의 꿈과 초혼 실패에 대한 자굴지심 등으로 현실을 탈출하고 싶었다. 박정희는 그 탈출구로 만주군관학교에 지원하고자 했다. 하지만 연령 초과로 자격미달이었다. 그는 동료 교사의 조언으로 혈서와 함께 입학을 호소하는 편지를 만주군관학교로 보냈다. 그 때문인지 1940년 만주국 신경(현 창춘)에 있는 군관학교 2기생으로 입교하여 마침내 그가 바라던 군인의 길로 들어섰다.

1940년 무렵 일제는 황국신민화정책으로 창씨개명을 강력히 펼친 바, 조선 백성들의 대부분(약 80퍼센트 이상)이 창씨개명을 했다고 전한다. 박정희는 휴가 중에 상희 형과 상의해 고령 박씨高靈朴氏에서 고목高木을 취해 '다카키 마사오(高木正雄)'로 개명했다. 그는 1942년 3월 23일 만주군관학교를 우등으로 졸업했다. 그 특전으로 그해 10월 일본 육사 57기에 편입하여 1944년 4월에 300명 가운데 3등의 성적으로 졸업했다. 이어 수습사관을 거쳐 1944년 7월 만주 열하성 주둔 만주군

보병 8단에 배속해 12월 23일에 정식으로 만주군 소위에 임관됐다.

박정희의 만주군 장교 생활은 8개월도 되지 않아 일본의 패전으로 끝났다. 갑작스러운 일본의 패전으로 낙동강 오리알 신세가 된 그는 베이징을 거쳐 1946년 5월 8일 초라한 일군 패잔병 몰골로 귀향했다. 긴 칼을 차고 일본 육사로 떠날 때 고향 사람들은 박수를 치면서 환송했다. 하지만 해방 후 귀향 때는 밀짚모자에 헌 지까다비(일본군 작업화)를 신은 초췌한 몰골이 보는 이들의 냉소를 자아냈다. 형 박상희조차 동생에게 면박을 줬다.

"훈장으로 지낼 것이 백지(괜히) 씰데없는 만주로 가서 걸뱅이(거지)가 돼 돌아왔냐?"

박정희는 다시 교사가 되고자 옛 스승(배영도 구미초등학교장)을 찾아갔다. 그는 박정희를 보고 난처한 표정으로 말했다.

"자네는 친일을 했기에⋯⋯."

박정희는 말없이 그 자리를 떠났다. 뒤돌아서면서 속으로 뇌까렸을 게다. '자기도 친일하면서 그 자리를 유지해놓고는⋯⋯.' 교장은 측은히 뒤돌아서는 박정희 뒤통수에 대고 말했다.

"도 학무국에 가서 알아보게."

박정희는 그 말에 따라 대구에 있는 경상북도 학무국을 찾았다. 하지만 왠지 교사로 복직하고 싶지 않았다. 구미 집에서 대구를 여러 차례 오르내리면서 친구들을 만나 말없이 술만 들이켰다. 고향에 머무는 4개월여 동안 술에 절어 살았다. 그런 차 미군정에서 남조선경비사관학교를 창설, 사관생도를 모집한다는 소문을 들었다. 그에게는 한 줄기 빛이었다. 그런데 서울로 가는 여비가 없었다. 마침 큰누나 집 선반 위에 상희 형님의 카메라가 보였다.

"누님, 나 이것 가지고 갈 테니 형님한테는 내가 기차를 탄 뒤에 이야기하세요."

1946년 9월 24일 박정희는 조선경비사관학교 제2기생으로 입교했다. 그로서는 세 번째 사관학교 입교였다. 무슨 운명의 장난일까? 후일 그의 저승사자가 된 동향 선산 출신의 김재규와 구미역에서 같은 열차를 타고 상경하여 동기생으로 입교했다. 3개월 교육과정을 수료한 뒤, 박정희는 30세의 나이에 국군 육군 소위로 다시 군인의 길을 걷게 됐다.

첫 부임지는 춘천 8연대였다. 연대 단위 기동훈련을 초안한 공로를 크게 인정받아 중위 계급을 건너뛰어 대위로, 이어 1948년 8월 1일에는 소령으로 진급하는 행운도 누렸다. 하지만 그런 행운은 잠깐이었다. 1948년 10월 19일 여순사건이 발발했다. 이 사건이 진압되자 군은 곧 군 내부 남로당원 색출작업에 나섰다. 전술한 바대로, 육사교관이던 박정희는 남로당 핵심인물로 지목됐다. 박정희가 왜 남로당에 연루됐는지 대해서는 여러 설이 있다. 셋째 형 박상희의 피살 때문이라든지, 해방 직후 혼란기의 보신책이라든지……. 혹자는, 그 무렵 한반도의 운명이 어느 쪽으로 기울든 살아남겠다는 양다리를 걸친 좌고우면의 기회주의적 처신으로 해석하기도 한다.

박정희는 죽음의 문턱에까지 이른 순간, 살아남기 위해 남로당 군사조직도를 죄다 불었다. 그 같은 대담한 배신과 전향으로 사형 구형에 무기 선고로, 10년 감형에 다시 형 집행 정지의 혜택을 받고 풀려났다. 만군 인맥이었던 백선엽의 선처로 육군 정보국 문관으로 특채됐다. 문관 재직 중 6·25 전쟁이 발발하여 다시 현역(소령)으로 복귀했다. 전쟁은 그에게 행운이었다. 다시 군인의 길을 걷게 된 것이다.

6·25 전쟁 발발 세 달 만인 1950년 9월 육군중령으로 진급하고, 1953년 11월에는 마침내 준장으로 진급하여 별을 달았다. 1955년 7월 1일에는 제5사단장에 1957년 9월 1일에는 육군 제7사단장에 임명 됐다. 1958년 3월 1일에는 육군소장으로 진급했다. 이후 1군 참모장, 6관구사령관, 부산 군수기지사령관, 제1관구사령관, 육군본부 작전참 모부장, 2군 부사령관 등 한직을 전전하다가 1961년 5월 16일 쿠데 타를 감행했다. 1961년 8월 11일 육군중장에 진급했고, 3개월 만인 1981년 11월 1일에는 초고속으로 육군대장에 진급했다. 1963년 8월 30일, 대한민국 제5대 대통령에 입후보하고자 육군대장에서 예편했다.

정재경, 『박정희실기』 요약 정리

김재규

1979년 10월 26일 저녁. 중앙정보부장 김재규는 권총으로 박정희 대통령을 저격하여 절명하게 했다. 이후 재판과정에서 그는 아래와 같 은 최후 진술과 사형집행 전날 유서를 남겼다.

저의 10월 26일 혁명의 목적을 말씀드리자면 다섯 가지입니다. 첫 번째가 자유민주주의를 회복하는 것이요, 두 번째는 이 나라 국민들의 보다 많은 희생을 막는 것입니다. 또 세 번째는 우리나라를 적화 방지 하는 것입니다. 네 번째는 혈맹이요, 우방인 미국과의 관계가 건국 이 래 가장 나쁜 상태이므로, 이 관계를 완전히 회복해서 돈독한 관계를 가지고 국방을 위시해서 외교·경제까지 보다 적극적인 협력을 통해서 국익을 도모하자는 데 있었던 것입니다. 마지막 다섯 번째로, 국제적으로 우리가 독재국가로서 나쁜 이미지를 갖고 있습니다. 이것을 씻고, 이 나라 국민과 국가가 국제사회에서 명예를 회복하는 것입니다. 이 다섯 가지가 저의 혁명의 목적이었습니다.

1심 최후 진술 중에서

민주화를 위하여 야수의 심정으로 유신의 심장을 쏘았다. 나는 이 땅의 민주주의를 위하여 그리 한 것이었다. 아무런 야심도, 어떠한 욕심도 없었다.

계엄군법회의 최후진술 중에서

국민 여러분! 자유민주주의를 마음껏 누리십시오! 저는 먼저 갑니다.

1980년 5월 23일, 사형집행이 내려지기 전날 유서에서

박정희와 김재규는 금오산 사람으로 동향인이다. 조금 더 자세히 말하자면 박정희 대통령은 구미 사람이고, 김재규는 이웃 선산 사람이다. 선산善山은 신라 진흥왕 때부터 일선주一善州라는 큰 고을이었다. 고려 때는 도호부都護府로, 조선조에는 현縣으로, 내륙의 이름난 고장이었다. 이에 견줘 구미龜尾는 신라시대부터 2천여 년 동안 선산 관할에 속한 조그마한 고을이었다. 1910년 일본이 우리나라를 강점한 이후 경부선 철도가 구미를 지나게 됐다. 개화문명과 행정·교통 편의에 따라 선산은 점차 구미에 밀리게 됐다. 그러다가 5·16 쿠데타 이후 구미가 박정희의 후광을 입어 급속도로 성장하자 선산은 그만 구미의 그늘에 가려지게 됐다.

지금의 행정상 명칭은 구미시 선산읍이지만, 내가 초등학교 다니던 시절은 경북 선산군 구미면이었다. 5·16 쿠데타 이태 후는 선산군 구미읍으로, 1978년에는 구미가 시로 승격되자 선산군에서 분리 독립됐다. 1995년 구미시가 선산읍을 흡수 통합하자, 그때부터 구미는 역전하여 자기를 키워준 선산을 오히려 거느린 셈이 됐다. 선대부터 선산에 뿌리를 둔 이들은 유서 깊은 선산이 신흥 구미에 흡수 통합된 데 대하여 무척 자존심이 상했을 것이다. 내가 구미초등학교 다니던 무렵, 군내 체육대회가 열리면 선산과 구미가 곧잘 결승전에서 맞붙었다. 그럴 때면 두 곳 주민들의 응원과 성원이 대단했다. 곧 라이벌 의식이 강했다. 아마도 선산읍 이문동 출신인 김재규에게도 그런 마음이 바탕으로 깔려 있었을 것이다. 그래서 그의 깊은 심중에는 구미 출신 박정희를 경멸하는 마음이 도사리고 있었을 것으로 추측된다.

박정희는 같은 선산군 출신에다 일군 출신으로 해방 후 같은 열차를 타고 군에 입대한 동기생 김재규에 대한 신뢰와 애정이 남달랐다. 그래서 그에게 유정회 의원, 중앙정보부차장, 건설부장관, 중앙정보부장 등 요직을 맡겼다.

왜 김재규는 박정희의 가슴에 총을 겨눴을까. 궁정동 최후의 만찬, 그 진실의 실체는 좀 더 많은 세월이 더 흐른 뒤에 드러날 것이다. 아니, 영원히 드러나지 않을 수도 있다. 당시 박정희 가슴을 향해 권총을 겨눈 김재규 마음속 밑바닥에는 충절을 중히 여기는 이 고장의 도덕과 가문의 전통 등도 작용했으리라고 나름대로 추측해본다.

나는 구미에서 태어났지만 선대가 살았던 곳은 도개면이었다. 그곳에 선산先山도, 선영도 있는지라 10여 년 전까지는 해마다 벌초를 다녔다(얼마 전 조상 산소를 오대산 월정사 수목장으로 천장했다). 어느 해 가을 벌초 후 선산읍 삼거리에서 김천 쪽으로 조금 더 가니 곧 이문동 김재규 전 중앙정보부장 생가가 나왔다. 내가 그 집 앞을 서성이자 60대 초반의 한 여성이 나왔다.

"어데서 왔능교?"

"구미서 왔습니다."

순간 나는 불쑥 그렇게 대답했다.

"구미 사람이 또 불 지를라고 왔능교?"

"네에?"

"그때(10. 26. 직후) 구미 사람들이 이 집에 불 지른다면서 몰려왔다 아입니까?"

그 여성은 김재규와 가까운 인척이라고 했다. 김재규 직계가족이 모두 먼 곳에 살기에 자기 내외(천 씨)가 대신 그 집을 지킨다고 말했다. 내가 원래 구미 사람이지만 지금은 강원도 사람으로, 글 쓸 자료 취재차 왔다고 말하자, 그제야 경계심을 누그러뜨리면서 집 안팎의 사진 촬영을 허락했다.

고래 등 같은 김재규의 생가는 주인을 잃은 채 덩그레 쓸쓸하기 그지없었다. 해방 이듬해 구미역에서 열차를 타고 같이 서울로 갔던 두 사람이 30년 뒤 가슴에 총을 겨누는 사이가 될 줄 누가 알았겠는가? 나는 사진 촬영을 마친 뒤 곧장 그곳을 떠나왔다.

"잘 가이소."

"예, 실례 많았습니다."

멀리 남쪽 하늘에 우뚝 솟은 금오산은 두 사람의 깊은 사연을 아는지 모르는지 아무 말이 없었다. 다음은 한국일보 미주 본사의 기호열 기자의 글이다.

세계에서 가장 베일에 싸여 있는 북한의 실상과 신비의 인물로 손꼽히는 김일성의 목 뒤에 생긴 손톱만 한 혹의 병명까지 그의 주치의보다 먼저 낱낱이 파악하고 있던 미국 중앙정보국(CIA). 이 거대한 조직은 포니 자동차의 엔진도 자체 생산하지 못했던 당시 어수룩한 한국 사회에서 미국의 국익만을 위한 엄청난 공작을 수행하고 있었다. 미국이 이 조그마한 한반도에, 그나마 반쪽으로 잘려 있는 한국에 대해 그토록 애착을 갖고 간섭하려 든 진정한 이유는 무엇일까? 아쉬운 점은 역사적인 이 미스터리를 풀어줘야 할 두 명의 당사자들이 한 명은 반역죄로 교수대에서, 다른 한 명은 교통사고로 이미 오래전에 갖가지 추측만 남긴 채 떠나버린 것이다. 그러나 언젠가는 역사적인 진실은 반드시 밝혀질 것이다.

기호열, 『CIA 박정희 암살공작』 책머리에서

아래는 10·26 사태 당시 중앙정보부 중견 간부였던 이종찬(전 국정원장)의 글이다.

이런 긴장된 시점에서 나에게 또 하나의 외국 문건이 들어왔다. 한국의 정세가 마치 4·19 혁명 직전과도 같이 혼미한 상황에서 미국의 한국 전문가인 랠프 클러프 박사가 한국에서 박정희 대통령이 '제거(Decapitate)'될 경우 어떤 사태가 일어날 것인지를 분석한 글이었다. 당시 박 대통령이 물러난다는 것은 그 누구도 상상하지 않았다. 그런데 그런 글이 미국 조야는 물론 한국 내에서 은밀하게 돌고 있었다는 것이다.

그 글 가운데 특히 나의 눈길을 끈 대목은 클러프가 'Decapitate'라

는 단어를 사용했다는 사실이다. '목을 자르다' 또는 '참수하다'라는 뜻
의 이 말은 그냥 물러나는 것이 아니라 강제로, 타율적으로 물러난다는
함의가 강했다. 즉, 그 글은 박 대통령이 강제로 물러날 수도 있다는
전제를 담고 있었다.

이종찬, 『숲은 고요하지 않다』 1권 318쪽

나는 백범 선생을 암살한 안두희를 10여 년간 추적한 권중희 선생
과 6개월 남짓 같이 한 숙소에서 지내면서 암살자에 관한 여러 정보와
그들의 행동 규범 등에 대해 자세히 들었다. 또 그분과 함께 미국 국립
문서기록관리청에 가서 백범 암살 배후 관련 문서를 찾아보기도 했다.
그곳에서 만난 여러 리서처(조사자)와 아키비스트(문헌 관리사)들의 의
견 등을 종합해보면, 암살 세계는 대체로 점조직이 기본이다. 그들 세계
에서는 '직접 지시가 있을 수 없다'는 것이다. 대체로 암살 지령은 이심
전심의 비법을 쓴다는데, 예를 들면 암살 지령자가 하수인 앞에서 지나
가는 말처럼 한마디를 불쑥 던진다.

'그놈 때문에 머리가 아파.'

'그 자식, 왜 하필이면 외국에 나가서 시끄럽게 나발 불어.'

그러면 하수인은 그 말의 진의를 금세 알아채고 곧 행동에 옮긴다
는 것이다. 지난 세기 약소국의 지도자들은 강대국의 이해에 따라 숱하
게 암살당했다. 박정희 대통령은 닉슨 독트린 이후 미군 철수를 대비
해 핵 개발을 서두르는 동시에 '자주국방'을 강조했다. 이는 미국의 보
이지 않는 실세들과 무기업자들의 역린을 거슬리게 했을 것이다. 그네
들은 자국의 이익을 위해 당신 나라 대통령 존 F. 케네디까지도 암살했
다. 그 진실 규명도 쉽지 않다. 파헤치는 자는 자칫 다치기 마련이다.

필리핀 정치가였던 아키노를 암살한 하수인도, 케네디를 암살한 하수인도, 그 자리에서 저격당했다. 암살 지령자들은 배후를 추적하지 못하게 아예 그 싹을 뭉텅 자른단다. 백범을 암살한 안두희의 예를 보듯 중간 전달자나 하수인들은 무덤까지 그 비밀을 안고 갔다. 그래야 남은 가족들이 살 수 있다는 것을 잘 알기 때문이다. 이것이 암살 세계의 불문율이란 것을 나는 많은 돈과 시간, 그리고 열정을 들여 세계 곳곳을 찾아다니며 몸소 체득한 바 있었다.

금오산

1961년 5·16 쿠데타를 한 달 앞둔 박정희는 그해 4월 18일 군용비행기로 금오산 상공을 지나면서 시 한 수를 읊었다.

> 영남에 솟은 영봉 금오산아 잘 있거라
> 삼차 걸쳐 성공 못 한 흥국일념興國一念 박정희는
> 일편단심 굳은 결의 소원성취 못 하오면
> 쾌도할복快刀割腹 맹세하고 일거귀향 못 하리라.

박정희는 5·16 이전, 아니 그보다 훨씬 전부터 쿠데타를 구상했다고 한다. 박정희가 조선경비사관학교 2기생으로 막 졸업한 초임장교 시절이었다. 박정희가 만주군관학교 동기였던 이한림과 중앙청이 환히 내려다보이는 남산 길을 지나면서 불쑥 말하더란다.

구미 금오산. ⓒ 구미시

"이봐 한림이, 이곳에서 포를 설치하고 저 경무대(현 청와대로 당시
미군정사령관 하지 관저) 쪽을 포격하면 나폴레옹이 소요 진압사령관으
로서 파리를 제압했던 것과 같이 경무대 장악은 문제없겠지?"

박정희 말에 이한림은 화들짝 놀랐다.

"정희야, 그런 농담하지 마. 너는 농담이 지나칠 때가 있어."

이한림은 박정희의 농담 반 진담을 막았다.

조갑제, 『내 무덤에 침을 뱉어라』 2권 193쪽

1952년 부산 정치파동 때도 박정희는 이승만 정권을 뒤집는 쿠데타
를 기획했다. 하지만 지도자로 모시고자 했던 이용문 장군이 비행기 추
락으로 사망하여 그 뜻을 접었다고 한다. 1961년 4·19 혁명 1주년 때
도 장면 정권 전복 쿠데타를 기획했다. 어쩌면 그는 소년 시절부터 군
인이 된 다음, 군사반란으로 대권을 잡는 '역모의 꿈'을 지니고 살아온
듯하다. 일찍이 권력은 칼에서 나온다는 것을 알고 있었다.

몇 해 전 나는 원주에서 시외버스를 타고 구미로 갔다. 구미행 버스가 구미시 인동버스정류장을 지나자 곧 내 어린 시절 벌거벗고 멱을 감았던 낙동강이 나왔다. 해마다 늦봄이나 이른 여름, 낙동강 갯밭에는 밀과 보리들이 누렇게 익어갔다. 그 무렵 우리 악동들은 낙동강 둑에다 먹이던 소를 팽개친 채 남의 밭 밀을 뽑거나 감자를 몰래 캐왔다. 그것을 불에 그슬려 입술이 새까맣도록 군것질했다. 그런 뒤 강에다 소를 집어넣은 뒤 소꼬리를 잡고 수상 스키를 하듯이 멱 감았다. 그렇게 해가 저물도록 신나게 논 다음, 소등을 타고 돌아오곤 했다.

그 갯밭은 현재 구미산업단지로 공장들이 꽉 들어찼다. '뽕나무밭이 바다가 된' 상전벽해桑田碧海처럼, 지난날 논밭들이 대부분 공장지대가 된 것이다. 일찍이 박정희는 "가난은 나의 스승"이라고 말한바, 재임 중 이 땅의 가난을 몰아내고자 전력투구했다. 그리하여 농촌 근대화에 큰 업적을 남겼다. 하지만 그는 민주헌정을 총칼로 중단, 이 나라 민주주의를 퇴보시켰다. 또한 일제강점기에 장교로 일제에 충성했던 것도 숨길 수 없는 사실이다.

어느 해 가을 지방순시 도중, 농사꾼들이 논바닥에 베어놓은 볏단을 보고 박정희는 차를 세웠다. 그러고는 수행원에게 볏단을 거꾸로 말리면 낟알이 더 충실해진다고 말했다. 농사꾼의 자식이 아니고서는 그런 것을 알 수 없었을 게다. 그런 박정희는 대통령 재임 중 농사꾼들의 사랑과 지지를 듬뿍 받았다. 하지만 권력이란 아편과 같다. 그는 권좌에 오른 뒤부터 불나방이 됐다. 불나방은 불에 뛰어들다 타 죽는 제 무리를 보고도 당신은 예외라고 뛰어들다가 마침내 제 명을 단축시킨다.

박 대통령이 3선 개헌을 하지 않고, 아니 유신만 하지 않았어도 말년은 그렇게 참담하게 끝나지 않았을 것이다. 프랑스의 드골처럼, 미국의 카터처럼 한 시민으로 돌아가 금오산 기슭으로 낙향하여 조용히 여생을 보냈더라면, 비록 출발은 나빴지만 이 땅에 가난을 물리친 대통령으로 전비前非(이전의 잘못)를 덮고도 남았을 것이다. 그의 곁에는 '각하! 그동안 고생 많이 하셨습니다. 이제는 물러나실 때입니다. 그래야 이 나라에 민주주의가 뿌리를 내릴 수 있습니다.'라고 직언했던 측근이나 보좌진이 없었나 보다. 아니, 그가 그런 충직한, 곧은 부하를 멀리했기에 빚은 결과였을지도 모른다. 그는 '사나이 두 번 죽느냐'고, 불꽃처럼 살다가 불꽃처럼 사그라지고 싶었나 보다. 1974년 12월, 당시 최다선 국회의원이었던 정일형 의원은 10월 유신을 '정치적 변란'이라 규정하면서, 대정부 질문을 통해 박 대통령의 하야를 권유했다.

"우리 젊은이들도 저 경북 선산 땅에서 쟁기질하는 전직 대통령의 모습을 바라볼 수 있게 된다면 그는 모든 젊은이의 사표가 될 것이요, 진정한 애국자로서 이 사람도 더 존경하게 될 것입니다. 박정희 씨가 국민의 뜨거운 박수 속에서 떠나는 날 바로 저에게 있어서는 의정 생활에서 물러나는 역사적 순간이 된다면 참으로 더없는 축복이 되리라고 믿습니다."

그 발언에 당시 유정회 의원들은 의정 단상으로 뛰어올라 정일형 의원에게 물리적 폭력을 가했다. 정일형 의원은 이후에도 유신체제를 지속으로 반대해오다가 1977년 3월, 마침내 의원직을 박탈당했다. 정 의원의 충언을 듣지 않은 결과, 박정희 대통령 부부는 비명에 갔다.

사람은 모두 제각각이다. 집 안에서 대장 노릇을 하는 이가 있는가 하면, 반대로 집 밖에서 대장 노릇을 하는 사람도 있다. 집 안팎에서 대장 노릇을 하는 사람은 드물다. 내가 오래도록 연구하고 가까운 분에게 들은바, 박정희 대통령은 두 번째 스타일이었다. 레이밴 선글라스를 낀

매서워 보이는 풍모와 달리 실제로 만나보면 아주 수줍음을 잘 타는 샌님 형이라고 한다(한때 같은 부대 상관이었던 김점곤의 중언).

박정희 대통령은 생전에 육영수 영부인과도 이런저런 일로 자주 다퉜다. 그래서 그들 부부싸움을 '육박전'이라고 부른단다. 하지만 박정희는 이 육박전에서 배우자를 이기진 못한 듯하다. 그에겐 가장으로서 약점이 많았기 때문이다. 육 여사와 만나기 전에 이미 결혼했기에 전처 딸을 돌봐야 했고, 형(박상희)의 유가족도 돌봐야 할 처지였다. 군인의 박봉을 쪼개 부인 몰래 딸에게 또는 형의 유가족에게 학비와 생활비를 보내줘야 했다.

박정희는 대구사범 재학 중, '양반 좋다'는 아버지의 성화로 선산군 도개면 도개동의 김호남과 결혼해 1938년에 첫째 딸 박재옥을 낳았다. 박재옥은 아버지와 어머니가 이혼한 뒤, 한때는 외가에서, 구미 각산에 사는 사촌 오빠(박재석) 집에서, 또는 할머니와 함께 상모동에 살면서 구미 초·중학교를 다녔다. 이후 서울에 살던 사촌언니(김종필 총리 부인 박영옥)를 따라 서울로 와서 동덕여고를 다녔다.

이런 사실을 뒤늦게 알게 된 육영수 여사는 신당동 사촌시누이 댁을 찾아 그곳에서 거처하던 재옥을 자기 집으로 데리고 갔다. 이후 근혜, 근영, 지만 등 이복 아우들과 같이 한집에서 지내던 박재옥은 1958년 아버지의 부관이던 한병기와 결혼했다. 이들 부부는 박 대통령 재임 시절은 물론, 그 뒤로도 언론을 극도로 피해 일반인들에겐 거의 알려지지 않았다. 그들은 박 대통령 재임 18년 동안 절반 이상을 미국, 캐나다 등 해외에서 살았다고 한다.

장녀 박재옥

나는 아버지로부터 크게 꾸중을 듣거나 싫은 말씀을 들어본 기억은
없다. 아버지가 늘 나에게 미안한 감정을 갖고 계신 탓이었나 보다. 나
에게 눈에 띄는 애정표현은 못 해도 그렇다고 야단을 치는 일도 없었
다. 가끔 집에서 마주치면 나에게 '미안하다'고 말씀하셨다. 나는 그때
마다 쌀쌀맞은 표정으로 아버지를 대했다. 그때 아버지 마음을 아프게
해드린 것 같아 두고두고 후회했다.

아버지는 내가 어머니[육영수]와 친하게 지낼 수 있게 하려고 여

박정희의 첫 부인 김호남.

큰딸 박재옥과 아버지 박정희.

러모로 애쓰셨다. 내가 용돈을 달라거나 무슨 의논이라도 하려 하면 늘 "어머니와 상의하라"고 말씀하셨다. 육 여사와 나는 열두 실 차이였다. '어머니'라는 호칭이 쉽사리 나오지 않아 애를 먹었다. 어쩔 수 없을 때만 어렵사리 그 호칭을 썼다.

나는 어려운 일이 있어도 가능한 한 아버지에게 내색하지 않았다. 그런 내가 꼭 한 번 아버지에게 화를 내고 울어버린 일이 있었다. 1967년 제7대 국회의원 선거 때였다. 그때 남편[한병기]이 공화당 공천을 받는 걸로 알고 있었다. 그런 가운데 어느 날 새벽 영옥 언니로부터 공천자 명단에 남편 이름이 빠졌다는 얘기를 전해 들었다.

나는 너무나 속이 상한 나머지 청와대로 갔다. 육 여사에게 한참 하소연을 한 뒤 돌아오려는데, "아버지 뵙고 가야" 하시기에 아버지 집무실로 찾아갔다.

"아버지, 남편이 그렇게 하고 싶어 했는데……."

"정치를 해봐라. 정치인이란 결코 행복한 게 아니란다."

아버지는 나에게 "네 남편이 정치인이 되면, 너의 코흘리개 시절 이야기까지 낱낱이 들추어지고, 별별 얘기를 다 듣게 된다. 남편이 정치를 한다는 것은 너에게 불행이 되면 됐지 좋은 일은 아니다."라는 말로 애써 달랬다.

"남편이 출세한다고 여자가 행복해지는 건 아니야."

그 말씀에 "그건 아버지 생각이에요"라는 말을 불쑥 뱉고는 울면서 집무실을 뛰쳐나왔다. 육 여사도 아버지와 똑같은 말로 나를 설득했다. 나는 두 분의 말씀이 백 번 옳은 얘기라고 생각하면서도 도무지 위로가 되지 않았다. [제8대 총선에서 한병기는 강원도 속초 지역에 민주공화당 후보로 공천을 받아 당선했다.]

어머니[김호남]는 1990년 일흔둘의 나이로 부산에서 세상을 떠나셨다. 말년 불교에 귀의한 어머니는 아버지를 다 용서하셨다. 돌아가시기 전 어머니는 아버지가 국사를 잘 돌보시라고 날마다 기도를 드리셨다. 사후에는 아버지 명복을 비셨다. 어머니가 돌아가신 뒤, 나는 많이 후회했다. 내 나름대로 돌봐드린다고 애썼건만, 막상 돌아가시자 잘해드리지 못한 일만 자꾸 생각났다. 한동안 견디기 어려운 괴로움 속에 지내야 했다.

아버지가 돌아가셨을 때의 슬픔이야 말로 다할 수 없지만, 그 와중에서도 이제 더 이상 대통령의 딸이 아니라는 사실에 홀가분함을 느꼈다. 그동안 대통령의 딸이기 때문에 조심해야 하고, 주목받아야 하는 일이 너무 많았기에, 앞으로는 더 이상 그러지 않아도 된다는 편안함을 느꼈다.

《월간조선》, 1995년 12월호 「나의 아버지 박정희 어머니 김호남」을 요약 정리

박정희의 큰딸 박재옥은 '대통령의 장녀'로서 화려한 각광은 동생 근혜에게 양보한 채, 늘 그늘진 곳에서 살다가 2020년에 운명했다. '치국治國보다 더 어려운 게 제가齊家'인가 보다. 그리고 하늘은 한 사람에게 모든 복을 다 주지는 않는 것 같다. 내가 직간접으로 보고 들은바, 인간 박정희는 업보가 많은 사람이었다.

그는 출생부터 마지막 운명의 순간까지도 악전고투요, 파란의 연속이었다. 말년에는 딸 근혜에게 접근하는 '똥파리' 한 마리도 제대로 쫓지 못할 정도로 나약했다. 그래서 사후에 온 나라가 시끄러워지는 빌미를 제공했다.

빛이 강하면 그림자는 더 짙은 법이다. 인생이란 지내고 보면 새옹지

마요, 한낱 일장춘몽이다. 사람의 행복은 권력, 금력과도 결코 비례하지 않는다. 평범한 일상이, 아니 조금 부족한 게 더 행복할지도.

최장수 대통령

박정희 대통령에 대한 평가는 극명하다. 좋고 싫음이 뚜렷하다. 또 사람마다 가지각색의 평가를 내놓는다. 나는 그동안 살아오면서 '인간 박정희'에 깊은 관심을 가지고 지켜봤다. 그 발자취를 보다 깊게 연구하고자 2000년 여름에는 만주 대륙을 홀로 헤매기도 했다. 중국 동북지방 현지 사람도 잘 모르는, 지린성 창춘의 만주군관학교까지 애써 찾아가 그의 행적을 오롯이 더듬기도 했다. 그곳에서 만난 현지인의 평가도 극과 극이었다. 그런데 뜻밖에도 현지 우리 동포보다 중국인들의 평가는 더 긍정적이었다. 아마도 그들이 실사구시實事求是를 숭상하기 때문인가 보다.

박정희는 결점이 많은 사람이다. 스스로 체구가 작음을 큰 결점으로 여겼다고 전해지고, 일제강점기에는 친일의 정 코스인 만주군관학교와 일본 육군사관학교를 나왔다. 해방 뒤 한때 좌익에 연루돼 군사재판에서 무기형을 받았지만 형 집행 정지로 풀려났다. 그래서 그는 꿈이요, 생명 줄과 같았던 군을 떠나야 했다. 그런 낭떠러지에서 떨어지고도, 다시 그 절벽을 기어올라 5·16 쿠데타 이전에 육군소장까지 올랐다.

과거의 우리 국군은 각종 비리의 온상이라고 할 만큼 부정부패가 매우 심했다. 군인들의 의식주 가운데에 부정이 없는 곳이 없을 정도였다. 부대의 담요와 휘발유는 물론 탄피, 탱크의 포신까지 잘라 팔아먹었다.

군 고위층들은 전방 산의 나무도 마구 벌채해 숯으로 구워 팔아먹었고, 사병들에게 돌아갈 양식도 빼돌려 자신들의 배를 불렸다. 부정부패 비리로 젊은이들을 징집해놓고 굶겨 죽이는 '국민방위군 사건'이 터져 그 책임자가 총살을 당하기도 했다. 하지만 군대의 부정 고리는 끊어지지 않았다. 그래서 지난날 장성들은 '똥별'이라고 비하했다.

그런 진흙탕 속에서 박정희는 청렴결백함이 남달랐다. 그랬기에 부패한 상관(송요찬 육군참모총장)에게 "3·15 부정선거 책임을 지고 용퇴하라"는 하극상 직언의 편지를 띄워 끝내 그를 예편시켰다. 그는 5·16 쿠데타 이후 숱한 도전자를 죄다 물리치고 장장 18년 동안 이 나라를 통치했다. 그 근원적 힘에는 '총구'에서 나온 힘도 있었을 테지만, 젊은 날부터 대권을 향한 강한 야망으로 소탐대실치 않았던 청렴결백의 생활신조와 불굴의 신념, 강단도 크게 한몫했을 것이다.

그의 재임 중 3선 개헌, 인혁당 사건, 김대중 납치사건, 10월 유신, 김

경북 구미 생가 곁에 있는 박정희 동상.

형욱 실종사건 등 여러 사건이 큰 패착이었다. 그는 그런 사건의 명쾌한 진상규명과 자신의 과오에 대한 진솔한 사과 한마디 없이 동향 김재규의 총탄에 세상을 떠났다.

나는 훗날 박근혜가 제18대 대통령이 됐을 때, 아버지의 실정을 명쾌히 밝혀 진솔히 사과하고 유족들을 위로하기를 기대했다. 하지만 그는 국정농단의 한 축으로 자기 임기도 채우지 못한 채 국민이 직접 선출한 현직 대통령 초유로 탄핵돼 현직에서 물러났다.

박정희, 그는 '눈물 젖은 빵'을 먹어본 사람이다. 그는 만주군관학교에서 드넓은 대륙을, 일본 육군사관학교에서 일본인들의 섬세함을, 미국 포병학교에서 미국인들의 실용성을 배웠다. 그는 젊은 날, 당시 사람으로는 드물게 중·일·미 3국에서 견문을 넓힌 사람이다. 체구는 작았지만 스케일은 컸다. 박정희는 5대에서 9대에 이르는 18년간의 재임으로 대한민국 역사상 최장수 대통령이었다. 나는 박정희의 전역사 한 구절을 약간 고쳐 이 말로 박정희 대통령 편의 마침표를 찍는다.

'다시는 이 나라에 박정희와 같은 '불행한' 정치인이 없도록 합시다.'

최규하

제10대 대통령

"박 대통령이 사망했을 당시, [⋯] 생활화된 민주주의자여야 하고, 절대 권력에 관심이 없는 사람, 국제적 배경이 있는 사람, 비 경상도 출신이어야 된다고 생각했습니다. 그래서 뜻을 같이하는 정치인들과 함께 당·군·내각을 지휘할 지도자로 최규하 권한대행을 추대했습니다." [⋯] "나 같은 사람에게 누가 총을 쏘겠는가?" 평소 최 대통령은 경호받는 것을 무척 불편해할 만큼 존재감 없이 지냈다.

© 국가기록원

10·26

영국의 시인 조지 고든 바이런은 "어느 날 아침에 일어나보니 유명해져 있었다"라고 했다. 최규하도 그런 경우다. 흔히 대통령은 '하늘이 낸다'고 한다. 대통령이 되기 위해 수십 년간 해외에서 떠돌이 생활을 한 분도, 목숨을 내걸고 쿠데타를 한 분도, 재수·삼수 만에 힘겹게 대권을 움켜쥔 분도 있다. 또 집안이 좋다고, 학벌이 뛰어나다고 대통령이 되는 것도 아니었다. 만석꾼 자제도 감히 넘보지 못했던 대통령 자리를 이웃 마을 가난한 소작인 아들이 냉큼 가로채기도 했다. 또 자타가 공인하는 대한민국 최고의 학벌을 가졌던 대법관 출신 정치인도 지방의 상고 출신에게 두 번이나 패했다.

후손의 대권을 위해 조상이 명당을 찾아 이사한 집안도 있다. 어떤 야망가는 당적을 바꾸면서 발버둥을 치기도 했다. 또 다른 이는 더플백에 현찰을 가득 담아 전국에 돈을 뿌리면서 대권에 도전했다. 하지만 그들은 끝내 대권 자리에 오르지 못했다.

최규하 국무총리는 애초부터 대통령직을 언감생심 꿈꾸지 않았다. 그랬기에 그는 박정희 대통령 아래 국무총리 자리에까지 오를 수 있었고, 최장수 총리가 될 수도 있었다. 1979년 10월 27일 새벽 2시, 그는 얼떨결에 자신 앞에 굴러온 대통령 권한대행 자리를 거저 줍다시피 꿰찼다. 또한 최규하는 최단 시일 내에 대권을 거머쥔 행운의 사나이로 대한민국 대통령 반열에 오를 수 있었다.

최규하는 1979년 10월 26일 오후 8시 15분 무렵, 총리공관에서 쉬고 있었다. 그러던 중 김계원 청와대 비서실장으로부터 뜻밖의 전화를 받았다.

"지금 즉시 청와대 제 방으로 좀 오십시오."

"왜 그러십니까?"

"지극히 중대한 일이 일어났습니다."

"네에? 지극히 중대한 일이라뇨?"

"전화로 말씀드릴 수는 없습니다. 아무튼 빨리 이곳으로 오십시오. 매우 화급한 일입니다."

그 말에 최규하는 서둘러 채비한 뒤 청와대로 향했다. 총리공관과 청와대는 가까웠다. 그때가 오후 8시 30분 무렵이었다. 김계원은 급히 찾아온 최규하 국무총리에게 말했다.

"각하께서 매우 위독하십니다. 오늘 저녁 연회장에서 차지철과 김재규가 언쟁 끝에 총격전을 하다가 ……그만…… (말을 잇지 못하고 한참 울고 난 뒤) 그때 불이 꺼졌습니다. 그래서 '불을 켜라'고 소리 지르니, 그제야 불이 들어왔고, 방 안을 살펴보니까 차지철이, 그 건너편에는 각하께서도 쓰러져 계셨습니다. ……이 유고有故 사태에 무슨 조치를 취해야 되지 않겠습니까?"

"네에!?"

최 총리는 경악했다. 평소 침착했던 그도 상상을 초월한 사태에 어안이 벙벙했다.

"이 사태를 어떻게 수습하지요?"

김 실장은 물에 빠진 사람처럼 최 총리에게 물었다.

"일단 국무회의를 개최하여 여러 각료들의 중지를 모아야겠습니다. 우선 실장께서 국무위원들을 이리로 불러들이십시오."

김계원 비서실장은 여러 각료들에게 전화를 걸었다. 잠시 후, 김 비서실장이 최 총리에게 말했다.

"노재현 국방장관은 이리로 오지 않겠다고 합니다. 아무래도 총리께서 안전한 육본 벙커로 가셔야겠습니다."

"그럼, 우리가 그쪽으로 갑시다."

최 총리와 김 실장은 급전을 받고 달려온 구자춘 내무장관, 김치열 법무장관과 함께 곧장 삼각지 육군본부 벙커로 갔다.

그날 오후 9시 30분, 육군본부 벙커에는 최규하 총리, 김치열 법무, 구자춘 내무, 박동진 외무, 유혁인 청와대정무수석 등이 급보를 받고 달려왔다. 그 자리에는 먼저 도착한 김계원 대통령비서실장, 김재규 중앙정보부장, 정승화 육군참모총장도 있었다. 김 실장이 연회장에서 박 대통령에게 총격을 가한 이가 김재규라고 발설하자 정 총장은 김진기 헌병감에게 은밀히 체포를 지시했다. 김 헌병감의 지휘로 사건 피의자 김재규를 일단 체포 연행했다.

그러고서 이들은 대통령 유고에 따른 현안을 논의한 끝에 다음 세 가지 점에 합의했다. 비상계엄 선포, 비상 국무회의 소집, 미국 측에 통보 등이었다. 그날 밤 그런 혼란 속에서도 중심을 잡고 대통령 유고 때의 권력 승계를 주도했던 이는 신현확 부총리, 김치열 법무, 구자춘 내무, 김성진 문공부장관 등이었다. 신 부총리는 비상계엄 선포에 이의를 제기했다.

"우리가 무슨 근거로 대통령 유고 사태를 인정할 수 있겠습니까. 여기 각료들 가운데는 아무도 유고된 각하를 본 사람이 없지 않습니까. 이래가지고 어떻게 비상계엄령을 선포하자는 말입니까?"

그러자 최 총리가 김계원 비서실장에게 말했다.

"김 실장이 각하가 안치된 곳을 알 터이니, 어서 거기로 안내하시오."

김 비서실장은 최 총리, 신 부총리, 노 국방장관, 구 내무, 김 문공부장관 등과 함께 곧장 국군수도병원으로 갔다. 이들은 국군수도병원에 안치된, 이미 싸늘해진 박정희의 시신을 확인한 뒤 곧장 국방부로 돌아왔다.

대통령 권한대행

1979년 10월 27일 새벽 2시 국방부 회의실에서 비상 국무회의가 열렸다. 그 자리에서 사회를 보던 신현확 부총리가 모두冒頭 발언을 했다.

"박 대통령께서 서거하셨습니다. 우리가 직접 병원에 가서 확인하고 왔습니다. 우리 헌법은 통치권자의 공석일 때 지체 없이 승계 순위를 명문明文으로 규정하고 있습니다. 따라서 최규하 국무총리께서 지금부터 대통령 권한대행이 되셨으니, 이 점을 국무회의에서 먼저 확인하고 넘어가야겠습니다."

어느 누구 한 사람 그 발언에 이의를 제기치 않았다. 헌법에 따른 규정이었기 때문이다. 그 순간부터 최규하 국무총리는 대통령 권한대행 신분이 됐다. 한밤중에 대권이 그에게 저절로 굴러온 것이다. 이후 40일 만인 1979년 12월 6일, 당시 유신헌법에 따른 통일주체국민회의 대의원 선거로 최규하는 마침내 '대통령 권한대행' 꼬리표를 뗀 대한민국 제10대 대통령에 선출됐다.

최규하 대통령 권한대행은 12월 6일 제10대 대통령으로 당선됐다. 통일주체국민회의는 이날 상오 서울 장충체육관에서 제3차 회의를 갖고, 고 박정희 대통령 서래(逝來, 서거에서 초래된)에 따른 제10대 대통령 후보 보궐 선거를 무기명 비밀투표로 실시했다. 이 선거에서 단일 후보로 추천, 등록된 최규하 후보를 재적 2,549명 중 2,465표(무효 84표)의 절대 다수표로 선출했다. 최 대통령은 당선 즉시 임기가 개시됐는데 헌법상 1984년 12월 26일까지의 잔여임기를 재임하지 않고 헌법을 개정, 제11대 대통령을 선출한 후 정부를 이양하게 된다.

1979년 12월 6일 《매일경제신문》

원주시 봉산동 최규하 생가. ⓒ 박도

원주는 산수가 아름다운 도시다. 국립공원 치악산을 비롯하여 백운산, 감악산, 구학산, 매화산 등 10여 개의 명산이 병풍처럼 둘러싼 분지다. 또 이 도시 옆을 남한강과 섬강이 흐르고 있다.

최규하는 1919년 원주시 봉산동에서 아버지 최양오와 어머니 이응선 사이 장남으로 태어났다. 어린 시절 할아버지로부터 『천자문』, 『소학』, 『동몽선습』 등을 배우다가 1928년 원주보통학교(현 원주초등학교) 2학년에 편입하여 1932년에 졸업했다. 그는 원주보통학교 재학 중 수석 자리를 놓치지 않았다. 특히 글짓기가 매우 뛰어나 일본인 담임선생님으로부터 극찬을 받았다.

최규하는 1932년 원주보통학교를 졸업한 뒤 전국 수재들만 입학한다는 경성제1고보(현 서울 경기고)에 진학했다. 그의 학업성적은 매우 뛰어났다. 특히 영어 성적이 출중해 일본인 영어교사의 귀여움을 독차지했다고 한다. 이 학교에서 전교 2등으로 졸업한 최규하는 일본 유학길에 올라 도쿄고등사범학교 영문과에 진학했다. 1941년 도쿄사범학교를 졸업한 뒤, 대구의 한 중학교에서 잠시 교사생활을 했다. 하지만 교사생활에 만족하지 못하고 1942년 만주 대동학원에 입학했다. 대동학원은 1932년 만주국이 세운 곳으로 만주국의 관리를 양성하고, 현직 관리를 재교육하는 교육기관이었다. 대동학원을 졸업한 최규하는 1943년부터 해방 때까지 약 2년간 만주국 관리를 지냈다.

해방 후 귀국한 그는 경성사범학교(현 서울대학교 사범대학)의 영문과 조교수로 재직했다. 1946년 4월부터 미 군정청 중앙식량행정처 기획과장으로 발탁되면서 공무원이 됐다. 그의 뛰어난 영어 실력은 이후 출세가도에 발판이 됐다. 대한민국 정부 수립 뒤 변영태 외무부장관의 눈에 띄어 외무부 통상국장으로 영전했다. 그때부터 그의 화려한 외교관 시대가 열렸다. 이후 주일대표부 총영사, 참사관, 1959년에는 주일대표부 공사, 외무부차관에 이르기까지 계속 고속 승진했다. 5·16 뒤 국가재건최고회의 의장 외교담당 고문이 됐다가 1967년에는 외무부장관으로 임명됐다. 그의 성실함과 실력에 감탄한 박정희는 그를 계속 요직에 앉혔다.

1971년 대통령 외교담당 특별보좌관, 1972년 남북조절위원회 위원 자격으로 평양에 다녀오는 등 그야말로 박 대통령의 고굉지신股肱之臣(가장 신임하는 부하)으로 1975년 국무총리가 됐다. 그는 과장에서 시작하여 국장, 차관, 장관, 국무총리에 이른 뒤 대통령까지 올랐다. 공무원 사회에서 그는 신화적인 인물이었다. 그 배경에는 그의 뛰어난 영어 실력과 업무에 대한 열정과 성실함, 그리고 청렴결백한 생활 자세 등이 있었다.

나는 최규하 국무총리 임명 다음 날 아침, 조간신문 사회면 머리기사에서 연탄집게를 들고 연탄불을 가는 그의 프로필 기사에 감명받았다. 그 영향으로 우리 집은 1990년대 말까지 서울 구기동 산동네에서 연탄난방으로 지냈다.

최규하, 그는 모범 공직자로 평가될지 모르지만, 한 나라의 대통령으로서 민주발전과 절대 다수 국민들의 행복을 지키는 자리에는 그 역량이 미치지 못하는 인물이었다. 체구는 컸지만 그의 그릇은 대통령이라는 직책을 감당하기에는 매우 부족했다. 그는 위기에 몸을 던지지 못했고, 역사의 고비마다 좌고우면했다. 그래서 사후에도 '허수아비 대통령'이라는 꼬리표를 떼지 못했고, 그래서 다른 전직 대통령과 달리 대전 국립현충원에서 조용히 잠들어 있나 보다.

1979년 10월 27일, 출근길이었다. 그 무렵 나는 서울 종로구 구기동에 살았다. 그날 아침도 학교(이대부고)로 가자면 경복궁 옆 적선동 버스정류장에서 금화터널을 지나가는 205번, 543번 버스를 갈아타야 했다. 그날따라 적선동 대로에는 조락한 가로수의 노란 은행잎과 함께 여러 신문사에서 뿌린 호외들이 이리저리 나뒹굴었다. 그때 주운 호외의 헤드라인은 '박 대통령 유고'였다. "1979년 10월 26일 밤 박 대통령의 유고로 인하여 긴급히 소집된 임시국무회의는 27일 상오 4시를 기해 전국 일원(제주도 제외)에 비상계엄을 선포키로 의결했다"라는 발표문이 실려 있었다. 나는 그날 학교 신문철에서 그런 기사와 함께 "새벽 4시 공공시설 계엄군 경비"라는 기사를 읽었다.

> [⋯] 한편 서울 중구 태평로 미대사관 7층 건물은 이날(26일) 자정부터 (27일) 새벽까지 대부분 환하게 불을 밝힌 채 이례적으로 철야근무하고 있었다. 이 같은 미 대사관의 철야는 드물게 보는 일이다.
>
> 1979년 10월 27일 《한국일보》

나는 그때도, 그 이후에도 이 짧은 기사에 궁금증을 품었다. 이 보도는 당시 미국이 한국 지도자에 대한 지대한 관심과 동정에 촉각을 세우며 사태 추이를 예의주시하고 있음을 암시하는 대목으로 보였다. 이미 그 이전, 미 정보국(CIA)이 청와대를 도청한 사실까지 드러났다.

한반도 남쪽에 수만 명의 자국 군인을 주둔시키고 있는 미국으로서는 당연한 일일 것이다. 그러면서 그들은 링 밖의 복싱 코치처럼, 또는 체스게임을 하듯이 한국의 정국을 좌지우지하면서 나름 즐겼을 것이다. '너희가 제아무리 발버둥 쳐도 우리에게는 부처님 손바닥 안의 손오공'이라는 듯. 이는 주권국가로서 무척 자존심 상하는 처사가 아닐 수 없다.

허수아비 대통령

1979년 10월 26일 박정희 대통령 유고로, 최규하는 이튿날 새벽 임시국무회의에서 헌법 제84조에 따라 대통령 권한대행이 됐다. 앞서 설명했듯 그해 12월 6일 서울장충체육관에서 치러진 통일주체국민회의 대의원 선거에 최규하 단독으로 대통령에 출마했다. 재적 대의원 2,560명 중 2,549명이 참석한 가운데 2,465표를 얻어 제10대 대통령에 당선됐다. 당시 공화당 의장이었던 박준규는 후일 한 인터뷰에서 최규하가 제10대 대통령에 당선된 것을 다음과 같이 설명했다.

"박 대통령이 사망했을 당시, 나는 집권여당인 공화당 의장이었기 때문에 정계에 조금의 영향력은 갖고 있었습니다. 그때 나는 고 박 대통

최규하 대통령. ⓒ 국가기록원

령의 뒤를 이을 대통령은 생활화된 민주주의자여야 하고, 절대 권력에 관심이 없는 사람, 국제적 배경이 있는 사람, 비 경상도 출신이어야 된다고 생각했습니다. 그래서 뜻을 같이하는 정치인들과 함께 당·군·내각을 지휘할 지도자로 최규하 권한대행을 추대했습니다. […]"

권영민, 『자네 출세했네』, 52~53쪽

그런 이유로 최규하는 과도기의 적임 인물로 발탁된 것으로 보인다. 최규하의 임무는 유신헌법 철폐와 민주적 헌법 제정, 그리고 그에 따른 새 정부 출범을 이루는 일이었다. 하지만 그가 대통령에 취임한 지 6일 뒤인 1979년 12월 12일 밤, 전두환·노태우 등 군부 내 '하나회'를 주축으로 한 신군부 세력은 약 6천 명의 군인들을 동원해 군사반란을 일으킨 뒤, 정승화 계엄사령관을 체포했다.

박 대통령 시해사건을 수사 중이던 전두환 합수부장은 정승화 계엄사령관을 미리 체포한 뒤, 최 대통령에게 그의 체포를 재가해달라고 요구했다. 박 대통령이 시해되던 그 순간, 정승화 육군참모총장이 현장과 가까운 곳에 있었다는 이유였다. 그러자 최규하 대통령은 '국방장관 의견을 듣고 처리하겠다'고 버텼다. 이튿날 새벽에 나타난 노재현 국방장관은 자신이 이미 서명한 보고서를 내놓으면서 말했다.

"각하께서 재가해주시는 것만이 이 사태를 수습하는 길입니다."

최 대통령은 그 말에 더 이상 버티지 못하고 아홉 시간 남짓 만에 재가해버렸다. 그때 그 재가의 결과가 어떤 결과를 낳았는지에 대한 증언은 후일 끝내 거부했다. 시민들은 그런 영문도 모른 채 '서울의 봄'이라고 하면서, 새로운 민주정부 탄생에 잔뜩 기대를 모았다. 하지만 링 밖의 코치들이나 체스판을 즐기는 외국인들은 한국인의 기대와는 전혀 다른 연막을 피웠다.

> 3김(김영삼, 김대중, 김종필)은 유력한 대통령 후보이지만, 그 가운데 어느 누구도 이상적인 선택 같지는 않다. 김영삼은 능력이 부족하고(less than capable), 김대중은 너무나 급진적이고(regarded as too radical), 김종필은 너무 때 묻었다고 한 노련한 외교관이 말하였다.
>
> 1980년 4월 12일 《동아일보》

이는 《동아일보》 '횡설수설'에서 1980년 4월 7일 자 《뉴스위크》의 보도 내용을 그대로 인용한 것이다. 링 밖의 그들에게 한국의 3김은 눈 밖의 인물이었음이 잘 드러난다. 그 얼마 뒤 주한미군사령관 위컴의 말이다.

> "민주주의를 떠들어대고 있는 학생 녀석들은 버릇없이 자란 망나니들(spoiled brats)이라고 한 것은 당시의 주한미국대사 워커의 발언이었고, 한국인이란 '이게 너희들의 지도자'라고 누군가가 목에다 방울이라도 달아주면 '무조건 따라가는 들쥐(lemming)들'이나 다름이 없다."
>
> 2009년 8월 30일 《한겨레》

이런 시국에 최규하 대통령은 자신의 목숨과 자리만 지키던 허수아비였다. 당시 청와대부속실 비서관 권영민은 그의 저서에서 최규하의 처지를 단 한 문장으로 설명했다.

"나 같은 사람에게 누가 총을 쏘겠는가?"

평소 최 대통령은 경호받는 것을 무척 불편해할 만큼 존재감 없이 지

최규하 대통령이 국보위 상임위원장 전두환에게 육군대장 계급장을 달
아준 뒤 악수하고 있다.(1980. 8.) © 국가기록원

냈다. 그렇게 8개월 남짓 자리를 지키다가 그마저도 전두환 신군부 세
력에 밀려 1980년 8월 16일 대통령직에서 물러났다. 그의 재임 8개월
동안 한국의 현대사를 뒤흔든 사건들이 숨 가쁘게 일어났다. 하지만 최
규하는 미리 준비된 담화문을 읽는 모습만 보여줬을 뿐, 유감스럽게도
이 나라 대통령으로서 특단의 대책 같은 건 내놓지 않고 허수아비 대통
령직을 수행하다가 사임했다.

어느 날 TV에 비친 그의 모습을 보니, 부인 홍기 여사의 배짱보다도
못한 겁보요 졸장부였다. 그는 아마도 두고두고 우리 역사에 허수아비
대통령으로 길이 회자될 것 같다.

전두환

제11~12대 대통령

광주민주화운동이 진정되자 전두환은 그해, 1980년 8월 7일 육군대장으로 진급했다. 이는 신군부가 야전교범으로 여기는 5·16 쿠데타 FM을 그대로 따른 것이다. 박정희는 케네디 대통령과 면담을 앞두고 자신을 돋보이게 하고자 육군대장 계급장을 달았다. […] 전두환도 그 교범처럼 최규하 대통령에게 부탁해 자기 어깨에 별 네 개를 달았다. […] "전두환이 곧 한국에서 대통령이 될지도 모른다. 한국의 각계각층 사람들은 마치 들쥐 떼처럼 그의 뒤에 줄을 서고, 그를 추종하고 있다."

누가 뭐라 캐도

　제11대 전두환부터 제16대 노무현 대통령까지는 그들의 생가를 답사하면서 여행기를 겸하여 그들의 행장을 쓰고자 계획을 세웠다. 베테랑 수사관에 따르면 '사건의 진실은 현장'에 있다고 말하는데, 글도 마찬가지다. 그래서 나는 현대사의 여러 인물을 그릴 때는 생가나 유적지 등 현장을 찾곤 한다. 전두환·노태우 생가로 가는 길에 그곳 지리에 밝은 고향 친구 김병하(대구대 명예교수)에게 안내를 부탁하자 흔쾌히 들어줬다. 중앙선 영천역에서 만났다. 취임 순서는 전두환이 먼저지만 역에서 가까운 노태우 생가를 먼저 들렀다. 친구는 헤어질 때 집필에 참고하라고 『신현확의 증언』이라는 책을 내 가방에 넣어줬다. 코로나 사태로 대구에서 합천 가는 버스는 그 친구와 헤어진 뒤 두 시간 뒤에야 있었다. 나는 무료한 차 대구 서부주차장 대합실에서 그 책을 꺼내 읽었다.

　1979년 10월 26일 밤 용산 삼각지 육군본부 벙커에 최규하 국무총리, 신현확 부총리, 김재규 중앙정보부장, 김계원 대통령 비서실장, 내무·법무·국방부장관, 그리고 정승화 육군참모총장이 둘러앉아 있었다. 신현확이 최 총리에게 물었다.

　"이 시간에 국무회의를 소집하다니 무슨 일입니까?"

"아, 부총리! 나 좀 잠간 봅시다."

최 총리는 벙커 옆 작은 방으로 신 부총리를 이끌었다. 김재규가 따라 들어왔다.

"무슨 일입니까?"

그러자 김재규 부장이 가로막으면서 말했다.

"지금 시급히 비상계엄령을 선포해야 합니다."

"갑자기 웬 비상계엄입니까?"

"각하가 지금 유고 상태입니다. 이 사실을 김일성이 알면 큰일 아닙니까? 최소한 48시간은 보안을 유지하기 위해 빨리 비상계엄을 선포해야 합니다."

"유고라니요! 유고의 내용이 뭡니까?"

"그것은 밝힐 수 없습니다."

김재규의 그 답변에 신현확은 탁자를 치면서 말했다.

"국무위원이 대통령 유고의 내용도 모르고 비상계엄령을 선포하다니 이게 말이나 됩니까? 나는 받아들일 수 없습니다."

"아니, 선배님! 그게 아니라……."

2014년 3월 20일, 37년 만에 공개된 미 국무부 2급 비밀전문에 따르면 박정희 대통령은 김재규 부장에게 피격된 직후 미국인이 운영하는 병원에 먼저 이송된 걸로 보인다. 이 사실을 미국 측에 전한 사람은 최규하 대통령 권한대행이었다. 최 대행은 1979년 10월 27일 오전 8시 글라이스틴 당시 주한미국대사에게 전화해 "박 대통령이 국군수도통합병원에 후송되기 직전에 미국인이 운영하는 병원에 후송돼 사망통보를 받았다"고 전했다.

신철식, 『신현확의 증언』 285~292쪽 요약 정리

그날 오후 5시 20분에 대구서부주차장에서 합천행 막차 시외버스를 탔다. 승객은 모두 대여섯 명으로 썰렁했다. 건너편 좌석에 앉은 승객이 내게 물었다.

"노형, 올해 몇이오?"

나는 나이 대신 생년으로 대답했다.

"45년생입니다."

그는 내 대답에 금세 대꾸했다.

"을유생이구먼. 나는 댁보다 세 살 더 많은 임오생이오. 근데 어딜 가시오?"

"합천 전두환 대통령 생가에 갑니다."

"네에? 무슨 일로?"

"팔자가 드센 탓으로 이 나이에도 카메라를 메고 전국을 두루 다닌답니다."

"팔자 좋소. 그 나이에도 일하러 다닌다니……."

텅 빈 버스 안이 무료했는지 좌석 건너편 자리의 그 임오생 승객은 오랜만에 임자를 만난 듯, 전두환에 대한 여러 얘기를 신나게 늘어놨다. 얘기는 들어주는 사람이 있을 때 신명이 나기 마련이다.

"그 숭악(흉악)한 합천 촌놈 두환이가 정말 난 사람은 난 사람이야. 합천 골째기 황강에서 뺄가벗고 멱 감던 새까만 촌놈이 서울로 가서 이화 출신 가시나 꼬여갖고 지 마누라 삼고, 5·16 일어나자 육사 후배들 시가행진 시켜 박정희를 사로잡았다지. 나중에 박정희 죽자 대통령까지 꿰어찬 걸 보면 아주 보통 놈은 아닌 겨."

나는 그의 말을 잠자코 듣다가 전 대통령 부인 이순자 씨는 이화 출신이 아니고, 경기여고 출신이라고 정정해줬다.

"아, 그래요? 아무튼 이화여고나 경기여고나 그 시절 대구공고 출신이 그 콧대 높은 서울 이화나 경기여고 가시나에게 상대가 되오? 하여간 두환이는 마누라 하나는 잘 얻었지 뭐요. 그 이순자라카는 그 사람, 아주 열부 중에 열부라요. 요샌 이순자가 전두환이 변호사에, 경호원 노릇까지 하더만. 영부인까지 된 걸 보면 그 여자도 아무튼 난 사람이오."

나는 대답 대신 고개를 끄덕였다. 아무튼 합천 촌놈 대구공고 출신이 서울 경기여고 출신을 사로잡았다면 그리 흔치 않은 이야기일 게다.

"좌우당간 두환이는 산천초목도 떨게 한 무지막지 불한당으로, 대통령까지 했으니 대도大盜로 아무튼 난 사람이오."

그 시절을 온몸으로 겪은 내가 듣고 보니 그의 말이 전혀 틀린 말은 아니었다. 국보위, 광주민주화운동, 사회정화위원회, 최루탄 등등의 낱말이 난무했던 그즈음을 다시 생각해도 소름이 끼쳤다. 옆 승객의 입담을 한 귀로 듣고 흘리는 사이에 버스는 합천 정류장에 닿았다.

"사진 많이 찍으시오."

"덕분에 심심찮게 왔습니다. 잘 가이소."

그는 순천에 산다면서 진주로 간 뒤 거기서 버스를 갈아타고 집으로 간다고 했다. 나는 버스에서 내린 뒤 곧장 매표소로 가서 대구로 돌아가는 버스 시각을 물었다. 매표원은 그날 대구로 가는 버스는 이미 끊어졌다고 했다. 바깥 택시 정류장으로 가자 열 대 남짓한 택시들이 일렬로 손님을 기다리고 있었다. 늙수그레한 기사에게 물었다.

"전두환 생가까지 왕복으로 얼마요?"

"메다(미터기)로 3만 원 나오는데 마, 2만 원만 주이소."

곧 일몰 시간이기에 사진 촬영이 급했다. 나는 군말 않고 얼른 택시에 올랐다.

"갑시다."

택시기사는 그날 오후 내내 공쳤다면서 전두환 생가 마을 합천군 율곡면 내천리를 향해 마구 액셀을 밟았다. 그는 룸미러로 나를 힐끔 쳐다보며 말했다.

"뭐 하시는 분입니꺼?"

"글줄이나 쓰는 작가요."

"아, 네에. 누가 뭐라 캐도 우리 합천 사람은 대한민국 '각하'라 카면 전두환 아입니까?"

합천 생가

그새 해는 서산과 두어 발 떨어져 기울고 있었다. 그날 합천 일몰시간을 확인해보니 오후 7시 7분이었는데 그때 시각은 오후 6시 반이었다. 사진 촬영에는 지장이 없을 듯했다.

"각하가 합천 사람은 맞지만 고향을 위해 해놓은 건 아무것도 없심더. 이후락이 같은 빤질이는 대통령비서실장 노릇을 해도 지 고향에 공장을 수십 개도 더 만들어놓았다 아입니까? 대통령 박정희는 말할 것도 없고예."

나는 기사의 말에 반론을 겸해 말했다.

"그래서 합천은 공기도 좋고 공해가 없지 않소."

"하긴 손님 말도 맞네예. 하지만 우리 합천 사람들은 마이(많이) 섭섭해합니다. 영샘이도 거제에다 조선소를 몇 개나 들여놓았는데…… 이 합천 골째기도 삼성전자나 현대차 같은 공장 한두 개 유치했으면 여 땅

값 많이 올랐을 긴데."

그는 무척 아쉬운 듯 연신 입맛을 다셨다. 그래서 내가 귀띔을 했다.

"좀 더 세월이 지나면 이곳은 청정지역으로 살기 좋은 고장이라고 사람들이 꾸역꾸역 몰려올 겁니다."

"사람이 공기만 먹고 삽니까?"

이런저런 얘기를 하는 새 택시는 전두환 생가 앞에 섰다. 늦은 시각 탓이었는지 적막강산이다.

"각하가 잘나갈 때는 생가 마을 앞산 조상 무덤 옆에 헬기장도 만든 뒤 군인들이 밤낮으로 지켰는데……."

택시기사는 혼잣말처럼 뱉었다. 그게 세상인심이다. 그래서 '염량세태', '오동지 설한풍'이라는 말이 생겨났다. 아마도 전두환 내외는 그런 세상인심 변화를 뼈저리게 느꼈을 것이다. 나는 가방에서 카메라를 꺼낸 뒤 생가 구석구석 안팎을 여러 컷 담았다. 생가 대문 옆 안내판에 이

경남 합천 전두환 생가. ⓒ 박도

렇게 씌어 있었다.

 '경상남도 합천군 율곡면 내천2길 12-3(내천리 263)의 이 가옥은 전두환 대한민국 제12대 대통령이 태어난 곳이다.'

　내가 태어난 곳은 경상남도 합천군 율곡면 내천리라는 외진 시골 마을이다. 깊은 산골은 아니지만 마을 앞을 황강이 감싸고 있어 읍내로 나가려면 강을 건너 10리 길을 걸어가야 했다. 강물이 불어나 건널 수 없을 땐 바람골재라는 이름의 험한 산을 넘는 30리 길이었다. 나는 어린 시절을 이 내천리에서 보냈다. 외진 산골 마을에서 가난은 숙명과도 같았다. 어린 시절의 추억들이 아련한 그리움으로 다가온다. 황강 모래밭에서 형이나 덩치 큰 동네 아이들과 씨름하던 모습이 가장 먼저 떠오른다. 나는 어릴 때부터 운동을 좋아했다. 씨름판이 벌어지면 지는 것이 싫어 모래밭에서 연상 자빠지면서도 내가 이길 때까지 계속하자고 상대편을 졸라대곤 했다. 비록 가난했지만 화목하게 살아가던 우리 집안에 풍파가 닥친 것은 내가 아홉 살이던 1939년 가을이었다. 나의 아버지가 일본 순사부장을 강둑 아래로 내던져버린 사건이 일어났다. 그 일로 우리 가족은 대대로 살아오던 내천리를 떠나 아무런 대책도 없이 만주 땅으로 도피해야만 했다.

『전두환 회고록』 3권 16~18쪽 요약 정리

　늦은 시각 탓인지 생가 대문은 닫혀 있었다. 다행히 자물쇠로 채워져 있지는 않았다. 여기까지 와서 그대로 돌아설 순 없지 않은가. 관리인을 찾고 부르기에 시간도 없었기에 대문을 슬며시 밀었다. 다행히 대문이 열렸다.

안내판을 보니 전두환 생가는 1983년 합천군에서 원래의 모습대로 복원했다고 적혀 있었다. 하지만 내 눈에는 초가지붕도 뜰의 섬돌도 옛 모습 그대로 쌓은 게 아니고, 현대식으로 개축한 듯 보였다. 언젠가 강원도 봉평 이효석 옛집에 가보니 지붕 기와가 전통 재래 기왓장이 아니고 개량 모조품 플라스틱 기와라 실소를 금하지 못했다. 전두환 생가 지붕 이엉도 옛 방식으로 이어 덮은 게 아니었다.

생가 마당에는, 옛 주인의 이즈음 취향에 맞춰 그랬는지 골프장처럼 잔디가 깔려 있었다. 옛 우리네 초가집 마당, 그 아까운 땅에 잔디를 깔다니…… 당시로서는 있을 수 없는 일이었다. 그 밖에도 집 구석구석에 값비싼 관상수가 심겨 있고, 제철을 만난 영산홍과 철쭉들이 흐드러지게 핀 채 옛 주인을 기다리는 듯 보였다. 모든 생명체는 귀소본능을 갖고 있다. 귀소본능을 따라 전 대통령도 귀향한다면 노후도 훨씬 편치 않을까. 이곳에서 검소한 촌부로 지낸다면 아마 여론의 따가운 질책도 한결 무뎌질 것이다.

인생이란 어차피 빈손으로 왔다가 빈손으로 가는 법이다. 지난날 퇴임 후 백담사에 가서 오랫동안 수행생활을 했다면 그만한 철리는 깨우쳤을 듯하다. 그런데 왜 아직도 서울 도심 미세먼지 속에서 그 욕을 먹어가면서 법원에 들락거리나. 그게 전직 대통령으로서 무슨 영화로운 삶인가. 지나가는 한 서생이 조언을 드린다.

'진정한 한 필부필부로 생가에 돌아가서 마당의 잔디를 걷어낸 뒤 거기다가 텃밭을 만든 다음 한편에 고추, 파, 배추, 들깨, 상추, 쑥갓 등 여러 남새들을 기르면서 여생을 보내시라. 그게 당신도 편안할 것이고, 귀거래한 전직 대통령의 가장 아름다운 모습일 것이다.'

그렇게 여생을 보낸다면 우리 백성들은 당신의 전비를 덮어줄뿐더러 합천 군민들은 성경 속의 '돌아온 탕자'처럼 반겨 맞을 것이다. 나는 전두환 생가 마당에서 카메라 앵글을 이리저리 잡으면서 옛 주인이 쓴 회고록을 바탕으로 그의 유소년 청년기를 더듬어보았다.

육사 입교

나의 아버지는 일본 순사부장을 강둑 아래로 내던져버린 사건 직후 만주로 도피했다. 일본 순사부장은 가족들에게 아버지를 찾아오라고 패악질이 심했다. 그래서 남은 가족들도 모두 만주로 갔다.

그 이듬해 나는 열 살 나이에 만주 길림성의 호란소학교에 입학했다. 그런데 그해 가을 대화재로 수확한 곡식과 세간이 깡그리 잿더미로 변했다. 게다가 어머니가 영양실조로 눈이 보이지 않게 되었다. 어느 날 어머니는 배가 고파 칭얼대는 막냇동생에게 젖을 물린 채 "죽더라도 내 땅에 가서 죽고 싶다"고 하소연했다. 아버지는 그 말에 귀국을

육군사관학교 시절의 전두환, 노태우 생도. ⓒ 국가기록원

서둘렀다.

1941년 봄, 귀국했으나 고향 합천에는 돌아가지 못하고 우선 대구에 짐을 푼 뒤 내당동 산비탈에 움막집을 지어 살았다. 귀국 이듬해 나는 정규학교는 다니지 못하고 신문배달을 하면서 다행히 금강학원이라는 공민학교에 다닐 수 있었다. 그러다가 1944년 희도초등학교에 편입하여 1947년에야 졸업한 뒤 그해 대구공업중학교에 입학했다. 당초 6년제였던 대구공업중학교가 3년제 대구공업중학교와 3년제 대구공업고등학교로 분리 개편되었다.

나는 대구공업중학교 3년을 수료하고, 곧장 대구공업고등학교 기계과로 진학했다. 대구공고 재학 중 축구부에 들어가 골키퍼 포지션을 맡았다. 대구공고 시절인 1950년 6월 25일 전쟁이 일어났다. 정부는 한반도 최남단인 부산을 임시수도로 정해, 피란살이 중으로 최전선에서 쏴대는 포탄 소리는 내가 살고 있는 대구까지도 들려왔다. 낙동강에서 밀리면 부산 앞바다밖에 갈 곳이 없는 상황이었다. 절체절명의 국가 운명은 젊은이들의 피를 끓게 했다.

그즈음 나는 육군종합학교 보병간부후보생 모집광고를 보고 친구들과 망설임 없이 지원했다. 곧 합격통지서와 입영통지서가 날아왔다. 그제야 부모님에게 말씀드리자 어머니는 공부나 마치고 가라고 만류했다. 하지만 나는 입영 날짜만 기다리고 있었다. 그런데 입영할 때 가져가야 할 합격증을 찾을 수 없었다. 어쩔 수 없이 친구들은 먼저 떠났다.

다음 날 어머니 말씀이 내 합격증을 몰래 빼내 태워버렸다고 털어놓으셨다. 그때 기환 형도 군에 복무 중이고, 두 아들을 여읜 상태에서 어머니는 장남과 차남이 동시에 입대하는 것을 보고 있을 수 없었던 모양이었다. 나는 어머니가 원망스러워 며칠간 밥도 먹지 않았다.

나를 남겨두고 입대한 친구들은 곧장 전선으로 투입됐는데 얼마 지나지 않아 낙동강 전투에서 모두 전사했다는 소식이 들려왔다. 아마 나도 십중팔구 그렇게 되었을 것이다. 그때 낙동강 전투는 그토록 치열했다.

그로부터 한 달쯤 지났을 때다. 대구 중앙로의 병사사령부 앞을 지나가다가 게시판에 붙어 있는 '육군사관학교 생도 1기 모집'이라는 공고문을 보고 가슴이 마구 뛰었다. 나는 그 길로 몰래 육사 입학절차를 밟았다. 본격 시험 준비를 시작한 나는 수험표를 어머니 눈에 띄지 않게 책갈피 속 깊이 감췄다.

제1기 생도모집 정원은 200명이라고 했는데 전국의 지원자는 1400명으로 경쟁률이 7대 1이었다. 필기시험 합격자는 228명이었는데 후일 확인해본 결과, 내 성적은 끝에서 두 번째였다. 가입교 기간 중 탈락자를 대비하여 28명의 예비학생을 뽑은 것이다. 그 예비학생을 뽑지 않았다면 나는 탈락했을 것이다. 육사 합격은 정말로 내 인생 운명의 전환점이요, 크나큰 행운이었다.

위의 책, 3권 19~37쪽 요약 정리

내가 전두환 생가 사진 촬영을 마치고 집을 나오자 택시기사가 그새 차를 돌려놓은 채 기다리고 있었다. 그곳에서 생가 앞산을 촬영한 다음, 눈으로 동네를 한 바퀴 훑고 택시에 올랐다. 이미 버스가 끊겼기에 시간에 쫓기지는 않았다. 게다가 이곳을 다시 찾아오기는 어려울 것 같았기 때문에 다시 그 마을을 뒤돌아보면서 셔터를 두어 번 더 눌렀다.

택시는 조금 전 왔던 길을 되돌아 합천 읍내로 달렸다. 곧 다시 황강이 나타났다. 기사에게 부탁해 길가에 차를 세운 뒤 황강을 서너 컷 촬영한 뒤 다시 차에 올라탔다. 황강은 전두환 생가 마을을 똬리처럼 휘돌아 감싼 채 흐르고 있었다. 이곳에서 소년 전두환은 여름이면 벌거벗고 물놀이를 했을 것이다. 나는 달리는 택시 안에서 줄곧 황강을 바라보며 전두환의 생애를 추적해보았다.

나는 1952년 1월 1일, 육사에 가입교하여 본격 생도 시절로 들어갔다. 나는 운동이라면 가리지 않고 좋아했다. 그 가운데 축구를 가장 좋아하여 육사에 입교한 뒤 축구부에 들어가 주장 생도가 됐다. 내 포지션은 골키퍼였다. 다른 포지션은 백 번 실수하다가도 한 골을 넣으면 찬사를 받았다. 하지만 골키퍼는 백 번 잘하다가도 한 번 실수하면 욕을 바가지로 먹었다.

육사 2학년 때 비로소 외출이 허락됐다(그때 육사는 진해에 있었다). 하지만 막상 갈 곳이 없었다. 동기생 10여 명과 함께 외출한 뒤 육사 참모장 이규동 대령 집으로 갔다. 그때 참모장은 진해 변두리 조그마한 집을 전세 내어 살고 있었다. 집 앞에서 벨을 누르자 한 소녀가 문을 열어주었다. 그 소녀가 이순자 씨로 후일 집사람이 되었다.

박정희 눈에 들다

1961년 5·16이 일어나던 해 나는 서울 문리대 ROTC 교관이었다. 이튿날인 5월 17일 아침, 나는 서울대로 출근치 않고 육군본부로 찾아가 거사의 주역인 박정희 소장과 면담을 청하여 만났다.

"박 장군님! 제가 육사생도들이 5·16 혁명을 지지하는 시가행진을 하도록 주도해보겠습니다."

"고맙네. 수고해주시게."

그리하여 육사생도 800여 명이 동대문에서 시청 앞까지 시가행진을 벌였다. 이 육사생도의 퍼레이드는 혁명군에게 천군만마의 원군이었다. 그때까지 회의적인 태도를 보이던 일부 시민들과 외국인들의 시각을 바꾸는 결정적인 역할을 했다. 그 공로 때문인지 나는 국가재건최고회의 의장실 민원비서관으로 발탁되었다. 나는 민정이양 즈음에 초심을 잃지 않고 현역으로 복귀하려고 했다. 그러자 박 의장이 별도로 나를 불렀다.

"자네 예편해서 국회의원으로 출마하시게."

"말씀 감사하지만 저는 정치를 한다는 것은 생각해본 적도 없습니다. 저는 군으로 돌아가겠습니다."

나는 박 의장의 전역 권유를 뿌리치고 군으로 원대 복귀했다. 박 의장은 대통령이 된 이후에도 인연의 끈을 놓지 않고 나를 계속 각별하게 보살펴주셨다. 그리하여 중앙정보부 인사과장, 육군본부 인사참모부 인사과장, 수경사 30대대장, 제1공수특전단장, 청와대경호실 작전차장보, 제1사단장 등 요직을 두루 거쳤다. 특히 제1사단장 재임 중에는 제3땅굴을 발견했다. 그리하여 부대표창과 5·16 민족상을 받는 등 박정희 대통령의 총애를 한껏 받았다.

위의 책, 제3권 33~131쪽

하나회는 1964년에 결성된 군 내부 사조직으로, 육사 동창회 북극성회와 관련이 있었다. 전두환은 북극성회의 주도권을 잡으려 했다. 그 과정에서 조직된 단체가 하나회였다. 하나회는 '태양을 위하고 조국을 위하는 하나같은 마음'을 가지겠다는 의미로 만들어졌다. 여기서 말하는 '태양'은 바로 박정희 대통령이다. 하나회 회원들은 지역적으로 경상도 출신 인맥이 주류를 이뤘다.

전두환은 박정희의 신임을 듬뿍 받는 데다 하나회 회장 및 북극성 회장으로 선출되자 두 날개를 달게 됐다. 이후 군에서 그의 승진은 고속도로와 같았다. 1979년 3월에는 마침내 보안사령관에 임명됐다. 그리하여 10·26 사태 이후 그는 합동수사본부장으로 유신 이후 정국을 주도할 수 있었다.

전두환은 10·26 사태 연루자를 밝힌다는 명분으로 김계원 청와대 비서실장을 체포했다. 그런 뒤 정승화 계엄사령관에게도 수사관을 보내 조사를 시키는 등 수사망을 점차 좁혀갔다. 정승화로서는 그의 건방진 태도가 불쾌해, 노재현 국방장관과 골프를 치면서 전두환을 동해방

청와대 파견 시절의 전두환과 박정희 대통령 내외. © 국가기록원

위사령관으로 전출시킬 복안을 말했다. 이는 정승화의 돌이킬 수 없는 큰 실수였다. 중요 인사는 전격 단행해야 뒤탈이 없는 것이다. 지난날 김형욱은 박정희에게서 '쉬라'고 통보받은 뒤 사무실로 돌아가자 그새 책상이 사라졌다고 하지 않았던가.

정승화의 복안을 전해 들은 전두환은 즉시 보안사와 하나회, 그리고 특전사 인맥을 동원해 10·26 사태 현장 가까이 있었던 정승화의 연루설을 퍼뜨렸다. 그러면서 정승화 계엄사령관 강제연행 준비를 비밀리에 진행시켰다. 마침내 1979년 12월 12일 오후 6시 30분께, 전두환을 비롯한 하나회 출신 장교들은 비상계엄임에도 자신들의 부대를 벗어나 '생일잔치'라는 암호명에 따라 경복궁 내 수경사 30경비단장실에 집결했다. 이들은 육군본부 정식 지휘계통을 무시하고 불법적으로 수도권 지역의 무장병력 6천여 명을 동원해 육군본부·국방부·수경사·특전사

전두환 합수부장. ⓒ 국가기록원

등을 점거했다. 이와 동시에 전두환이 보낸 80여 명의 병력이 한남동 육군참모총장 공관을 덮쳤다.

이 시각 저녁 식사 후 TV 뉴스를 보고 있던 정승화 계엄사령관은 갑자기 들이닥친 보안사 두 대령(허삼수·우경윤)에 의해 양팔을 붙들린 채 허망하게 연행당했다. 비상시 계엄사령관으로서 영민하지 못했다. 상관인 계엄사령관의 불법 강제연행은 쿠데타로 그 순간부터 대한민국의 모든 권력은 전두환의 손아귀로 들어갔다. 김재규가 유신의 조종을 울렸지만, 박정희의 유신 망령은 전두환에게 전이돼 쉽사리 민주화를 허락지 않았다.

2020년 4월 25일, 합천 황강이 환히 보이는 도로변에서 사진 촬영을 마친 뒤 나는 다시 택시에 올랐다. 전두환 생가 답사에 앞서 인터넷 검색으로 합천읍내에 '일해공원'이 있음을 알고 있었다. 일몰 직후였지만 사진 촬영은 가능할 것 같아 택시기사에게 그 얘기를 하자 그는 5천 원을 더 요구했다. 출발 전에 분명히 일해공원도 들르겠다고 약속했지만 지금 와서 웃돈을 따지면 서로 불편할 것 같았다. 나는 추가비에 흔쾌히 동의했다. 돌아가신 할머니는 늘 말씀하셨다.

"개도 물고 가지 않는 돈이다. 하지만 돈은 사람을 죽이기도 살리기도 한다."

택시기사는 요즘 코로나19 여파로 손님이 없어 매우 힘들다고 하소연했다. 그날도 손님이 없어 오후에 출근한 뒤 해지기 직전에 내가 첫 손님이라고 했다. 기사는 나의 흔쾌한 답변에 신이 났는지 많은 얘기를 들려줬다. 나는 그의 이야기를 한 귀로 흘리면서 '서울의 봄' 시절을 되새김질했다.

1979년 10월 26일 대통령 박정희가 김재규 중앙정보부장한테 저격당하자 이듬해 1980년 봄은 민주화 열기로 가득했다. 언론은 그해 봄을 '서울의 봄'으로 명명했다. 당시 이 나라 시민들은 오랜 군사독재 정권에서 벗어난 새로운 민간인 정부의 탄생을 열망하고 있었다. 하지만 12·12 쿠데타로 군부를 장악한 전두환 일당은 'K-공작(언론 회유 공작으로, 전두환 King 만들기를 위한 계획의 일환)'을 수립했다. 그런 뒤 떠오를 명분을 찾고자 상당 기간 전면에 나서지 않고 관망자적인 자세를 취했다. 마치 낚시꾼들이 미끼를 던진 뒤 묵묵히 기다리는 꼴이었다. 대부분의 시민들은 떡 줄 '오너Owner'의 속마음을 읽지도 못한 채 먼저 김칫국을 마셨다. 어리석은 백성들만 무르익는 '서울의 봄' 잔치를 마냥 즐기는 모양새였다.

최규하 정부는 겉으로는 1980년 2월 29일, 윤보선과 김대중 등 687명을 복권시켜 '서울의 봄'에 호응하는 듯했다. 허수아비 최 정권은 개헌을 통한 정치 일정을 밝혔다. 하지만 그것은 보이지 않는 실세들의 원격 조정이었다. 시민들을 우롱하는 사탕발림이요, 신기루였다.

신군부는 수면 아래에서 불쑥 위로 솟아오를 명분을 찾고자 교활한 연막전술을 피웠다. '이원집정제'니 '신당 창당설'이니 계속 연기만 모락모락 피우면서 무서운 음모를 꾸몄다. 그해 4월 전두환이 중앙정보부장서리가 된 것은 대단히 불길한 조짐이었다. 신군부는 정국을 장악하고자 섣불리 나서지 않았다. 그들은 4·19 혁명 20주기를 맞아 학생들의 시위가 격화될 것으로 예상하고 그 시기를 묵묵히 기다렸다. 그즈음 '서울의 봄'은 왠지 불안했다. 봄은 왔지만 봄 같지 않다는 '춘래불사춘春來不似春'이란 말이 적절했다. 야권의 김영삼·김대중 두 지도자는 단합된 힘을 보여주지 못한 채 대권 경쟁에 골몰했다.

5·18 비상계엄

1980년 4월 21일 사북사태가 일어났다. 어용노조 집행부에 불만이 많았던 동원탄좌 광부들은 21일 오후부터 시위를 벌이다가 경찰과 충돌했다. 22일 시위에는 광부 부인 500여 명이 합세했다. 23일 시위군중은 3천여 명으로 늘어났다.

4월 24일 서울의 14개 대학교수 361명은 학원사태에 대한 성명을 발표하고 학원의 민주화를 요구했다. 1960년 4월 25일 대학교수단의 시위 이후 최대 규모였다. 그해 학생운동은 4월 말에서 5월 초 전방교육 거부투쟁 등을 통해 활성화됐다. 5월 10일, 23개 대학 총학생회장들은 비상계엄 해제를 요구했다. 이들은 비폭력 교내 시위 원칙을 다짐했다. 군부 쿠데타 발발의 명분을 주지 않기 위해서였다. 5월 13일에는 서울지역 총학생회장단이 가두투쟁을 결정하고 연세대 등 6개 대학 학생들이 가두시위에 나섰다. 14일에는 전국에서 6만여 명이 시위를 벌였고, 다음 날 시위는 절정에 이르렀다.

5월 15일 서울역 앞에는 학생 10만여 명과 시민 다수가 모여 계엄 해제와 조기 개헌을 요구했다. 서울역 집회에서 각 대학 총학생회장단은 우리의 뜻을 알렸으므로 학교로 돌아간다는 회군 결정을 내렸다. 이날 서울역 집결은 계엄군이 저지하지 않았기에 가능했다. 5월 16일 전국 총학생회장단은 사태가 심상치 않다고 파악하고 시위 일시 중단을 결의했다. 그러나 이미 군대는 이동하고 있었다.

5월 17일 계엄사령부는 김종필과 이후락 등을 부정축재 혐의로, 김대중과 문익환 등을 소요 조종 혐의로 연행했다. 이날 밤 국무회의는 찬반 토론 없이 18일 자정을 기해 비상계엄 선포지역을 전국 일원으로 변경한다고 발표했다. 그와 함께 정치, 언론, 출판, 방송 등의 사전검열, 각 대학 휴교를 골자로 한 계엄포고 10호를 발표했다. '서울의 봄'을 침몰시킨 5·17 군부 쿠데타가 계획한 대로 일어난 것이다.

1980년 5월 18일 최규하 대통령은 특별성명을 발표했다.

김종필·김대중 씨 연행 … 계엄사 발표 부정축재·소요조종 혐의

최규하 대통령은 18일 "지난해 대통령 취임사를 비롯하여, 기회 있을 때마다 천명해온 정치발전에는 아무런 변함이 없으며 이를 계속 착실히 추진해나갈 것"이라고 말했다.

최 대통령은 이날 하오 4시, 서기원 청와대 대변인을 통해 특별성명을 발표, 이같이 말하고, "정부는 국가를 보위하고 3천7백만 국민의 생존권을 수호하며, 안정 속에 성장과 발전을 바라고 있는 대다수 국민의 여망에 부응하여 단안을 내리게 된 것"이라고, 5·17 전국 비상계엄 선포 이유를 밝혔다.

최 대통령은 "북한 공산집단은 우리 학원 소요사태를 고무 찬양 선동함으로써 남침의 결정적 시기조성을 획책하고 있다"고 지적, "이 같은 중요한 시기에 일부 정치인 학생 및 근로자의 무책임한 경거망동은 사회를 혼란과 무질서 선동과 파괴가 난무하는 무법지대로 만들고 있으며, 수출부진과 경기침체를 심화시키면서 노사분규와 실업이 증가하여 사회불안을 더욱 가중시키고 있어 우리 국가는 중대한 위기에 직면해 있다 하지 않을 수 없다"고 말했다.

1980년 5월 18일 《경향신문》 호외

1980년 5·17 비상계엄 전국 확대에 대한 강력한 저항은 광주에서 일어났다. 5월 18일, 전날 5·17 비상계엄 전국 확대에 따른 휴교령에 반발한 전남대학교 학생 200여 명이 교문 앞에 서 있는 군인들과 실랑이를 벌였다. 이로 인해 시위가 확산됐다. 이날 오후 4시에 광주 금남로 일대에 출동한 특전사 공수부대원들은 학생들을 마구 구타하면서 400여 명을 군 트럭에 실었다. 이때 80여 명의 부상자가 발생했다.

5월 19일 오전 금남로 일대에서 분노한 시민·학생 5천여 명이 각목 등을 들고 공수부대원과 맞서 싸웠다. 그날 오후 2시 무렵 군중은 2만여 명으로 늘어났다. 오후 4시 30분경 장갑차 총구에서 총알이 날아와 고교생이 쓰러졌다.

5월 20일 공수부대원은 3,400명으로 증가했다. 이날 200여 대의 차량에 탄 택시운전사들이 헤드라이트를 켜고 시위를 벌였다. 그날 밤 광

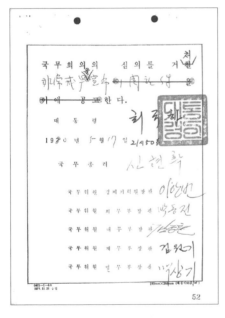

비상계엄 선포. © 국가기록원

주시청과 광주경찰서, 서부경찰서가 시위대에 점거됐고, MBC 건물이 전소됐다. 이날 신현확 내각은 총사퇴했다.

5월 21일은 석가탄신일로 광주 시내는 시위 시민들로 '사람의 강물'을 이뤘다. 낮 1시가 지나자 총성과 함께 5~6명의 시위대가 쓰러졌다. 오후 3시쯤 공수부대의 집단사격으로 금남로 일대는 피바다가 됐다. 시민들은 나주·목포 등 각지의 무기고를 습격해 무장했다. 그날 오후 5시 공수부대는 외곽으로 물러났다. 그러자 시민들은 전남도청에 진입했다. 그날로 광주는 '해방구'가 됐다. 근대 역사 이래 초유의 사태가 벌어졌다.

5월 22일, 관료·신부·목사 등으로 시민수습대책위원회가 구성됐다. 이들은 사태 수습 전에 계엄군을 투입하지 말고 과잉진압을 인정할 것을 요구했다. 그러나 계엄사령부는 학생 시위를 배후 조종했다는 '김대중내란음모사건'의 중간수사 결과를 발표해 광주 시민을 더욱 분노케 했다. 이날 위컴 한미연합사령관은 20사단(사단장 박준병)의 병력 이동을 승인했다.

5월 23일, 시위대가 탄 소형버스가 주남마을 앞길에서 공수부대의 사격을 받아 탑승자 18명 가운데 17명이 사망했다. 22, 23일 계속 무기를 반납했다.

5월 25일 새로 구성된 시민수습위원회는 정부의 잘못 시인 등 4개항을 제시했다. 이날 최규하 대통령은 상무대로 내려와 담화문만 발표하고, 사태 수습은 외면한 채 서울로 돌아갔다. 5월 26일 열린 제5차 민주수호시민궐기대회에서는 최후까지 싸울 것을 결의했다.

5월 27일, 계엄군의 광주 진압작전, 즉 '상무충정작전'은 오전 1시 정각에 개시됐다. 3·7·11공수여단, 20사단, 31향토사단 등이 참가했다.

새벽 4시 도청 앞에서 '항복' 권유 방송이 나왔다. 새벽 5시까지 도청 사수대 등과 한 시간 동안 교전이 있었다. 오전 5시 10분경 계엄군은 도청을 장악했다. 5월 26일부터 6월 18일까지 광주지방검찰청에서 확인한 사망자는 161명이었다(추후 사망자는 다소 늘어났음).

1980년 5월 18일부터 시작해 5월 27일 새벽에 이르기까지 열흘 동안 펼쳐진 광주민주화운동은 계엄군의 유혈진압으로 참혹하게 끝났다. 1980년 '서울의 봄'은 신군부의 쿠데타와 이에 저항한 광주 시민들의 유혈 참사를 남긴 채 산산조각났다. 그리하여 유신공화국은 신군부에 의한 제5공화국의 변형된 모습으로 군부독재 정권에 의해 그대로 이어지게 됐다.

미국은 광주민주화운동에 명백한 책임이 있다. 그들은 한미연합사의 작전통제하에 있는 20사단의 광주 투입을 승인해줬다. 또한 신군부가 진압작전을 수행할 수 있도록 오키나와에 있는 조기경보기 2대와 필리핀에 정박 중인 항공모함을 한국 근해로 출동시키는 등 신군부의 집권을 음양으로 지원했다.

광주항쟁을 진압한 신군부의 다음 목표는 정권 장악이었다. 그리하여 1980년 5월 31일 대통령자문기구로 국가보위비상대책위원회(약칭 '국보위', 상임위원장 전두환)를 설치했다. 이는 사실상 국무회의를 대신하는 일종의 군사평의회로, 국보위는 5·16 때 국가재건최고회의처럼 국정을 좌지우지했다. 국보위는 '사회정화'라는 이름으로 1980년 7월 초부터 고급공무원, 정부투자기관 임직원을 숙정했다. 또한 대학교수 및 교사, 학생들을 학원 밖으로 내몰았다. 7월 31일에는《창작과 비평》,《씨올의 소리》등 정기간행물 172종을 등록 취소시켰으며, 11월에는 언론기관을 통폐합시켰다.

그 무렵 사회정화위원회라는 관제 단체가 각 직장마다 설치 운영됐다. 중고교 학급에도 학급정화위원회가 설치되는 웃지 못할 일도 있었다. 또한 각 직장에서는 국보위의 지시에 따라 무능 부패한 직원들을 '사회정화'라는 이름으로 강제 해직시켰다. 일선 직장에서는 이 기회를 틈타 평소 바른 소리를 한 사람, 미운털 박힌 사람을 내보내는 일도 비일비재하게 벌어졌다.

제5공화국 출범

그즈음 전두환은 광주민주화운동을 군홧발로 짓밟은 뒤 국보위 상임위원장으로 만족하지 않고 대통령 자리까지 꿰찼다. 그해 8월 16일 최규하는 하야했다. 8월 27일, 통일주체국민회의에서는 전두환을 대통령으로 선출했다. 주한미군사령관 위컴은 전두환을 공공연히 지지했다.

국보위는 그해 10월에 사회악 사범 4만여 명을 검거해 대다수 군부대에서 '순화교육'을 시킨다는 명목으로 이른바 삼청교육대를 탄생시켰다. 그해 10월 22일에는 국민투표로 새 헌법안이 확정되고, 10월 27일 공포됐다.

이 헌법은 임기 7년의 대통령(중임 금지)을 5천 명 이상으로 구성된 선거인단에서 선출하게 했다. 대통령에게는 비상조치권과 국회해산권이 주어졌고, 사법부 및 헌법위원회도 실질적으로 통제할 수 있게 했다. 또 국회의원 3분의 1은 전국구로 배정하고, 그 전국구의 3분의 2는 제1당이 차지하게 했다.

1981년 2월 25일, 새 헌법에 따른 대통령선거인단의 투표로 전두환이 제12대 대통령으로 선출됐다(재적 선거인 5,277명 중 4,755표 획득). 3월 25일에는 신군부가 급조한 민주정의당(민정당), 민주한국당(민한당), 한국국민당(국민당)이 참여한 가운데 제11대 국회의원 선거가 치러졌다. 이른바 국회는 전두환 정부의 1중대, 2중대, 3중대로 희화화됐다. 유신공화국에 이은 제5공화국은 이런 공포 분위기 속에 출범했다.

'일해공원'은 합천읍내 황강 변에 있었다. 2004년 8월 준공되어 '새천년 생명의 숲'이라는 이름으로 불려오다가 2007년 1월부터 '일해공원'이 됐다고 한다. 내가 그곳에 도착했을 때는 일몰 직후로 땅거미가 시나브로 지고 있었다. 이 공원에는 산책로, 3·1운동기념탑, 대종각, 야외공연장, 체육시설 등의 부속시설이 있었다. '일해日海'는 전두환의 아호다. 합천군은 자기 고장 출신인 전두환 대통령을 기리고자 그의 아호로 공원을 명명했다고 한다.

나는 초등학교 시절 부산 '용두산공원'에 간 적이 있다. 당시 공원의 명칭은 이승만 대통령의 아호를 딴 '우남공원'이었다. 4·19가 지난 몇 해 후 다시 그곳에 가자 그새 '용두산공원'으로 이름이 바뀌어 있었다. 서울시민회관도 건립 시작 당시 이름은 '우남회관'이었다. 4·19 이후에 '서울시민회관'으로 명명되다가 '세종문화회관'이 됐다. 살아 있는 사람의 이름이나 아호는 함부로 붙이는 게 아니다. 사후 일백 년은 지나거나 바른 역사 평가가 내려진 다음에 붙이는 게 좋다. 나는 근현대사 역사답사 길에서 정부나 정권이 무너진 뒤 무참히 부서진 공덕비들을 숱하게 봤다.

이런저런 생각을 하는 새 합천정류장에 도착했다. 택시기사의 환송 인사를 뒤로 한 채 차에서 내려 곧장 매표소로 갔다. 마침 곧 출발하는 진주행 버스가 있었다. 그 말에 합천에서 하룻밤 묵으려는 생각을 바꿨다. 전두환 대통령 다음인 노태우 대통령 편은 이미 답사를 마쳤고, 그 길로 거제도 김영삼 생가 답사까지 마치고 싶었다. 나의 오랜 답사 경험에 따르면 가능한 한 목적지 가까운 곳에 숙소를 얻는 게 여러 가지로 좋았다. 승차 시간이 아직 조금 남아 있었다. 그래서 썰렁한 합천시외버스정류장 대합실 딱딱한 나무의자에 앉아 그 무렵 전두환 시절을 되새김질했다.

광주민주화운동이 진정되자 전두환은 그해, 1980년 8월 7일 육군대장으로 진급했다. 이는 신군부가 야전교범(FM)으로 여기는 5·16 쿠데타 FM(야전교범, 지침서)을 그대로 따른 것이다. 박정희는 케네디 대통령과 면담을 앞두고 자신을 돋보이게 하고자 육군대장 계급장을 달았다. 그 들러리는 당시 윤보선 대통령이었다. 전두환도 그 교범처럼 최규하 대통령에게 부탁해 자기 어깨에 별 네 개를 달았다. 다음 날 주한미군사령관 존 위컴은 외신 기자와 인터뷰를 가졌다.

"전두환이 곧 한국에서 대통령이 될지도 모른다. 한국의 각계각층 사람들은 마치 들쥐 떼처럼 그의 뒤에 줄을 서고, 그를 추종하고 있다."

그 무렵 기독교계의 원로 한경직, 강신명, 조향록, 정진경 목사 등은 서울 롯데호텔에서 전두환을 위한 조찬 기도를 드리고, 시인 서정주는 「처음으로」라는 시를 바쳤다.

전두환은 5공화국 헌법 제정 당시 대통령 임기를 7년 단임으로 정했다. 그러나 재임기간이 화살처럼 지나 임기 만료일이 가까워지자 퇴임 후가 불안해졌다. 그는 1987년 4월 13일, 국민들의 민주화 요구를 거부하고, 일체의 개헌 논의를 중단시키는 '4·13 호헌' 조치를 내렸다. 하지만 이후 민주화의 거센 회오리 속에 6·29 직선제 개헌을 받아들이면서 노태우에게 대통령 자리를 물려줬다.

백담사

『조선왕조실록』을 보면 권력은 부자간에도 승계가 매끄럽지 않았다. 심지어 영조는 자기 아들을 뒤주에 가둬 죽이기도 했다. 전두환은 단임 약속을 지키고 안전장치로 대통령 자리를 스스로 친구인 노태우에게 물려주었다. 하지만 노태우는 권좌에 오르자마자 상왕 노릇을 하려는 전임자에게 반기를 들었다. 전두환은 깊은 배신감 속에 백담사로 유배생활을 떠났다.

하루에 세 번 기도드릴 때마다 일백여덟 번 엎드렸다가 일어나야 하는 이 108배의 수행은 큰 고통이었다. 영하 30도 추위 속에서 번뇌 망상에 시달려야 하는 일은 더 큰 고통이었다. 기도를 시작한 지 20일이 지나자 첫 번째 고비가 찾아왔다.

지독한 몸살이 찾아온 게 그랬다. 누우면 땅속으로 가라앉아버릴 듯 꼼짝을 할 수 없는데 하루 세 번 치러야 하는 기도 시간은 어찌나 그리 자주 찾아오는지…… 기도 시간이 겨우 끝났구나 하고 방에 들어와 다리 뻗고 눕는 순간 어느새 다음 기도시간이 다가와 있었다. 입안이 온통 헐어 물을 마시는 것조차 고통스러운 나날이었다.

백일기도를 드리면서 나는 아무도 미워하지 말자, 모두가 내 잘못이고 내 탓이라고 생각해보자고 굳게 다짐했다. 그러나 1분도 지나지 않아 억울하고 분하다는 생각이 나를 엄습했다. […] 이제는 유폐도 모자라 국회로 불러내 온갖 수모를 주려 하고 있으니 과연 이래도 되는 것인가?

다시 기도로 돌아오면 부처님께서는 누구를 원망하면 또 업業을 짓게 된다고 가르치고 계셨다. 하지만 나는 여전히 분한 생각과 배신감 때문에 자다가도 벌떡 일어나는 일이 많았다. 나는 그때마다 냉수를 마시고 마음을 가라앉히려 노력했다.

『전두환 회고록』 3권 187~188쪽

두 사람이 주고받은 편지의 한 대목이다.

노태우 각하

[…] 어떤 이유로든 우리가 만나지 못했던 지난 4년은 노 대통령이나 내게 있어 똑같이 불행하고 부끄러운 세월이었습니다. 아무리 권력 무상이라고 하지만 40여 년의 긴 세월 동안 노 대통령과 내가 가졌던 그 뜨거운 우정과 동지애가 도대체 어떤 이유로 이 지경에 이르고 말았는가 하는 생각을 하노라면 새삼 사람의 본성에 대한 회의와 비애가 사무치게 느껴지곤 합니다.

냉혈하리만큼 비정하다는 정치권력의 세계에서 사람의 의리나 도리를 따지고, 사람 간의 언약을 논하는 것이 어리석고 소용없는 일이라 할지라도, 그토록 오랜 세월을 두고 나누어온 노 대통령과 나 사이의 자랑스럽고 견고했던 우정도 결국 정치권력이라는 현실 앞에선 단한 계절도 견디지 못한 채 무참하게 무너져 내리는 것을 지켜보면서 내가 느꼈던 통한과 허무감은 이루 말할 수 없는 것이었습니다. […]

1991. 10. 일해

전임 대통령 귀하

주신 글월 착잡한 심중으로 읽었습니다. 지적하셨듯이 우리들의 기구한 운명, 만감이 교차됩니다. 무엇보다 전임 대통령에게 명예롭지 못한 고통을 안게 하게 된 일에 대해서는 그 이유가 어디에 있든 후임자로서 송구스러운 일이요, 누구보다 가슴 아픈 일이 아닐 수 없습니다. […] 전임 대통령께서 방문하는 많은 자들에게 나를 욕하는 소리 귀가 따갑도록 듣고 있습니다. 이해하고 참으려고 노력도 많이 하였습니다. […]

대통령 노태우

위의 책, 261~276쪽

법정에 선 전두환, 노태우 전직 대통령.

아내에게 바친 헌사

그렇게 말도 많았던 전두환도 하늘의 부름만은 피하지 못한 채 2021년 11월 23일 세상을 떠났다. 전두환 편을 마치면서 『전두환 회고록』 마지막 한 대목을 옮겨 적는다.

> 회고해보니까 조국이 걸어온 길도, 나의 삶도 순탄치 않았다. 나를 역사의 전면에 내세운 10·26 이후의 일에 대한 오해, 그리고 나의 허물로 인한 분노와 증오가 국민의 화합을 해치고, 국민의 희생과 노력으로 이룬 성취를 빛바래게 한 데 대해 나로서는 변명할 말이 없다.
> 내 생이 끝난다면, 북녘땅이 바라다보이는 전방의 어느 고지에 백골로라도 남아 있으면서 기어이 통일의 그날을 맞고 싶다. 나를 평생 반려로 선택해서 헌신적인 사랑과 보살핌을 베풀어준 아내, 그런 아내에게 마음 편한 여행 한번 시켜주고 싶다. 이제 우리에겐 남은 시간이 많지 않겠지만 함께할 수 있는 동안 갈 수 있는 곳 어디라도 함께 가고 싶다.

위의 책, 642~644쪽 요약 정리

회고록 후기에 한낱 범부처럼 아내에게 남긴 그 뜨거운 헌사가 눈길을 끈다. 광주 원혼에 대한 진정한 참회의 마음을 담은 글이 한 문장이라도 들어갔더라면 더 좋았으리라는 느낌을 지울 수 없다.

제13대 대통령

노태우

노태우는 신현확을 자주 찾아 자문을 구했다. "자네가 살아갈 길은 대통령 직선제밖에 없어. […] 이제 더 이상 군사정권은 안 돼. […] 그게 지금 시대정신에도 맞는 거야." […] 대선 경주가 시작되자 1노 3김의 각 후보들은 기선 제압, 지지세 확보를 위해 청중 동원에 사활을 걸었다. […] '보통사람'이라는 표어는 노태우의 억센 군인 이미지를 벗겨내는 데 크게 이바지했다.

© 국가기록원

노태우를 만나다

답사자는 길 안내자를 잘 만나야 한다. 그래야 시간과 비용도 줄일 수 있고, 답사 현지도 제대로 보고 배경 얘기도 들을 수 있다. 전임 전·노 두 대통령 생가 안내를 맡아준 친구 덕을 톡톡히 봤다. 코로나 사태로 고속버스 운행이 원활치 않아 원주역에서 출발하는 중앙선 부전행 무궁화호에 올랐다.

정시에 출발한 열차는 곧 원주 금대리 똬리터널을 지나 제천으로 향했다. 내 상상의 나래는 자연스럽게 역대 대통령에게로 옮아갔다. 나는 역대 대통령 열세 분 가운데 여섯 분과는 이런저런 연유로 한두 번 악수를 나눈 적이 있었다. 그 가운데 노태우 대통령은 서로 현직에 있을 때 만났다.

1988년 5월 하순 무렵이었다. 그때 나는 대한교련의 기관지《새한신문》에 칼럼을 쓰고 있었다. 그 시절은 이즈음처럼 이메일이 보편화되지 않아 원고를 200자 원고지에 또박또박 쓴 뒤 속달우편이나 편집부에 직접 가져다줬다. 나는 그달 마지막 주 원고를 쓴 뒤 퇴근길에 당시 광화문 신문로에 있던 교총회관 내《새한신문사》편집부로 원고를 전하러 갔다. 그때 담당 편집기자가 반겨 맞았다. 그는 6월 초 노태우 대통령 취임 100일 기념일에 대통령과 각계각층 '보통사람 100인과의 대화'라는 행사가 있을 예정이라면서 나를 '보통교사'로 추천하여 초청 대상자로 내정했단다. 나는 그런 제의를 듣고 그 자리에서 초청을 수락했다.

그해 6월 초순이었다. 나는 현직 대통령을 만나는 날이기에 몸단장에도 신경을 썼다. 시간 맞춰 행사장인 서울시민회관 소강당으로 가자 전국에서 온 각계각층의 보통사람 100인들이 모여 있었다. 여성 대표도 상당수였는데 화사한 한복차림으로 한껏 멋을 내고 왔다. 시간이 되자 노태우 대통령과 강영훈 국무총리, 유학성 안기부장이 주빈 석에 나타나 그날 참석한 100인의 보통사람들과 일일이 악수했다. 마침내 내 차례가 왔다. 먼저 유학성 안기부장이 손을 내밀기에 나는 그 손을 잡으며 무의식적으로 '사단장님!'이라고 말했다. 내가 1969년 광주보병학교를 수료한 뒤 배치된 보병 제26사단의 사단장이 유학성 육군소장이었던 것이다. 옆에서 강영훈 국무총리가 '두 분은 인연이 있으시군요'라고 말하자 유 안기부장이 호쾌하게 웃으며 내 손을 잡고 더욱 크게 흔들었다. 이어 곁에 섰던 노태우 대통령이 손을 내밀고 악수를 청하면서 말했다.

"노태우입니다."

TV에서 보던 말투 그대로 의례적이고 익숙한 인사였다. 그날 노태우 대통령은 참석자 보통사람 100인과 악수를 나눈 뒤 다른 일정 때문이라면서 슬그머니 자리를 떴다. 취임 100일 기념 '보통사람 100인과의 대화'는 별다른 대화도 없이 그렇게 싱겁게 끝났다. 단지 국민들에게 보여주기 위한 행사로 카메라 기자들의 플래시만 터진 채. 그날 참석자들은 모두가 '닭 쫓던 개'처럼 곧장 씁쓸한 표정으로 시민회관 소강당을 벗어났다.

나는 교보문고 앞 버스정류장으로 갔다. 귀가 버스를 기다리는데 마치 배추밭에서 똥이라도 밟은 기분이었다. 그가 대통령 후보 시절 유세나 방송사 연설 때마다 부르짖던 '보통사람의 위대한 시대'라는 말에 꼬박 속은 기분이었다. 그의 6·29 선언마저 '속이구'라고 했던 일부 사람들의 말이 틀린 게 아니었다.

일반 시민들은 그의 후보 시절 '보통사람'이라는 말에 현혹되고, 대한항공기 폭파사건의 충격에 놀라 그에게 표를 몰아줬다. 그래서 대한민국 제13대 대통령이 됐다. 하지만 그가 보통사람을 대하는 태도는 진정성이 없어 보였다. 내게 그는 보통사람이 아닌, 대단히 교활하고 의뭉스러운 사람으로, 화장실 갈 때와 나올 때가 다른 사람으로 비쳤다. 그는 대통령 재임기간 중 지위를 이용해 딸의 혼수로 SK에 이동통신 영업권을 넘겨줬다. 또한 청와대 영빈관까지 딸의 혼인 예식장으로 썼다. 그는 대한민국 대통령으로서 공사를 구별하지 못한, 퇴임 후에도 수백억 원의 비자금을 감춰두다가 탄로 나서 끝내 뇌물수수 및 12·12 군사반란 등의 혐의로 구속된 사람이다. 그는 그런 과오에 눈물을 질금질금 흘리면서 대국민 사과를 했다.

나는 그의 회고록과 여타 문헌을 자세히 읽어봤다. 행간 속의 그는 보통사람이 아니라, 그저 해바라기 유형의 정치군인일 뿐이었다. 대통령이 되고서도 돈에 눈이 어두웠다. 지도자의 첫째 덕목인 경천애민敬天愛民의 뜻도 모른 채 대통령이 됐다. 나는 그가 시민들을 한낱 졸卒로 여기는 것을 목격했다. 정직하고, 청렴하고, 소박하고, 인격이 튼실한, 그리고 자신의 명예를 중하게 여기는 대한민국의 거룩한 대통령은 왜 보이지 않을까?

원주역 발 부전 행 무궁화호 열차가 그날 정시에 영천역에 닿았다.

하늘은 맑고 봄이 한창 무르익은 아주 좋은 봄날이었다. 구름다리를 거쳐 텅 빈 영천역 대합실로 갔다. 먼저 도착한 친구는 대합실에서 나를 보고 손을 치켜들고 있었다. '벗이 먼 곳으로부터 찾아오니 매우 즐겁지 않겠는가(有朋自遠方來, 不亦樂乎)?'라는 옛말 그대로였다. 우리는 악수만으로는 부족하여 서로 얼싸안은 뒤 주차장에 세워둔 그의 차로 갔다. 그는 오랫동안 대구에 살았기에 그 일대 지리를 훤히 꿰뚫고 있었다. 노태우의 생가는 팔공산 밑 산동네였다. 그곳으로 가는 도로에 이르자 승용차가 가득했다. 코로나19 확진자 수가 줄어든 모처럼 쾌청한 주말이었다. 그동안 집 안에 갇혀 지내던 대구 시민들이 모처럼 봄바람이라도 쐬려고 교외로 나온 듯했다.

팔공산 바로 밑 노태우 생가 마을에 이르자 오후 1시 50분이었다. 생가 앞 '문화관광 해설사의 집' 유리문에는 '코로나19 확산 방지를 위해

노태우 생가. ⓒ 박도

잠정 휴관합니다'라는 안내문이 붙어 있었다. 하지만 담장이 돌담으로 둘러싸인 생가에는 다행히 대문이 없었다.

　나는 노태우 생가 마당에 잠시 머물며 카메라 셔터를 부지런히 눌렀다. 생가는 양지바른 여염집으로 집 뒤는 팔공산이요, 집 앞에도 올망졸망한 산들이 낙타 등 모양으로 솟아 있었다. 마당 한편에는 노태우 동상이 서 있었고, 집 안 방앗간에는 디딜방아가, 집 어귀 외양간에는 플라스틱 모형의 소가 주인 대신 생가를 지키고 있었다.

　사진 촬영을 마치자 친구는 곧장 생가에서 조금 떨어진 밥집으로 안내했다. 거기서 우거지국밥으로 마음의 점을 찍었다. 나는 그날 오후 일정으로 전두환 생가 탐방을 계획한지라 차담은 생략한 채 다시 친구 차에 올랐다. 친구가 작별인사를 겸해 한마디 했다.

　"노태우 재임 중 북방정책만은 높이 평가해야 할 걸세."

노태우 생가 마을에서 바라본 팔공산. ⓒ 박도

"나도 그 점은 동감하네."

"추징금도 거의 완납한 걸로 알고 있네."

"나도 그런 보도를 본 듯하네."

다음 답사지 합천 전두환 생가로 가는 버스는 서부정류장에서 출발했다. 서울도 그렇지만 대구도 시내 교통은 지하철이 더 빠를 것 같아 아양교역 입구에서 내렸다. 지하철로 곧장 서부정류장에 갔다. 합천행 버스는 두 시간 뒤에 있었다. 무료하던 차 친구가 준 책을 폈다.

6·29 선언

전두환 집권 말기 노태우는 신현확을 자주 찾아 자문을 구했다.

노태우 : "총리님, 시국이 험난합니다."

신현확 : "자네가 살아갈 길은 대통령 직선제밖에 없어. 그 길이 우리가 다 같이 살길이기도 한 거야. 지금 국민이 요구하는 게 그거 아니야? 이 간절한 요구를 총칼로 짓밟는다고 짓밟아지나? 이제 더 이상 군사정권은 안 돼. 직선제로 개헌을 해서 정국을 정면으로 돌파해야 돼. 그런 다음에 선거로 이길 생각을 하라고. 그게 지금 시대정신에도 맞는 거야."

노태우 : "제가 선거에서 이길 수 있을까요?"

신현확 : "난 이길 수 있다고 봐. 국민들이 바라는 직선제 개헌을 선언하면, 자네에 대한 국민들의 호감도가 상승할 거고, 3김은 내 예상대로라면 제각기 대통령을 하겠다고 나설 테니 야권 표는 갈라질 게 아닌가. 난 충분히 승산이 있다고 보네."

노태우 : "아, 그렇군요. 감사합니다! 그렇게 하겠습니다."

신철식, 『신현확의 증언』, 365쪽

백전노장 신현확이 노태우에게 들려준 이 한마디는 당시 정국을 정면으로 돌파하는 그야말로 '신의 한 수'였다.

노태우는 1932년 12월 4일, 경북 달성군 공산면 신용동에서 아버지 노병수, 어머니 김태향의 장남으로 태어났다. 생가는 팔공산 자락으로 집 뒤로 낮은 야산들이 병풍처럼 에워싸고 있었다. 아버지는 공산면 면

6·29 선언을 하는 노태우.(1987) ⓒ 국가기록원

서기로 지냈는데 음악을 매우 좋아했고 노태우가 여덟 살 때 1939년 교통사고로 돌아가셨다.

그해, 마을에서 6킬로미터 떨어진 공산초등학교에 입학했다. 먹을 게 귀한 시절이었기에 여름철 등하굣길에는 머루, 다래, 돌배 등을 따먹거나 도라지 소나무 껍질 등을 벗겨 먹었고, 봄철에는 온 산을 붉게 물들이는 진달래 꽃잎을 따먹곤 했다고 한다. 그런 가운데도 항상 싱글벙글 웃고 다녀 그의 별명은 '스마일'이었다.

아버지의 유품인 퉁소를 즐겨 불었던 그는 음악에 대한 열정이 많았지만 집안이 어려운 탓에 음악가의 길을 걷지 못했다. 공산초등학교를 졸업한 뒤 경북중학교에 입학지원서를 냈으나 1차 서류 전형에서 떨어져 대구공립공업학교 전기과에 입학했는데 전공보다 문학, 음악, 운동 쪽에 관심이 더 많았다. 대구공립공업학교에서 3학년(현 중3)까지 다닌 뒤 경북중학교에 편입학하였다.

경북중학교 6학년(현 고3) 때 6·25 전쟁이 발발했다. 그는 헌병학교에 입교하여 졸업 후 그 학교에 교수 요원으로 남게 되었다. 이듬해인 1951년 초가을, 육군사관학교 4년제 정규과정을 모집한다는 공고를 보고 지원하여 합격했다.

육사 재학 중 럭비부에서 백넘버 11번 레프트 윙 스리쿼터백으로 출전했다. 육사생도 시절 학과가 끝나면 럭비 연습을 하고 밤에는 독서를 즐겼다. 육사를 졸업한 뒤 전남 광주 상무대에서 초등군사반 교육을 받고 배치된 곳은 중동부 전선에 위치한 5사단이었다. 사단장은 박정희 장군이었다.

5사단 근무 중 어느 하루 사격장에서 중대별 사격시합을 시키고 있는데 사단장의 부름을 받고 대대본부로 갔다. 박 사단장은 "내가 자네와 점심을 같이하고 싶어 불렀다"고 했다. 식사가 끝나자 오후에 오리 사냥을 같이하자고 했으나 노태우는 중대별 사격시합으로 수행할 수 없다고 사양했다. 헤어질 때 박 사단장은 곧 사단을 떠난다는 말을 남겼다.

노태우는 1959년 5월 31일, 육사 동기생 김복동의 동생 김옥숙과 결혼했다. 결혼식 사회는 전두환 대위가 맡았는데, 기백 넘치는 군대식 용어로 일관해 군행사인가 싶을 정도였다고 한다.

1961년 5월 16일 새벽, 군부가 정권을 장악했다는 뉴스가 나왔다. 서울사대 ROTC 교관이었던 노태우는, 서울문리대 ROTC 교관을 하고 있는 전두환 대위와 연락을 취했다. 그리하여 1961년 5월 18일 육사 생도 및 장교단의 혁명지지 시가행진을 이끌어냈다. 그 일을 성공리에 끝내자 당시 박정희 최고회의장은 동기생 몇 사람을 추천해달라고 했고, 전두환 대위는 최고희의 민정비서관, 최성택 대위는 총무비서관, 손영길 대위는 박 의장 부관, 노태우는 김재춘 방첩부대장 부관이 됐다.

1967년 중령으로 진급한 뒤 베트남 전쟁에 참전했다. 파월 중 충무무공훈장과 화랑무공훈장을 받았다. 1968년 귀국하여 육군대학을 수료하고 수도경비사단 대대장으로 1970년에는 대령으로 진급하여 육군 참모총장 수석부관 장교가 됐다. 1974년에는 육군 준장으로 진급된 뒤 공수특전여단장이 됐다.

1978년에 노태우는 육군소장으로 진급한 뒤 대통령경호실 작전차장이 됐다. 동기인 친구 전두환이 이끌어준 덕분이었다. 전두환과 노태우는 군 내부 사조직 하나회의 핵심 요인이었다. 이들은 윤필용 사건으로 한때 위기에 처했다. 하지만 박정희의 배려로 무사히 그 위기를 넘겼다. 1979년 1월에는 9사단장이 됐다. 그해 10월 26일 박정희 대통령이 시

해당하는 사태가 발생하자, 12월 12일 전두환과 함께 군사반란을 주도해 정승화 계엄사령관 및 육군참모총장을 체포했다.

그해 12월 수도경비사령관, 이듬해인 1980년 8월에는 중장으로 진급해 전두환의 뒤를 이어 보안사령관이 되었다. 이후 1981년 대장으로 진급 예편해 제2정무장관, 그해 9월에는 국가안전보장회의 위원, 1982년 4월에는 체육부장관, 1982년에는 내무부장관, 1983년에는 서울올림픽 조직위원장, 1984년에는 대한체육회장을 역임했다. 그해에 제12대 국회의원이 됐고, 민주정의당 대표위원에 올랐다. 이 모두가 전두환의 배려로 이뤄졌다. 그의 군 생활은 '초고속' 승진이었다. 1980년 전두환을 비롯한 신군부는 광주민주화운동을 짓밟고 정권을 탈취했다. 세월은 마치 활시위에서 떠난 화살과 같아서 전두환 대통령의 7년 단임 임기는 금세 끝나갔다. 신군부 세력은 88 서울올림픽을 빙자해 1987년 '4·13 호헌' 조치를 발표했다. 유신헌법에 따른 대통령 간접선거로 5공 정권을 연장하려 했다. 하지만 대다수 시민들은 대통령 직선제를 원했다.

야당은 1985년 2월 12일 제12대 국회의원 선거에서 대통령 직선제 헌법 개정을 약속하면서 돌풍을 일으켰다. 1986년 새해 초부터 '개헌 천만 명 서명운동'을 펼치자 그 기세는 산불처럼 번져나갔다. 이에 전두환 정권은 북한의 위협을 과장하기도 하고, 민주 인사를 공산주의자로 몰아 탄압하기도 했다. 그런 가운데 1987년 박종철 고문사건 진상이 속속들이 드러났다. 6월 항쟁이 시작됐다. 그해 6월 10일, 전두환은 잠실체육관에서 노태우 민정당 대표를 차기 대통령 후보로 지명했다. 이에 야권 및 학생, 시민들은 '박종철 고문살인 은폐조작 및 민주헌법쟁취 범국민대회'로 맞섰다. 시위현장에는 학생들만 있었던 게 아니었다. 넥타이를 맨 직장인들이 동참하는 모습도 보였다. 온 나라가 "호헌 철폐,

독재 타도"의 함성으로 가득 찼다.

1987년 6월 29일, 마침내 전두환 정권은 노태우 후보의 입을 통해 직선제 개헌, 김대중의 사면 복권 등 8개항으로 된 '6·29 선언'을 발표했다. 얼핏 보기에 6·29 선언은 신군부의 항복으로 비쳤다. 하지만 그들로서는 치밀한 사전 공작에 따른 대선 필승작전으로, 은밀한 재집권 시나리오의 서막이었다. 신군부의 6·29 선언 핵심 전략은 김대중 사면 복권으로 야권을 분열시키는 데 있었다. 그해 7월, 김대중이 사면 복권되자 누가 민주당 대통령 후보가 되느냐에 이목이 쏠렸다. 김영삼, 김대중 두 후보는 대통령 후보 단일화를 약속했다. 하지만 김대중은 그해 10월 말 김영삼과 결별하고 평화민주당을 창당해 사실상 독자 출마를 선언했다.

김대중 측은 '김영삼과 노태우는 영남 표를 서로 나눠 가질 것이며, 김종필은 구여권 표와 충청 표를 가져갈 것이다. 우리가 호남 표와 우세한 수도권 표를 가져온다면 유리하다'는 전략을 갖고 있었다. 이른바 '4자 필승론'이다. 이는 여당에서 1명이 출마하고 야당에서 3명이 출마하면 반드시 여당이 이긴다는 신군부 측의 4자 필승론과 다른 해석이었다. 여당이 이런 4자 격돌의 판세를 유지하기 위해 갖은 공작정치로 당시 열세인 김대중 후보를 지원한다는 유언비어까지 떠돌았다.

대선 경주가 시작되자 1노 3김의 각 후보들은 기선 제압, 지지세 확보를 위해 청중 동원에 사활을 걸었다. 양김 모두 백만 명 이상 청중을 동원하자, 노태우 후보는 이에 뒤질세라 천문학적 선거자금을 뿌려 여의도에 150만 청중을 동원했다. 노태우 후보 측은 군사정권의 권위주의에서 벗어나고자 '보통사람'이란 표어를 만들어 내세웠다. '보통사람'이라는 표어는 노태우의 억센 군인 이미지를 벗겨내는 데 크게 이바지했다.

'노태우는 보통사람이다. 보통사람들의 위대한 시대를 열겠다. 앞으로 세상은 보통사람들의 시대가 된다.'

제13대 대선을 앞두고 관훈클럽에서는 각 후보자를 초청해 토론회를 열었다. 그때 네 후보자의 토론을 유심히 지켜본바, 가장 준비를 많이 하고, 각종 매스컴의 덕을 가장 많이 본 후보는 노태우였다. 토론에 임하는 노 후보는 군 장성 출신답게 회의용 노트를 들고 나와 일일이 기록하는 장면을 보여줬다. 나는 이러한 장면을 이후 다른 후보에게서 볼 수 없었다. 진행자가 "노 후보가 젊은 시절 헤르만 헤세의 시를 좋아했다고 들었는데 한 구절을 들려달라"고 요청했다. 이에 노태우가 마치 기다렸다는 듯 헤세의 시 한 구절을 읊조렸다. 이 시 암송은 그의 딱딱한 군인 이미지를 씻어내는 데 주효했다. 하지만 군정 종식을 바라는 야권의 열기도 만만치 않았다.

12·12 사태로 신군부에게 밀려난 정승화 전 계엄사령관이 민주당 김영삼 후보 진영을 지지하고 나서자 노태우의 기세가 꺾이고, 김영삼의 인기가 치솟았다. 야권은 유세 연단에 군화를 올려놓고 청중들에게 '군정 종식'을 외쳤다. 하지만 군정 종식을 위한 첫 관문인 양 김씨 후보 단일화는 끝내 이루지 못하고, 신군부의 작전에 휘말린 채 김영삼과 김대중은 각자 '동상이몽'에 젖었다.

김영삼, 김대중, 노태우 세 후보가 백중세이던 선거 종반 무렵인 1987년 11월 29일, KAL 858기가 인도양 상공에서 폭발해 115명의 승객과 승무원이 바닷속으로 사라지는 사건이 발생했다. 안기부는 사고 직후 '북한 테러설'을 언론에 흘렸다. 이 돌발사건은 정국 안정을 바라는 유권자의 표를 노태우로 향하게 하는 데 결정적으로 작용했다.

마침내 1987년 12월 16일, 선거일이었다. 개표 결과 노태우

36.6%(828만 표), 김영삼 28.0%(633만 표), 김대중 27.1%(611만 표), 김종필 8.1%(182만 표)의 득표율로 노태우가 대권을 거머쥐었다.

어부지리

노태우는 13대 대선에서 야권 분열의 어부지리로 대권을 잡았다. 하지만 1988년 4월 26일에 치러진 제13대 국회의원 선거에서는 '여소야대' 국회가 됐다. 각 정당별 득표율은 노태우의 민정당 34.0%, 김대중의 평민당 19.3%, 김영삼의 민주당 23.8%, 김종필의 공화당 15.6%였다. 하지만 의석수는 민정당 125석, 평민당 70석, 민주당 59석, 공화당 35석으로 여권 125석, 야권 174석으로 큰 차이를 보였다.

여권은 여소야대로는 정국을 이끌어가기가 어렵게 되자 정계개편을 시도했다. 노태우는 먼저 김종필에게 구원의 손길을 내밀었다. 김종필은 노태우의 손을 성큼 잡아줬다. 다음엔 김대중에게 손을 내밀었다. 하지만 김대중은 "4당 체제지만 협조할 것은 해드릴 테니 이대로가 좋겠다"라면서 거절했다. 그러자 노태우는 김영삼에게 손을 내밀면서 '보수대연합'을 제의해 호응을 받았다.

1990년 1월 22일 민정당·민주당·공화당이 3당 합당을 선언했다. 새로운 당의 이름은 '민주자유당(민자당)'이라고 지었다. 오랜 세월 '군정종식'을 외친 김영삼은 "아침에 결심을 했다가도 저녁에 마음이 돌아서고, 자고 나면 마음이 또 바뀌었다"고 토로했다. 민주당은 통합 후에도 한동안 홍역을 치렀다. 그 결과, 이기택·이철·홍사덕·노무현 등 일부 의원은 민주당에 잔류했다. 세상 사람들은 이를 '꼬마민주당'이라고 명명했다.

노태우는 3당 합당으로 안정된 통치기반을 마련하자 자신의 공약을 하나둘 펼쳐나갔다. 주택 200만 호 건설, 분당·일산·평촌·산본·중동 신도시 건설, 경부고속철도, 서해안고속도로, 영종도국제공항 등을 착공했다. 갑작스러운 건설 붐은 자재파동의 부작용을 낳기도 했다.

노태우의 회심작은 '북방외교'였다. 그 무렵 동서 간 이념 대립으로 올림픽마저 반쪽짜리로 치러졌다. 하지만 1988년 서울올림픽을 계기로 이를 봉합, 정상화했다. 1990년 6월 5일 미국 샌프란시스코에서 노태우·고르바초프의 한·소정상회담이 있었다. 그해 12월 13일 고르바초프의 초청으로 노태우는 대한민국 대통령으로서 처음 소련 모스크바를 방문해 크렘린궁에서 한·소정상회담을 가졌다. 이를 계기로 남·북한은 유엔에 동시 가입하게 됐다. 노태우는 재임기간 동안 소련·중국을 포함한 공산권 45개국과 수교하는 큰 성과를 거뒀다.

노태우는 회고록에서 '돈' 문제로 인해 말할 수 없는 고통을 받았다.

노태우 대통령, 민주당 김영삼 총재, 공화당 김종필 총재와 3당 합당 선언을 하다.(1990) ⓒ 국가기록원

대통령 재임 중에 기업인들로부터 이른바 '통치자금'을 받은 일 때문이었다. 이것이 뇌물수수에 해당한다는 사법부의 판단에 의해 2년여 수감생활까지 해야 했다. 그는 자신이, 6·29 선언을 통해 민주화를 실천하고, '위대한 보통사람들의 시대'를 열어 역사상 가장 두터운 중산층을 형성하면서 북방정책을 추진해 한국을 세계의 중심국가 반열에 올려놓았으면서도, 이 일로 모든 것을 잃다시피 했던 것을 참담해했다.

하늘은 권력과 금력과 명예, 이 세 가지 모두를 한 인간에게 좀처럼 주지 않는다고 한다. 이 평범한 진리를 몰랐던, 욕심 많고 어리석은 한 전직 대통령의 뼈아픈 회고담이다. 노태우—그는 권력과 명예에 만족하지 못하고, 게다가 금력까지 욕심을 냈다. 그 탐욕이 만천하에 드러나자 한순간에 나락으로 떨어졌다. '국가원수를 지낸 사람이 법정에 서는 일'은 '내가 마지막'이기를 바란다는 노태우의 말은, 무릇 대한민국 정치인들이 깊이 새겨볼 노태우의 뼛속에서 우러난 말일 것이다.

후세 대통령이시여! 부디 하늘을 공경하고 백성들을 속이지 말고 진정으로 사랑하시라.

노태우·고르바초프 정상회담과 한·러 수교.(1990) ⓒ 국가기록원

제14대 대통령

김영삼

"산 정상에서 내려올 때 저는 인생을 생각합니다. 올라가는 길이 있으면 반드시 내리막길도 있어요. 권력이나 정권도, 운명도 이 법칙을 어길 수 없습니다." […] 김영삼 대통령의 취임 초기 이러한 개혁 조치들로 국민들의 지지는 하늘을 찌를 듯했다. 무려 80퍼센트가 넘는 지지도를 보였다. […] 하지만 임기 말엔 시민들이 이제까지 듣도 보도 못한 'IMF 사태'를 맞았다. 그의 지지도는 한 자릿수인 9퍼센트로 추락했다.

© 국가기록원

김영삼을 만나다

2020년 4월 25일, 그날 하루 노태우·전두환 두 전직 대통령 생가 답사를 '구름에 달 가듯이' 마쳤다. 기왕 내친김에 김영삼 대통령 생가 마을까지 가고자 긴 여로 끝에 한밤중 거제도 고현 항에 닿았다. 나에게 '고현'이란 지명은 친숙하다. 내 장편소설 『전쟁과 사랑』의 주인공이 이곳 포로수용소에서 3년 가까이 지냈기 때문이다. 그래서 그 몇 해 전 소설을 집필할 때 이곳에 일부러 와서 거제포로수용소 일대를 둘러본 적이 있었다.

이미 밤이 늦고 숙소도 마땅치 않다고 하여 그날 밤 고현항에서 일박했다. 이튿날 아침, 고현버스터미널에서 곧장 김영삼 생가로 가는 장목행 버스에 올랐다. 일요일 아침 탓인지 텅 빈 버스는 바다와 산 그리고 구불구불 계곡과 산길을 마구 헤집고 달렸다. 거제도는 참 아름다운 섬이었다. 가곡 〈가고파〉의 본향으로 잔잔한 남해와 야트막한 산, 그리고 바다에서 조업하는 배들과 바닷가 언덕 위의 집들이 한 폭의 그림이었다.

문득 김영삼과의 인연이 떠올랐다. 내가 그를 처음 알게 된 것은 1950년대로 《인물계》라는 한 월간지 표지를 통해서였다. 그때 김영삼은 26세의 최연소 국회의원으로 동안童顔이었다. 그 뒤 많은 세월이 흘렀다. 1980년대의 어느 날 나의 넷째 고모님이 시어머니상을 당하고는 곧장 연락했다. 바로 고모 댁으로 달려가자 2층 거실에다 빈소를 차리면서 나에게 문상객 접대를 부탁했다. 빈소 옆에 책상을 갖다 두고 조문록을 마련한 뒤 막 자리에 앉는데 첫 문상객이 도착했다.

"나 영새밉니다."

작달막한 체구에 생긋 웃으며 나에게 악수를 청했다. 각종 매스컴에서 자주 봤던 탓이라 초면이지만 낯설지 않았다. 막상 김영삼 의원을 곁에서 보니 체구가 작아 몹시 왜소해 보였다. 아마도 그 무렵은 오랜 단식 뒤라 더욱 그랬던 모양이다. 그는 조문록에 서명한 뒤, 고인의 빈소에서 기도를 드렸다. 조문 기도가 끝나자 상주를 위로한 뒤 곧 빈소를 떠났다. 나의 고모부(남방희)는 김영삼과는 같은 고향으로 당시 거제 향우회장을 맡고 있었다.

김영삼 생가. ⓒ 박도

김영삼—그는 한국현대정치사에서 빼놓을 수 없는 정치인이다. 그의 호 거산巨山이 가리키듯 당시 정가에서 거대한 산이었다. 맞수 김대중과 함께.

한 40여 분을 달리자 버스 앞 차창 밖으로 '대통령의 마을에 오신 걸 환영합니다'라는 환영아치가 보였다. 버스기사는 곧 대계마을 표지석 앞 주차장에 버스를 세웠다.

김영삼 생가는 주차장에서 50미터 정도 떨어진 곳에 있었다. 그런데 나를 맞은 것은 '김영삼대통령기록전시관 임시휴관 안내' 펼침막이었다. 미리 알아보지 않고 온 게 후회스러웠다. 어디 세상만사가 내 뜻대로만 이뤄지겠는가.

그즈음은 코로나19 때문에 어디를 가나 문이 닫혀 있었다. 도로에서 김영삼 생가를 바라보니 대문은 닫혀 있었지만, 돌담은 야트막했다. 담 밖에서 카메라 앵글을 맞추기에 크게 불편함이 없어 보였다. 나는 돌계단을 오른 뒤 담 너머로 김영삼 생가 안채 여기저기에 카메라 셔터를 부지런히 눌렀다.

'박 작가! 미안하오. 집 안으로 모시지도 몬(못)하고, 우째 이런 역병이…….'

다정한 음성이 들려오는 듯했다.

김영삼은 1928년 12월 4일, 경남 거제군 장목면 외포리에서 김홍조와 박부련 사이에서 1남 5녀 중 장남으로 태어났다. 그의 할아버지 김동옥은 일찍 개화해 자기 밭에 신명교회를 지을 만큼 독실한 기독교인이었다. 그리고 그의 아버지는 그 누구보다 열성적인, 아들의 정치 활동 후원자로 어장에서 얻은 수익금 전부를 정치자금에 쏟았다. 김영삼이 부정한 정치자금에 다른 정치인보다 초연할 수 있었던 것은 아버지가 물심양면으로 도운 덕분이었다.

김영삼의 정치 역정 뒤에는 '민주 멸치'라는 수식어가 뒤따랐다. 그는 해마다 연말이면 자기를 돕는 이들에게 '민주 멸치'를 선물했다. 아버지가 자신의 어장에서 잡은 멸치를 잘 말려서 아들에게 보내준 것이었다. 그의 어머니는 후덕한 여장부였는데 1960년 5월 24일 무장간첩의 권총을 맞고 절명했다.

김영삼의 호 '거산'은 거제도의 거巨 자와 자신의 정치적 고향이라 할 수 있는 부산의 산山 자를 따서 지은 것이다. 어린 시절 김영삼은 고향 외포리 앞바다에서 자맥질을 하면서 지냈다.

그는 소문난 개구쟁이로 어렸을 때부터 승부사 기질이 강했다. 동네 아이들과 바다 속에서 해초를 붙들고 오래 버티기 시합을 하는 등 여러 차례 죽을 고비도 넘겼다. 걸음마보다 수영을 먼저 배웠을 만큼 바다와

경남중학교 시절의 김영삼. ⓒ 국가기록원

더불어 살아왔다. 바다는 그에게 폭풍, 평화, 시련, 관용 등을 가르쳐줬다. 김영삼은 다섯 살 때부터 서당에 다니다가 일곱 살 때 외포에 있는 4년제 간이 학교를 다녔다. 이어 장목소학교를 다녔다. 장목소학교 졸업 후 뭍으로 나가 통영중학교에 다녔다.

1945년 해방을 맞자 아버지는 아들을 부산 경남중학교 3학년으로 편입학시켰다. 경남중 시절부터 김영삼은 '미래의 대통령 김영삼'이라는 표어를 하숙집 방 책상 앞에 붙여놓고 그 꿈을 키웠다. 경남중학교(당시 5년제)를 졸업한 김영삼은 1947년 9월 서울대학교 문리대 철학과에 입학했다. 1949년 서울대학교 2학년 때 서울 명동 시공관에서 열린 정부 수립 기념 웅변대회에 참가해 2등으로 입상, 당시 장택상 외무부장관상을 받았다. 이후 장택상과의 관계는 계속 이어졌다.

장택상은 1950년 5월 30일, 제2대 국회의원 선거에 고향 칠곡에서 출마하기로 뜻을 굳힌 다음, 김영삼에게 찬조연설을 부탁했다. 그때부터 그는 장택상의 비서가 됐다. 피선거권만 주어지면 자신도 출마해야겠다고 다짐했다. 하루빨리 25세가 되기를 고대했다. 그러다가 장택상 국회부의장의 배려에 따라 비서관으로 당시 임시수도 부산에서 활동하던 중, 할아버지가 위독하다는 전보를 받고 서둘러 거제로 갔다.

"부랴부랴 집에 갔더니 할아버지가 위독한 게 아니라 장가를 가라는 겁니다."

그래서 마산의 손명순과 맞선을 본 뒤 1952년 3월 6일, 마산 문창교회에서 결혼식을 올렸다. 그해 장택상이 국무총리로 자리를 옮기자 김영삼은 창랑(장택상 호)의 사조직인 신라회 운영까지 도맡았다.

1954년 5월 20일, 그는 제3대 국회의원 선거에서 이기붕의 권유에 따라 자유당 소속으로 거제군 지역구에 출마했다. 그는 당시 만 26세로 최연소 국회의원이 됐다. 5·20 총선이 끝나자 자유당은 이승만 대통령 3선의 길을 트고자 분주히 움직였다. 어느 날 김영삼 의원은 이기붕의 안내로 다른 의원과 함께 경무대(현 청와대)로 가서 이승만 대통령을 만났다. 그는 이 대통령의 면전에 대놓고 말했다.

"박사님! 3선 개헌을 해서는 안 됩니다. 대통령은 이번으로 끝내셔야 합니다. 그렇게 함으로써 민족의 영원한 대통령으로 남으셔야 합니다."

그 말을 듣고 이승만 대통령은 안면 근육을 실룩거리고 손을 떨며 말없이 문을 열고 나갔다. 동행 의원들의 얼굴조차 창백해졌다. 그 모임을 주선했던 이기붕은 잔뜩 겁먹은 표정으로 김영삼을 꾸짖었다. 하지만 그는 양심에 따라 말했기에 후련했다. 그날 이후 당내 인사들의 만류를 뿌리치고 3선 개헌 반대운동을 펼쳤다. 자유당이 일단 부결된 3선 개헌안을 '사사오입'이라는 기상천외의 방식으로 통과시키자 김영삼 의원은 뜻을 같이하는 10여 명의 인사들과 자유당을 탈당했다. 그때부터 호헌동지회원으로 활약하면서 신익희, 조병옥, 장면, 곽상훈, 박순천 의원 등과 긴밀하게 접촉했다. 그리고 1955년 9월 18일 민주당 창당에 참여해 중앙당 청년부장 겸 경남도당 부위원장에 임명됐다.

정치 보복이 뒤따랐다. 김영삼은 1958년 5월 2일에 실시된 제4대 국회의원 선거에서 선거구를 거제에서 부산 서구로 옮겼다. 그러자 자유당은 부산 서구 선거구에서 온갖 방해공작을 벌였다. 투표가 끝나고 개표가 시작될 무렵 개표장인 서구청에는 초저녁부터 새끼줄을 친 뒤 시민들의 접근을 막았다. 그러고는 포장 친 스리쿼터가 들락거렸다. 투표함을 바꿔치기하는 순간이었다. 김영삼 후보는 결국 투표에서는 이기고 개표에서는 패배했다.

원내 진출에는 실패했지만 좌절하지 않았다. 낙선 후 유석동지회를 결성하여 조병옥 박사를 대통령 후보로 추대했다. 조 박사는 선거를 두 달 앞두고 미국 월터리드육군병원에서 병사했다. 1960년 3월 15일에 치러진 정·부통령 선거는 대대적인 부정선거로 4·19 시민혁명을 촉발시켰다.

김영삼은 4·19 혁명 후 1960년 7월 29일에 실시된 제5대 국회의원 선거에서 다시 부산 서구에서 출마했다. 개표 결과 상대 후보의 4배 이상 득표했다. 하지만 국회의원 임기도 채우지 못한 채 5·16 쿠데타를 맞았다. 군사정부로부터 공화당 창당에 참여할 것을 권유받았다. 그는 이를 완강히 거부하고 오히려 군정연장반대시위에 참여하다가 서대문 교도소에 수감되기도 했다.

1963년 11월, 민정당 소속으로 제6대 국회의원 선거에 부산 서구에서 출마하여 당선됐다. 김영삼 의원은 한일회담 반대투쟁을 전개하는 과정에서 통합된 야당 민중당에서 38세의 최연소 원내총무로 선임됐다.

40대 기수론

김영삼은 박정희의 3선 개헌을 강도 높게 비판하다가 1969년 6월, 집 근처에서 괴한들로부터 초산 세례를 받기도 했다. 결국 공화당 단독으로 열린 국회에서 3선 개헌안이 통과되자 그는 이른바 '40대 기수론'을 주장하여 정계에 신선한 바람을 일으켰다.

이에 김대중, 이철승 의원이 호응하여 40대 정치인들이 멋진 대선 후보 경쟁을 벌였다. 1970년 9월 29일, 투표 결과 김영삼 421표, 김대중 382표, 무효 82표였다. 김영삼이 이겼으나 과반수 확보에 실패하여 2차

투표에 들어갔다. 이철승은 자파의 표를 김대중에게 몰아줬다. 그리하여 김대중이 신민당 대통령 후보가 됐다.

그때 김영삼은 으레 자신이 대통령 후보가 될 줄 알고 지명수락 연설문까지 마련해두었다. 하지만 낙선의 변에서 "김대중 씨의 승리는 곧 나의 승리"라면서 협조를 다짐했다. 그는 그 약속을 지켰다. 1971년 4월 27일에 치러진 제7대 대통령 선거에서 김대중 후보는 95만 표 차이로 박정희에게 패했다.

김대중에게 간신히 승리한 박정희는 영구 집권 획책으로 1972년 10월 17일 특별선언을 발표했다. 전국에 비상계엄을 선포하고 국회를 해산하는 한편, 각 대학에 휴교령을 내렸다. 이른바 '10월 유신'을 단행했다. 그는 해외 체류 중 박정희의 유신 단행 소식을 듣고 가족들과 지인들의 만류에도 귀국했다. 김포공항에 도착하자마자 가택연금이었다.

1973년 8월, 김대중 납치사건이 일어났다. 김영삼은 이를 정치테러

평생 맞수 김영삼(오른쪽)과 김대중. ⓒ 국가기록원

로 규정하고 진상규명 촉구에 앞장섰다. 이어 정치 활동을 재개하여 1974년 신민당 전당대회에서 당 총재로 선출됐다. 이로써 그는 최연소 야당 당수가 됐다. 이후 김영삼은 김대중의 정치 활동 보장과 유신헌법 폐지를 주장하다가 긴급조치 9호 위반으로 입건되기까지 했다.

1975년 5월 김영삼은 박정희와 영수회담을 가졌다. 이 회담 이후 김영삼은 온건론으로 선회하는 바람에 엄청난 비난 여론과 더불어 중앙정보부의 방해 공작으로 1976년 신민당 전당대회에서 이철승에게 패했다. 박·김 회담에 대해 김영삼은 끝까지 입을 닫았다. 그 결과 신민당 총재 자리마저 빼앗겼다. 하지만 다시 일어섰다. 1979년 김영삼은 총재 경선에 재도전하여 2차 투표까지 가는 어려움 속에 가까스로 이철승을 누르고 총재가 됐다. 이때 김영삼을 도와준 사람은 교도소에서 갓 풀려나 연금 상태에 있었던 김대중이었다.

김영삼은 다시 당권을 거머쥐자 유신정권에 맹공을 퍼부었다.

"닭의 모가지를 비틀어도 새벽은 온다."

그는 야당총재로서 통일을 위해서는 시기와 장소를 가리지 않고 북한의 책임 있는 사람과 만날 용의가 있다고 발언했다. 그러자 반공단체들이 신민당사와 김영삼의 상도동 집으로 몰려가 난동을 부리기도 했다. 그런 가운데 1979년 8월 9일 YH무역 여성 근로자 2백여 명이 신민당사를 찾아와 회사 폐업을 반대하는 집단 농성을 벌이다가 경찰의 과잉 진압으로 노동자 한 명이 사망하는 사건이 발생했다. 이에 신민당은 항의농성을 벌였고 종교계를 포함한 민주화운동 단체들이 결집했다.

이런 상황에서 원외지구당 위원장 3명이 대의원 자격에 문제가 있다면서 총재단 직무집행정치가처분을 법원에 제출해 총재직 정지 가처분 결정이 내려졌다. 김영삼은 물러서지 않고《뉴욕타임스》를 통해 미국의 박정희 정권지지 철회를 요구했다. 그 여파로 김영삼의 국회의원직이 제명 처리됐다. 그가 국회를 떠나면서 남긴 말이다.

"순교의 언덕 절두산을 바라보는 이 국회의사당에서 나의 목을 자른 공화당 정권의 폭거는 저 절두산이 준 역사의 의미를 부여할 것입니다. 나는 오늘의 수난을 민주회복을 위한 순교로 받아들일 것입니다. 나는 잠시 살기 위해 영원히 죽는 길을 택하지 않고 잠시 죽는 것 같지만 영원히 사는 길을 택할 것입니다."

1979년 10월 15일 부산대 학생들이 민주선언문을 낭독한 뒤 '독재 타도'을 외치면서 거리로 뛰쳐나왔다. 이 항의 시위는 이웃 마산과 창원으로 확대돼 '부마사태'로 비화되었고, 마침내 박정희 유신 정국은 파국으로 치달았다.

산 정상으로 가는 길

김영삼 총재에 대한 총재 직무 집행 정지 가처분, 의원직 제명으로 이어진 박정희 정권의 폭거는 국내외에 큰 파문을 몰고 왔다. 그 여파는 일파만파로 걷잡을 수 없이 번져나갔다. 부산과 마산에서 대학생들이 '독재 타도'를 외치면서 대규모 시위를 벌였다.

이른바 '부마항쟁'이 일어난 것이다. 박 정권은 그해, 1979년 10월 18일 부산 일원에 비상계엄령을 선포했다. 하지만 시위는 확산되었고 점차 상황이 심각해질 즈음 10·26 사태가 일어났다. 김재규의 총탄으로 유신정권은 조종을 울렸다. 그러나 대한민국 권력은 여전히 군부가 쥐고 있었다.

유신헌법에 따라 대통령 권한대행이 된 최규하는 11월 10일 시국 수습 특별담화를 발표했다. 그 내용은 현행(유신) 헌법에 따라 10대 대통령을 뽑고, 거기서 뽑은 대통령이 새 헌법을 마련한 뒤에 새 정부를 구성하겠다는 요지였다. 김영삼은 11월 22일 최규하를 만나 시간을 끌다가 사회 혼란을 불러오리라고 항의했다. 이후에도 최규하는 별다른 조치 없이 꾸물거렸다. 그러는 사이에 전두환을 비롯한 하나회 회원의 신군부 세력은 12·12 군사반란을 일으켜 5·17 비상계엄 확대로 정권을 장악했다.

그들은 김대중, 김영삼, 김종필 등 당시 정계 거물들을 교도소에 가두거나 가택연금으로 묶었다. 이에 광주 시민들이 반발하여 봉기를 일으켰다. 하지만 전두환 신군부는 이를 무력으로 진압하고, 그해 8월 21일 전군주요지휘관 회의에서 전두환을 국가원수로 추대했다.

그해 8월 27일 통일주체대의원들은 전두환을 제11대 대통령으로 선출했다. 김영삼은 전두환 정권의 강요로 그해 10월 정계은퇴를 선언했다. 이듬해인 1981년 5월 가택연금이 풀리자 그는 야당 동지들과 함께 민주산악회를 조직했다. 1981년 6월 9일 서울 외교구락부에서 민주산악회가 결성됐다. 이민우를 회장으로 선출했다. 민주산악회는 겉으로는 등산모임이지만 실질적으로는 정치단체였다. 그때 산을 오르면서 김영삼이 한 말이다.

"산 정상에서 내려올 때 저는 인생을 생각합니다. 올라가는 길이 있으면 반드시 내리막길도 있어요. 권력이나 정권도, 운명도 이 법칙을 어길 수 없습니다."

1982년 4월 12일 자 《뉴욕타임스》는 민주산악회의 산행 모습을 "정치 활동이 금지된 한국 정치인은 민주주의를 열망하고 있다"는 제목의 기사로 알렸다. 전두환 정권은 이 기사를 꼬투리로 잡아 그를 다시 자택에 연금시켰다.

김영삼은 1983년 5월 18일 광주민주화운동 3주년을 맞아 목숨을 건 단식투쟁에 들어갔다. 그는 단식에 들어가기 전에 '국민에게 드리는 글'이라는 성명을 발표했다.

"나는 지금 상도동에 있는 내 집 울타리 안에 연금되어 있습니다. 당국이 파견한 경찰들이 물샐 틈 없이 내 집을 포위하고 집 안에서의 내 동태까지 감시하고 있습니다. 내 집은 창살이 없을 뿐, 나를 가두고 있는 감방에 지나지 않습니다. 이런 가운데 나는 국민 여러분께 전달되지 않을지도 모르는 이 글을 쓰고 있습니다."

이렇게 시작하는 이 성명은 원고지 70매 분량에 이르는 장문이었다. 그는 이 성명에서 첫째 구속인사의 전원 석방과 전면 해금, 둘째 해직 교수 및 근로자·제적학생의 복직·복교·복권, 셋째 언론자유 보장, 넷째 개헌 및 국보위 제정 법률의 개폐 등을 요구했다. 김영삼의 단식을 계기로 전 신민당과 통일당 소속의원 23명과 원외 인사 등이 민주국민

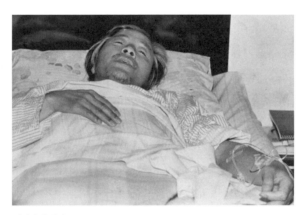

김영삼의 단식.(1983)

협의회를 조직해 시국상황에 대처해나갔다. 이 민주국민협의회가 민주화추진협의회의 모태가 됐다.

그해 6월 10일 김영삼의 23일간 단식투쟁이 끝냈다. 그 이후 김영삼과 김대중은 효율적인 반정부투쟁 방안으로 공동전선을 구축하고 '민주화투쟁은 민족의 독립과 해방을 위한 투쟁이다'라는 부제가 달린 '김대중-김영삼 8·15 공동선언'을 서울과 워싱턴에서 동시에 발표했다.

1980년 봄, 온 국민이 한결같이 열망하던 민주화의 길에서 우리는 당시 야당 정치인으로서 하나로 되는 데 실패함으로써 수백 수천의 민주 국민이 무참히 살상당하는 사태에 이르게 되고, 계속 국민의 다수 수난이 연속됨은 물론, 민주화의 길을 더욱 멀게 한 사태를 막지 못한 데 대한 책임을 면할 길 없습니다. 이제 국민 앞에서 자책과 참회의 뜻에서, 그리고 온 국민 앞에서 민주화에 대한 열망 앞에서 우리 두 사람은 백의종군하는 자세로 하나가 되어 손잡고 우리 민족사의 지상과제를 향하여 함께 나아가려 합니다. 우리 두 사람은 오로지 국민의 한 사람으로서, 국민과 함께 그 뜻을 받들어 민족과 민주제단에 우리의 모든 것을 바칠 것을 엄숙히 맹세하는 바입니다.

워싱턴에서 김대중, 서울에서 김영삼.

강준만, 『한국현대사 산책』, 1980년대 2권 148쪽

이 공동선언을 기반으로 민추협이 발족되고 1985년 1월 18일 신한민주당(신민당)이 창당됐다. 신민당 총재는 이민우였다. 하지만 실질적인 오너는 고문을 맡은 김영삼과 김대중이었다. 창당 후 바로 실시된 1985년 2월 12일 총선에서 지역구 50명, 전국구 17명 등 67명의 당선

자를 내는 야당 돌풍을 일으켰다. 아울러 관제 야당이었던 민한당과 무소속 의원들이 대거 신민당에 입당해 103명에 이르는 거대 야당이 됐다. 이후 야권은 국민들의 지지에 힘을 얻어 대통령 직선제를 주장했고, 전두환 정권과 격렬히 대립하게 됐다.

전두환 정권은 1987년 4월 13일 이른바 4·13 호헌 조치로 "88 서울올림픽이 끝날 때까지 개헌 논의를 일체 금지한다"라고 선언했다. 이때 신민당 이민우 총재가 양 김 씨와 배치되는 내각제 개헌 수용 의사를 밝혔다. 양 김 세력은 이에 반발해 집단 탈당해 통일민주당을 창당하여 김영삼은 총재, 김대중은 고문이 됐다. 통일민주당은 재야 시민세력과 연합해 민주헌법쟁취국민운동본부를 결성하고 직선제 개헌을 위한 장외투쟁에 나섰다. 1987년 6·10 항쟁으로 이어지는 이 거대한 항쟁은 마침내 6·29선언을 얻어냈다.

직선제 개헌을 위해 김영삼·김대중 양 김 씨는 단합했다. 하지만 막상 직선제 개헌안이 관철되고, 그해 7월 10일 사면 복권된 김대중이 곧 이전의 불출마 선언을 번복하자 양 김 씨의 공동전선은 허물어지기 시작했다. 동교동(김대중) 측은 '1986년 11월의 불출마 선언은 전두환이 자발적으로 직선제를 수락했을 때는 유효하다. 하지만 4·13 호헌 조치로 그 제안을 거부했던 만큼 이미 무효화'라는 논리였다.

당시 국민들의 요구는 후보 단일화였다. 김영삼은 당내 경선을 제안했지만 김대중은 그 제안에 반대했다. 상도동(김영삼) 측은 민추협을 만들 때나 통일민주당을 만들 때도 지분은 똑같이 50대 50이었으므로 공평한 게임이라고 주장했다. 그러나 동교동(김대중) 측에서는 같은 지분이라도 당권을 가진 쪽이 훨씬 더 유리하다는 판단이었다.

동교동 측은 이후 '4자 필승론'을 내세운 뒤 평화민주당을 창당하고,

김대중을 대통령 후보로 선출했다. 한편 같은 무렵에 정계에 복귀한 김종필도 신민주공화당을 창당하고 대권 경쟁에 뛰어들었다. 13대 대선은 이른바 '1노 3김'의 대결이 됐다. 이는 신군부의 필승전략 시나리오이기도 했다. 선거전에 돌입하자 지역감정 대결의 양상이 나타났다. 김영삼 후보가 호남으로 갔을 때는 돌멩이가 날아오는 수난을 당했다. 김대중 후보가 영남에 갔을 때도 같은 일이 벌어졌다. 게다가 대선 18일 전에 발생한 대한항공기 공중 폭파사건은 김영삼에게 악재였다. 야권 분열은 신군부의 작전대로 노태우 후보에게 어부지리를 안겨줬다.

그해 12월 16일에 실시된 13대 대통령 선거는 경합하리라는 예상을 깨고 초반부터 우세를 보이던 노태우 후보의 승리로 막을 내렸다. 김영삼과 김대중의 득표를 합치면 55%로 노태우의 득표율 36.6%를 크게 앞질렀다. 이로써 양 김 씨는 후보 단일화를 이루지 못했다는 따가운 국민적 심판을 피할 수 없었다.

대선에 이어 1988년 4월 26일에 치러진 총선 결과, 여당은 125석을 얻었다. 야당은 평민당 70석, 민주당 59석, 공화당 35석, 기타 10석을 기록했다. 김영삼의 민주당은 김대중의 평민당보다 득표수는 앞섰으나 의원수는 뒤지는 성적표를 받았다. 평민당, 민주당, 공화당 의석수의 합이 여당인 민정당의 의석수를 크게 앞지르는 여소야대 정국이 만들어졌다.

이렇게 되자 노태우는 이른바 보수 대연합론으로 합당을 추진했다. 정국안정을 노린 노태우, 차기 대권을 노린 김영삼, 내각제를 꿈꾸는 김종필 3인의 이해가 합치돼 세 사람은 1990년 1월 22일 3당 합당을 선언했다. 이에 대해 재야에서는 '야합'이라고 비난했다. 김영삼은 "호랑이굴로 들어가야 호랑이를 잡는다"라는 말로, 자신이 대통령이 되면 군부세력을 척결한 뒤, 이 나라에 문민정부의 기틀을 잡을 것이라는 논리를 내세웠다.

1990년 1월 3당 합당 후 민자당이 창당되자 김영삼은 당 대표를 맡았다. 하지만 그의 앞날은 순탄하지 않았다. 그 위기는 내각제 합의문 파동으로 나타났다. 이에 김영삼은 자신을 음해하는 모략이라면서 당무를 거부하고 낙향하는 강수로 내각제 포기를 얻어냈다. 이후에도 여러 위기가 있었지만 김영삼 특유의 뚝심으로 밀어붙인 뒤, 1992년 5월 19일 민자당 전당대회에서 제14대 대통령 후보로 선출됐다.

앞서 1992년 5월 15일 국민당 정주영, 일주일 뒤인 5월 26일에는 평화민주당 김대중이 각각 제14대 대통령 후보로 선출돼 본격적인 대통령 선거전에 돌입했다. 선거 과정 중 부산 초원복집 사건(부산의 기관장들이 모여 대선 승리를 위해 지역감정을 부추기자고 모의한 것이 통일국민당에 의해 도청된 사건) 등 크고 작은 일들이 있었다.

그러나 각종 선거전에서 산전수전 공중전까지 치른 김영삼은 상대를 이기는 맥을 알고 있었다. 그는 맞수 김대중 후보를 '좌파'로 몰아붙인 다음, 정주영 후보에겐 돈으로 대통령 자리를 매수하려 든다고 집중포화를 쏘아댔다. 1992년 12월 18일에 치러진 제14대 대통령 선거에서 마침내 김영삼은 승리했다.

40년 만에 이룬 대통령의 꿈

김영삼은 총 유효표의 41.4%(997만 표)를 얻어 2위인 김대중 후보를 194만 표 차이로 누르고 제14대 대통령으로 당선됐다. 3위의 정주영은 388만 표를 얻었다. 대통령 당선자 김영삼은 마산에 사는 아버지 김홍조 옹을 찾아가 큰절을 한 뒤 당선 통지서를 보이면서 말했다.

"아버지, 이걸 타기 위해 40년이 걸렸습니다."

선거 다음 날 아침 김대중은 민주당 마포 중앙당사 5층 기자회견장에서 정계를 은퇴하겠다고 발표했다.

1993년 2월 25일, 제14대 대통령 취임식 날이었다. 김영삼은 평소처럼 오전 5시 10분 상도동 주민 100여 명과 새벽 조깅을 하는 것으로 하루를 시작했다. 그는 조깅을 마친 뒤 가족들과 아침 식사를 했다. 청와대로 떠나기에 앞서 김영삼 내외는 전날 마산에서 올라온 아버지에게 큰절을 올렸다.

"항상 국민의 편에서 국민들을 위해 최선을 다하는 대통령이 되겠습니다."

"국민들에게 한 약속은 반드시 지켜라."

아버지의 말씀을 뒤로한 채 김영삼 내외는 30년 가까이 산 상도동 집을 떠났다. 먼저 국립묘지를 참배한 다음 청와대로 향했다. 청와대 집무실에서 황인성 국무총리, 이회창 감사원장, 천경송 대법관 국회임명 동의 요청서에 서명한 뒤 여의도 국회의사당 취임식장으로 갔다.

오늘 우리는 그렇게도 애타게 바라던 문민 민주주의의 시대를 열기 위해 이 자리에 모였습니다. 오늘을 맞이하기 위해 30년의 세월을 기다려야 했습니다. 마침내 국민에 의한, 국민의 정부를 이 땅에 세웠습니다. 오늘 탄생되는 정부는 민주주의에 대한 국민의 불타는 열망으로 거룩한 희생으로 이루어졌습니다. […] 우리 사회의 부정부패는 안으로 나라를 좀먹는 가장 무서운 적입니다. 부정부패의 척결에는 성역이 있을 수 없습니다. 이제 곧 위로부터 개혁이 시작될 것입니다. 그러나 국민 모두가 스스로 깨끗해지려는 노력 없이 부정부패는 근절되지 않습니다.

김일성 주석에게 말합니다. 우리는 진심으로 서로 협력할 자세를 갖추지 않으면 안 됩니다. 세계는 대결이 아니라 평화와 협력의 시대로 나아가고 있습니다. 다른 민족과 국가 사이에도 다양한 협력이 이루어지고 있습니다. 그러나 어느 동맹국도 민족보다 더 나을 수 없습니다. 어떤 이념이나 어떤 사상도 민족보다 더 큰 행복을 가져다주지 못합니다.

김 주석이 참으로 민족을 더 중요하게 생각한다면, 그리고 남북한 동포의 진정한 화해와 통일을 원한다면, 이를 논의하기 위해 우리는 언제 어디서라도 만날 수 있습니다. 따뜻한 봄날 한라산 기슭에서도 좋고, 여름날 백두산 천지 못가에서도 좋습니다. 거기서 가슴을 터놓고 민족의 장래를 의논해봅시다.

취임 연설을 하는 동안 20여 차례에 걸쳐 박수와 환호성이 터져 나왔다. 그날 낮 12시, 청와대 앞길과 인왕산 등산로를 개방했다. 청와대에서 첫 집무가 시작된 날, 김영삼 대통령은 집무실 한쪽 모퉁이의 작은 방에 있는 초대형 금고를 떼어내라고 지시했다. 과거 청와대에서 얼마나 많은 돈이 오갔는지를 알게 하는 금고였다.

1993년 2월 27일 첫 국무회의에서 김영삼은 솔선수범으로 재산을 공개하겠다고 선언했다. 그의 뒤를 이어 국무총리, 부총리, 감사원장 등 주요공직자 9만여 명의 재산등록을 의무화시켰다. 재산공개 과정에서 부도덕한 재산증식 혐의가 있는 인사는 여론의 비판을 견디지 못하고 물러났다. 일부 인사는 정계를 떠나면서 '토사구팽兎死狗烹(토끼사냥이 끝나면 사냥개를 삶아 먹는다)'이란 말을 뱉어 한동안 시중의 유행어가 되기도 했다. 첫 국무회의가 끝난 뒤 오찬이 있었다. 김영삼 대통령이 말했다.

"청와대에서 점심 하자고 불러 대단한 줄 알고 오셨겠지만 오늘 메뉴는 칼국수입니다."

참석한 국무위원들은 이 메뉴에 또 한 번 놀랐다. 1993년 3월 4일, 김영삼은 과거 군사독재 정치의 대표적 상징물인 청와대 주변의 안가 철거 지시를 내렸다. 당시 청와대 주변 궁정동, 청운동, 삼청동 등 세 곳에 안전가옥이란 이름의 호화주택 열두 채가 있었다. 이곳은 대통령이 유흥을 즐기던 곳이었다. 그들은 재벌총수를 그곳으로 불러들여 정치자금을 상납받고, 현역 군인을 불러 술을 먹이고 돈을 주면서 사조직을 유지해갔다. 이 열두 채를 모두 철거한 뒤 무궁화동산을 조성하여 서울시에 기증하고, 일부 안가는 원래 산으로 복구했다.

김영삼 대통령의 취임 초기 이러한 개혁 조치들로 국민들의 지지는 하늘을 찌를 듯했다. 무려 80퍼센트가 넘는 지지도를 보였다. 김영삼은 그제야 다시 회심의 개혁카드를 꺼냈다. 하지만 임기 말엔 시민들이 이제까지 듣도 보도 못한 'IMF 사태'를 맞았다. 그의 지지도는 한 자릿수인 9퍼센트로 추락했다. 그때 김영삼의 심정은 마치 높이 날던 갈매기가 땅바닥에 떨어진 기분, 혹은 열대지방에서 지내다가 극지방의 한파를 맞은 기분이었을 테다.

'염량세태炎凉世態'란 말처럼 세상인심은 변한다. 아마도 그때 김영삼은 괜히 대통령이 됐다는 후회도 막심했을 법하다. 젊은 날부터 대통령이 되겠다는 꿈만 야무졌지, 치밀하게 그 자리에 걸맞은 통치술 공부가 부족했다. 한 인물의 업적에 대한 냉정한 평가는 사후 100년이 지나야 가능하다고 한다. 김영삼 사후 10년도 지나지 않은 지금 시점에서 그에 대한 평가를 내리는 것이 이르다고 여겨질 수 있다. 하지만 나는 그의 업적 가운데 하나회 척결, 비전향장기수 이인모 북송, 역사바로세우기, 전두환·노태우 두 전직 대통령 구속, 금융실명제 등은 매우 잘한 점으로 평가하고 싶다.

대통령 취임 열흘 후인 1993년 3월 8일, 김영삼 대통령은 권영해 국방장관을 청와대로 불러 군의 가장 요직인 육군참모총장과 기무사령관을 바꾸겠다고 통보한 뒤, 극비로 인선 작업에 들어갔다. 그리하여 비하나회 출신으로 김동진 연합사부사령관을 육군참모총장으로, 김도윤 기무사참모장을 기무사령관으로 내정했다. 그런 뒤 즉시 임명 절차를 밟게 하여 취임식을 치렀다.

1961년 5·16 이후 32년, 1980년 신군부 등장 이후 10여 년간 유지돼오던 대한민국 국군의 근간을 뒤흔드는 혁명적 인사였다. 김 대통령과 권 국방장관이 불과 네 시간 만에 이룬 전광석화와 같은 군 인사였다. 이로써 국군 내에 엄존했던, 쿠데타 위협 세력인 하나회를 단칼에 척결해버렸다. 외신이나 외국 정부에서도 김영삼 대통령이 문민정부를 표방하지만 "군과 동거할 수밖에 없을 것"으로 분석했었다. 김영삼의 하나회 척결은 측근뿐 아니라 내외신들도 놀랄 수밖에 없었다. 김영삼은 군 인사를 단행한 후 측근들에게 장난기 어린 말을 건넸다고 한다.

"어때 놀랐제?"

그때 그가 그런 큰일을 할 수 있었던 근본 요인은 취임 직후 하늘을 찌르는 지지도와 군사작전을 방불케 하는 전광석화 방식의 뚝심이었다. 하나회 청산으로 후일 김대중·노무현 등도 대통령이 될 수 있는 바탕을 마련했을 것이다.

비전향장기수 이인모는 6·25 전쟁 때 인민군 종군기자로 낙동강 전선까지 남하했다. 인천상륙작전으로 퇴로가 차단되자 지리산에 입산해 빨치산 활동을 벌이다가 체포되어, 1959년 만기 출소 후 1961년에 재수감됐다. 이후 국가보안법 위반으로 15년 형을 선고받은 다음, 1976년 만기를 넘겼다. 하지만 사회안전법에 따라 보호감호처분을 받다가 1988년 청주보안감호소에서 출소했다. 정부에서는 이인모 송환에 대해 찬반양론이 있었으나 김영삼 대통령은 그를 북으로 돌려보내기로 결정했다. 무엇보다도 인도주의적 관점에서 가족의 품으로 돌려보내야 한다는 판단 때문이었다.

이인모는 1993년 3월 19일 우리 정부에 감사의 뜻을 표한 뒤 판문점을 통해 북한으로 송환됐다. 그의 송환은 남북관계 개선에 디딤돌 역할을 했다. 그 실례로 이듬해 1994년 김영삼-김일성 남북정상회담 합의에까지 이를 수 있었다. 김일성 사망으로 결국 회담이 무산되긴 했지만.

그리고 1993년 4월 19일, 김영삼 대통령은 4·19 묘소를 찾아갔다. 현직 대통령으로서는 처음이었다.

"4·19 혁명은 3·1 운동 다음가는 역사적인 의거로 재평가, 복원돼야 한다."

김 대통령의 지시에 따라 4·19 의거를 4·19 혁명으로 격상시키고, 4·19 묘역을 성역화하여 처음보다 3배가량 확장하는 준공식을 가졌다. 김영삼은 6·10 항쟁과 부마 민주화운동을 재평가하고, 조선총독부 철거를 지시했다. 이어서 임시정부 요인들의 유해 봉환 작업으로 박은식, 노백린, 김인전, 신규식, 안태국 선생 등을 국립묘지 애국지사 묘역에 안장케 했다.

역사바로세우기의 화룡점정은 전두환·노태우 두 전직 대통령을 기소·구속시키는 일이었다. 1995년 10월 19일 박계동 민주당 의원이 국회 본회의 단상에서 노태우 300어 '비자금'이 차명 계좌에 예치돼 있다고 폭로했다. 처음에는 "나와는 전혀 무관한 일"이라면서 법적 대응을 하겠다고 반발하던 노태우는 수사가 진행되자 재임 중 약 5천억 원의 이른바 '통치자금'을 조성했으며, 퇴임 당시 1,700억 원가량이 남았다고 밝혔다.

그해 11월 16일 노태우는 뇌물수수 혐의로 서울구치소에 수감됐다. 이에 김영삼은 '역사바로세우기'라는 명분으로 12·12 사태 및 5·18 광주항쟁을 전면 재조사하도록 검찰에 지시했다. 그해 12월 2일 전두환에게 반란 우두머리 혐의로 사전 구속영장이 발부되자 그는 이른바 '골목성명'을 발표하고 고향으로 내려갔다. 검찰은 합천까지 내려가 그를 체포했다.

수사 결과 전두환은 재임 중 기업인들로부터 총 9,500억 원을 거둬 7천억 원을 비자금으로 사용하고 퇴임 때 약 1,600억 원을 챙겨 개인적으로 관리해왔던 것으로 밝혀졌다. 그리하여 1996년 2월 28일 전두환·노태우 두 전직 대통령과 10명의 전직 장성들이 부패, 내란 및 군사반란 혐의로 기소됐다. 김영삼 대통령은 성공한 쿠데타도 처벌된다는 것을 보여줬다.

금융실명제

"금융실명거래의 정착 없이는 이 땅에 진정한 분배의 정의를 구현할 수 없습니다. 우리 사회의 도덕성을 합리화할 수가 없습니다. 금융실명제 없이는 건강한 민주주의도, 활력이 넘치는 자본주의도 꽃을 피울 수 없습니다. 정치와 경제의 선진화를 이룩할 수가 없습니다. […] 금융실명제 실시를 위한 대통령 긴급재정경제명령은 깨끗한 사회로 가기 위한 필수적인 제도 개혁입니다. 지하경제가 사라질 것입니다. 검은돈이 없어질 것입니다. 금융실명제가 정착된다면 정치인·기업인·공무원 등 모든 국민이 자신들의 부에 대하여 떳떳하고 정당해질 것입니다."

1993년 8월 12일 오후 7시 45분 김영삼 대통령이 발표한 특별담화 내용이다. 이 '금융실명제 및 비밀 보장에 관한 긴급재정경제명령권'의 발동에 따라 이날 오후 8시부터 모든 금융권의 예금·적금통장과 주식, 자기앞수표, 양도성예금증서(CD), 채권의 발행, 이자의 지급과 상환은 반드시 실명으로 하게 됐다. 이는 혁명과 같은 특단의 조치로 대다수 백성들의 환호를 받았다.

30여 년 군사독재에 넌덜머리가 난 국민들은 김영삼 문민정부의 사정과 개혁에 절대적 지지를 보냈다. 하지만 대통령 재임 중 대형 참사가 잇따라 이어지자 그 지지도가 점차 식어갔다. 김영삼 집권 5년 동안 대형 참사는 땅과 바다, 하늘을 가리지 않고 발생했다. 김영삼 정부 출범 이후 첫 대형 참사는 철도에서 일어났다.

1993년 3월 28일 오후 5시 30분 경부선 구포역 인근에서 무궁화호 열차가 전복됐다. 600여 명의 승객 중 78명이 목숨을 잃었고, 198명이 크고 작은 부상을 입었다. 한국 철도 역사상 최악의 참사였다. 4개월 뒤, 이번엔 하늘에서 대형사고가 일어났다. 1993년 7월 26일 김포를 이륙해 목포로 가던 아시아나 여객기가 공항 접근 중 산에 충돌했다. 이 사고로 66명이 사망하고, 44명이 부상을 입었다. 그해 10월 10일에는 바다에서 대형 참사가 일어났다. 전북 부안군 위도 앞바다에서

서해 페리호가 침몰했다. 이 사고로 승객 362명 중 292명이 목숨을 잃었다. 사고 원인은 정원 초과와 과적 때문이었다.

1994년 10월 21일 오전 7시 40분께 한강 성수대교가 붕괴됐다. 이때 성수대교를 지나던 승용차 2대와 봉고차 1대, 시내버스 1대가 추락해 32명이 사망했다. 이에 김영삼 대통령은 특별담화를 하면서 안전 불감증에 대한 경각심을 일깨웠다. 하지만 사흘 뒤 충주호 유람선에서 불이 나 25명이 사망하는 참사가 일어났다.

1995년 4월 28일 오전 7시 대구 지하철 공사장에서 도시가스가 폭발해 학생과 시민 101명이 사망하고 202명이 부상을 당했다. 이와 같은 대형사고가 연이어 발생하자 세간에서는 김영삼에 대해 '무면허 운전사'라고 비아냥거렸고, 김영삼 문민정부를 '사고정부'라고 혹평했다. 대형 참사는 끝나지 않았다. 1995년 6월 29일 오후 5시 55분, 서울 서초구에 있는 삼풍백화점 붕괴 사고가 발생했다. 이 사고로 502명이 사망하고 937명이 부상을 입었다. 사고 원인은 부실시공과 무리한 보수공사 때문이었다. 이 사건 후 김영삼은 또다시 대국민 사과문을 발표했다.

1994년 6월 18일 판문점을 거쳐 서울에 온 카터는 청와대로 예방해 부부동반 오찬 회담을 가졌다. 이 회담에서 카터는 뜻밖에도 김일성의 제안을 가지고 왔다.

"김일성 주석이 김영삼 대통령에게 언제 어디서든 조건 없이 만나고 싶다는 말을 전해달라고 했습니다."

그 말과 함께 김일성 주석이 남북정상회담은 빠르면 빠를수록 좋겠다는 말을 전했다. 김영삼은 카터의 말을 듣고 곧 남북정상회담 제의를 수락했다. 양측 실무진은 8시간 남짓 마라톤회담을 한 뒤 '남북정상회담 개최를 위한 합의서'에 서명 교환했다. 이로써 긴장과 대결관계로 이어진 남북관계는 일대 전환의 계기를 마련했다.

'남북정상회담 개최를 위한 합의서'에 따르면, 1994년 7월 25일부터 27일까지 2박 3일 동안 김영삼 대통령이 평양을 방문해 김일성 주석과 정상회담을 갖기로 했다.

김영삼 대통령은 남북정상회담을 앞두고 가장 중요한 제1의제를 이 산가족 상봉 문제로 삼았다. 제2의제는 북한의 핵개발 및 전쟁 포기 촉 구였다. 김영삼은 김 주석에게 얘기할 것을 자구 하나하나까지 메모한 뒤, 회담 날짜를 기다렸다. 하지만 역사의 신은 김영삼의 손을 들어주지 않았다. 역사적인 남북정상회담을 16일 앞둔 1994년 7월 9일 정오, 김 영삼이 칼국수로 점심을 먹는 중에 의전비서관이 메모 한 장을 건넸다. 김일성 사망 소식이었다. 첫 남북정상회담의 기회를 다음 정권으로 넘 겨야 했다.

하늘이 돕지 않다

김영삼 대통령은 경제를 '갱재'라 발음해 세간의 웃음을 샀다. 8선 의원으로 최연소 국회의원, 최연소 원내총무, 야당총재 등 화려한 이력 을 가진 그였지만 경제만큼은 통달치 못했다. 1997년 IMF 외환위기 사 태는 그를 나락으로 떨어뜨렸다. 한국이 IMF에 구제 금융을 요청하게 된 데는 외부·내부 여러 요인이 있을 것이다. 현직 대통령으로서 그런 경제 위기를 초래한 책임은 피할 수 없었다. 한보·기아 등 대기업이 부 도로 쓰러지고 대동은행·동남은행·동화은행·경기은행·충청은행 등 소규모 은행도 무너졌다. 그리고 숱한 기업의 노동자들이 대책 없이 거리로 쏟아져 나왔다.

김영삼 문민정부는 경술국치 이후 최대의 국난을 자초케 했다는 비난에서 자유로울 수 없었다. 그는 자기가 만든 신한국당의 대선 후보에게조차 탈당을 요구받는 수모를 겪었다. 15대 대선 결과, 그는 평생 맞수로 꼽혔던 김대중에게 권력을 넘겨줬다.

김영삼-김대중은 평생 동지와 맞수로 대립하다가 생사의 갈림길에서 마지막 화해의 악수를 나눴다. 두 사람 모두 세월의 흐름을 이기지 못한 채 서울 국립현충원에 안장됐다. 맹자의 '왕도론'에서 천시天時, 지리地利, 인화人和를 말한바, 김영삼의 경우엔 그 첫 번째인 하늘이, 그리고 역사의 신이 그를 돕지 않았나 보다.

제15대 대통령

김대중

김대중에게는 국가보안법 위반, 내란음모죄로 사형이 구형됐다. 김대중은 최후 진술을 했다. "머지않아 1980년대에는 민주주의가 회복될 것입니다. 나는 그걸 확실히 믿고 있습니다. 그때가 되거든 먼저 죽어간 나를 위해서든, 또는 다른 누구를 위해서든, 정치적인 보복이 이 땅에서 다시는 행해지지 않도록 부탁하고 싶습니다. 이것이야말로 내 마지막 남은 소망이기도 하고, 또 하느님의 이름으로 하는 내 마지막 유언입니다."

© 국가기록원

낙도의 기적

　나의 오랜 여행 경험으로 볼 때 답사는 날씨가 좋아야 한다. 김영삼 대통령 편 집필을 거의 마칠 무렵 장기 일기예보를 보니 그해 2020년 7월 둘째 주부터는 장마로 접어든다고 했다. 그래서 그 직전인 7월 3일과 4일로 김대중 생가 답사 일정을 잡았다.

　언제부터인가 우리나라는 전국이 일일생활권이다. 하지만 강원도 원주에서 전남 신안군 하의도까지 당일로 다녀오기는 대중교통 편으로 거의 불가능했다. 그래서 1박 2일로 답사 여정을 잡고, 2020년 7월 3일 원주시외버스터미널에서 대전행 버스에 올랐다. 시외버스는 온통 초록의 산하를 가로질렀다. 초록의 들판을 바라보며 이런저런 영감을 떠올리는 새, 곧 대전터미널에 닿았다.

　거기서 곧장 서대전역으로 가서 오후 3시 48분에 출발하는 목포행 무궁화호 열차에 올랐다. 곧 계룡, 논산을 지나자 강경평야, 김제평야가 펼쳐졌다. '장고 끝에 둔 악수'처럼 쾌청할 것이리라는 장기 일기예보와 달리 차창에는 비가 뿌렸다. 그런 탓인지 들에도, 길에도 사람이 보이지 않았다. 이런저런 세상 걱정을 하는 새 열차는 종착역 목포에 닿았다. '호남선 종착역'이라는 표지석이 나그네를 반겨 맞았다.

　빗방울이 제법 굵었다. 애초 그날 계획은 날이 저물기 전에 김대중 대통령의 어린 시절 모교였던 옛 목포공립제일보통학교(현 목포북교초등학교)와 목포상고(현 목상고등학교), 그리고 항구도시 목포 시내 중심가를 한 바퀴 둘러보기로 일정을 잡았다. 하지만 흐린 날씨인 데다가, 그새 땅거미도 지고, 우장도 없기에 곧장 목포연안여객선터미널로 직행했다.

새롭게 단장된 연안여객선터미널은 적막강산이었다. 늦은 시간인 데다 어딜 가나 코로나 사태로 대중교통 시간표가 들쭉날쭉했다. 현지 배 시간을 확인하자 다행히 인터넷으로 조회한 시간과 같았다. 하의도행 첫 배는 이튿날 새벽 5시 30분에 있었다. 배 시간 확인 뒤 거기서 가까운 식당을 찾아 갈치조림으로 저녁밥을 든든히 먹었다. 호남지방은 어디를 가나 음식이 맛있었다. 답사를 잘 하자면 잘 먹고 잘 자야 한다. 여객선터미널에서 조금 떨어진 한적한 숙소에다 여장을 풀었다.

긴 여로의 여독 탓인지 곧장 잠이 들었다. 알람 소리가 울리기도 전에 눈을 떠보니 이튿날 새벽 4시 30분이었다. 그대로 여장을 꾸려 5시 정각에 조용히 객사를 벗어났다. 간밤에 들른 여객선터미널 2층 매표소로 갔다. 그런데 웬일인지 승객은 한 사람도 없었다. 어쩐 일인가 깜짝 놀랐다. 언저리를 살펴보니까 이곳은 페리호 매표소이고, 별도 매표소는 별관에 있다는 화살표 안내문이 보였다. 허겁지겁 별관 매표소로 가자 5시 30분 출항 직전으로, 하마터면 첫 배를 놓칠 뻔했다. 승선에는 신분 확인이 철저했다. 내 주민등록증 확인은 물론 휴대전화번호 그리고 가족의 전화번호까지 기록하게 했다. 해난사고를 대비한 모양이다. 내가 마지막 승객으로 승선하자 곧 여객선은 부두를 벗어났다.

내가 탄 신안농협 소속 연안여객선이 바다를 가르자 곧 눈에 익은 산이 보였다. 나는 1970년대 초 동료들과 함께 목포에 들러 유달산 일대를 둘러본 적이 있었다. 여객선 갑판에서 동승한 승객에게 빤히 보이는 산 이름을 확인할 겸 묻자 내 예상대로 '유달산'이라고 답했다.

하의도행 여객선 갑판 위에서 유달산, 그리고 삼학도를 바라보자 〈목포의 눈물〉이 흥얼거려졌다. 이른 아침, 하의도행 여객선은 갈매기들의 호위를 받으면서 잔잔한 바다 위를 시나브로 미끄러지듯이 목포항에서 스멀스멀 멀어져갔다.

하의도행 연안여객선은 여러 낙도 사이의 호수와 같은 바다를 물 찬 제비처럼 사뿐히 갈랐다. 우리 국토를 기행하면서 매번 느낀바, 참으로 아기자기한 아름다운 나라다.

하의도행 갑판 위에서 아름다운 바다와 다도해 섬들을 눈이 시리도록 바라보는 새 여객선은 하의도 나루에 닿았다. 그때가 오전 7시 40분으로 두 시간 남짓한 항해했다. 하의도에서 제일 먼저 반기는 것은 표지석이었다. 답사자의 기본은 현지 지명 표지를 촬영하는 일이다. 표지석 사진 촬영을 마치고 매표소로 갔다. 목포행 여객선 출항시간을 묻자 오후 1시 30분과 오후 4시 30분에 있단다. 매표원에게 하의도 택시를 부탁하자 그는 즉석에서 기사에게 전화를 했다. 하지만 주말인지라 전화를 받지 않는다면서 아마도 기사가 뭍(목포)으로 나간 모양이라고 했다. 그 순간 아찔했다. 그제야 부두를 보니 주차된 차(버스)는 그새 보이지 않았다. 매표원에 따르면 포구에서 생가까지는 3킬로미터 정도로 40~50분 걸으면 닿을 수 있다고 했다. 나는 최악의 경우 생가까지 걷기로 작정하고 식전이라 우선 가까운 식당에 들렀다.

매표소에서 가까운 중앙식당 주인은 이른 아침에 찾아온 외지인을 용케 알아봤다. 그는 내게 어디서 왔으며, 어디로 가느냐고 물었다. 나는 사실대로 답하고는 차편을 알아봐달라고 부탁했다. 그러자 그는 손

전화 번호를 누른 뒤 말했다.

"거정 마시오. 식사 끝날 때쯤 차가 일로 올 것이오."

그 말이 복음처럼 반가웠다. 말 타면 종 두고 싶다고 나는 내친김에, 소년 김대중이 서당에 다니다가 하의보통학교에 입학했다는 것이 떠올라 식당 주인에게 학교 이름을 댔다. 그러자 그는 거기서 '가찹다(가깝다)'고 일러줬다. 아침 밥숟갈을 놓자 차 소리가 울렸다. 곧장 밖으로 나가자 '1004버스'라는 승합차 앞에서 한 여인이 미소로 반겼다.

하의초등학교는 식당에서 가까웠다. 교정 한편에는 김대중 대통령 동상이 서 있었다. 예사 답사 때처럼 하의초등학교 교정 여기저기를 카메라에 담은 다음 차에 올랐다. 그때부터 잔뜩 흐린 하늘은 소리 없이 이슬비를 쏟았다. 하의도의 웬만한 소로도 뭍의 다른 고장처럼 모두 포장이 됐다. 그 길을 1004버스는 미끄러지듯이 달렸다.

오전 8시 40분, 마침내 하의도 후광리 김대중 생가에 도착했다. 이른

김대중 생가. ⓒ 박도

아침 시간인 데다 비까지 내린 탓으로 그 일대는 한결 더 고즈넉했다. 1004버스 기사는 자기가 대기하고 있으면 내 마음이 바빠진다는 예쁜 말과 함께, 다른 손님을 모신 뒤 곧장 돌아오겠다면서 떠났다. 세심한 배려심이 나그네를 감동하게 했다. 먼저 추모관에 들러 묵념한 뒤 사진 촬영을 하는데 한 여성이 헐레벌떡 달려왔다.

"그곳은 출입금지라요."

나는 후딱 추모관을 나오면서 미처 몰랐다고 사죄했다. 그는 생가 관리인이라면서, 고무장갑을 낀 채 여기저기를 청소하고 있었다. 나는 그 관리인의 안내를 받아 생가 곳곳을 둘러봤다. 200평 남짓한 김대중 생가는 모두 초가로 본채, 아래채 및 방앗간과 창고, 그리고 헛간 겸 측간(화장실)을 갖춘 한 세기 전 여느 시골 여염집과 별반 다름이 없었다. 신안군에서는 조촐하고 정갈하게 김대중 대통령 생가를 복원해놨다.

나는 안방, 건넌방, 아래채 방앗간, 측간 등 구석구석을 둘러보면서 부지런히 카메라에 담았다. 생가 안팎을 둘러보자 바다가 보고 싶었다. 아마도 소년 김대중은 이곳에서 바다를 바라보면서 뭍에 대한 그리움과 청운의 꿈을 키웠을 것이다. 바다에 가고자 집 앞으로 나서자 관리인은 집 뒷길로 가라고 일렀다. 내가 그 길로 오르자 곧 유스호스텔이 나왔고, 소나무가 우거진 야트막한 동산이 이어졌다. 동산 소나무 숲에서 까치 한 쌍이 나를 향해 번갈아 크게 지저귀었다.

'이 우중에 먼길을 오셨습니다.'

'아, 어찌 예까지 오셨소. 반갑습니다.'

내게는 까치 소리가 김대중 부부의 말처럼 그렇게 들렸다. 나는 까치들의 환영인사에 손을 들어 답한 뒤 곧장 바닷가로 갔다. 썰물 때인 양 바다는 온통 개펄이었다. 그대로 되돌아 생가로 돌아오는데 까치 한 마리가 나를 향해 또 한참 뭐라고 지저귀었다. 순간, 생전에 서너 번 뵌 이회호 여사가 떠올랐다.

'선생님! 안녕히 가십시오.'

나는 그 까치를 향해 다시 손들어 작별인사를 했다. 생가로 돌아온 뒤 셔터를 부지런히 눌러, 디지털카메라의 이점을 마냥 누렸다. 추모관에는 방명록이 있었다. 그곳 공란에 내 이름을 쓰자 옆에 방문 소감란이 있었다. 문득 떠오른 말은 '낙도의 기적'이었다. 이 외진 남녘 낙도 하의도의 소년이 대한민국 제15대 대통령에 오른 것은 기적이 아닐 수없다. 방명을 마치고 나오자 주차장에는 그새 1004버스가 도착해 대기하고 있었다. 오전 9시 30분을 조금 넘고 있었다.

"비가 오시는 이른 아침에, 연세도 술찮은 분이 어디서 오셨다요?"

"강원도 원주에서 왔습니다."

"오메, 아주 멀리서 오셨구먼요."

기사는 자신을 수줍게 소개했다. '60세의 조말례'라고. 신안군에서는 버스가 미처 닿지 않는 곳은 '1004버스'를 별도로 운영한다고 했다.

"하의도 사람들은 염전과 농업, 어업 등으로 농가소득이 수월찮아요."

조 기사는 하의도 사람들의 이런저런 생활상을 들려줬다. 다행히 시간 여유가 많다면서 선심으로 하의도 일대를 두루 보여줬다.

이슬비가 내리는 하의도는 별천지로 선경이었다. 조 기사는 특별히 그곳 명소 큰 바위 얼굴로 나를 안내했다. 그런 뒤 이웃 신의도 포구로 가면 11시에 목포로 나가는 여객선이 있다면서 그곳까지 데려다줬다. 그 덕분에 짧은 시간임에도 하의도 구석구석을 알뜰히 살펴볼 수 있었다. 11시 신의동 포구에서 목포행 여객선을 탔다.

섬마을 소년

나는 1924년 1월 6일, 전라남도 무안군[현 신안군] 하의면 후광리
에서 태어났다. 아버지는 부인이 두 사람이었고, 내 어머니는 둘째 부
인이었다. 아버지는 첫 부인과는 1남 3녀, 둘째 부인과는 3남 1녀를
뒀다. 그러니까 나는 어머니의 장남이자 아버지의 차남이었다. 어머니
는 큰집에 들어가지 않고 따로 살았다. 그 삶은 곤궁하였다. 나는 큰집
과 어머니 집을 오가며 자랐다.

아버지[김운식]는 농사를 지으며 마을 구장을 맡고 있었다. 구장 집
이라고 하여 《매일신문》이 배달되었다. 나는 서당에서 익힌 한자 실
력으로 어려서부터 신문을 읽었다. 그 신문을 통해 만주사변, 조선총
독부 동정, 국내 농촌 이야기, 문화 등 새 소식을 접할 수 있었다. 나의
어머니[장수금]는 자식에 대한 욕심이 많았다. 특히 나에게는 헌신적
이었다. 어머니는 아버지를 설득했다.

"우리 대중이가 공부를 곧잘 하니 여기서 썩히지 말고 목포로 갑시다."

그리하여 나는 하의보통학교 4학년 때 목포로 이사했다. 1936년
가을, 나는 청운의 뜻을 품고 마침내 목포행 배에 올랐다.

『김대중 자서전』 27~40쪽 요약 정리

하의도에서 '강경호'라는 배를 타고 세 시간가량 물살을 갈라 목
포에 도착했다. 뭍은 모든 게 신기하기만 했다. 목포공립제일보통학
교[현 목포북교초등학교]로 전학했다. 부모님은 목포에서 여관을 운
영했다. 전학한 지 얼마 지나지 않아 한 신문사 주최의 글짓기 대회
에 입상했다. 그 일로 학교 안팎에서 주목받았다. 목포공립제일보

김대중 생가 건넌방. ⓒ 박도

통학교를 졸업한 뒤 5년제 목포공립상업학교에 입학했다. 1943년 12월, 목포상고를 졸업한 뒤 일본인이 경영하는 한 해운회사에 취직했다.

1944년 여름, 회사 사무실 밖으로 한 젊은 여성이 양산을 쓰고 지나갔다. 하얀 피부에 머리를 단정히 빗어 넘겼으며 흰 원피스 차림이었다. 여름 햇살보다 더 눈이 부셨다. 첫눈에 반했다. 목포에서 그렇듯 세련되고 아름다운 여인을 본 적이 없었다. 수소문해보니 목포상고 동급생 차원식의 누이동생 차용애였다. 그래서 그 친구 집에 자주 놀러 갔다. 끈질긴 구애로 1945년 봄에 결혼했다. 곧 해방이 되었다.

건국준비위원회 목포지부에 가담했다. 1945년 12월, 모스크바 미·영·소 3국 외상회담의 신탁통치 소식은 엄청난 파문을 일으켰다. 처음에는 좌파, 우파, 중도파 모두가 이에 반대했다. 그런데 해가 바뀌자 여운형의 중앙인민위원회와 박헌영의 조선공산당이 돌연 신탁통치를 지지하고 나섰다. 애초 나는 신탁통치를 반대했다. 하지만 미국·

소련의 위세를 등에 업고 남과 북으로 나뉘어 있는 것보다 굴욕적이긴 해도 신탁통치를 받으며 뭉쳐 있는 것이 더 낫겠다는 생각이 들었다.

1946년 6월 3일 이승만은 남한 단독 임시정부 수립을 시사했다. 김구는 여전히 신탁통치를 반대하고, 남한 단독정부 수립까지 반대하고 나섰다. 좌파 박헌영은 미군정에 반대하는 입장을 취했다. 그 무렵 국론은 좌우를 가리지 않고 사분오열돼 있었다. 나는 좌우합작을 표방하는 신민당에 입당했다. 하지만 당원 일부가 공산당을 추종하는 것을 알아차리고는 곧 발을 뺐다.

1946년 10월 1일, '대구 10·1 항쟁'이 일어났다. 그 여파로 나는 무참히 두들겨 맞고, 첫 딸까지 잃는 불운을 겪었다. 그 사건 이후 현실문제에 관심을 접고, 조그마한 배 한 척을 구입하여 목포해운공사를 설립했다. 목포와 부산, 군산, 인천 등 연안 항구의 화물을 운송하는 것이 주 업무였다. 사업은 순풍에 돛 단 격이었다.

나는 사업 번창으로 목포 유지가 됐다. 국민보도연맹에 가입하라는 요구를 받았지만 가입하지 않았다. 국민보도연맹은 좌익운동을 하다가 전향한 사람들로 조직된 반공단체였다. 6·25 전쟁이 일어나자 정부는 군인과 경찰을 동원하여 이들을 무차별 학살했다.

1948년 4월 3일, 이른바 '4·3 항쟁'이 일어났다. 제주도민들이 단독정부 수립 반대로 봉기를 일으킨 것이다. 이승만 정부는 이 항쟁을 진압하고자 여수 14연대를 동원했다. 이들 병력 중 상당수가 동족을 죽일 수 없다는 명분으로 10월 20일 반란을 일으켰다. 부역자 색출과정에서 무고한 양민들이 수없이 희생당했다. 그 무렵 남북 경계선인 38선을 따라 크고 작은 무력 충돌이 다반사로 일어났다. 제주 '4·3 항쟁'으로 여수·순천 사건이 촉발됐고, 이들 사건은 6·25 전쟁을 부르고 있었다. 1950년 6월 25일 '피의 일요일'이 스멀스멀 다가오고 있었다. 하지만 대부분의 백성들은 그런 재앙을 까맣게 모르고 있었다.

위의 책, 제1권 41~69쪽 요약 정리

나는 7월 4일 오전 11시, 신의도 포구에서 목포행 여객선에 올랐다. 올 때와 달리 뭍으로 나갈 때는 객실에서 눈을 붙였다. 객실에서 한 시간 남짓 눈을 붙인 후 갑판으로 나가자 그새 여객선은 목포항이 보이는 곳까지 접근하고 있었다. 갑판 위에서 시원한 바닷바람을 쐬면서 남해 다도해를 완상했다. 언제 이곳을 다시 오겠는가.

여객선은 오후 1시 10분 무렵 목포항에 닻을 내렸다. 나는 배에서 내린 즉시 택시정류장으로 가서 대기 중인 운전기사와 상의했다. 목포북교초등학교, 목상고등학교를 거친 다음 목포역으로 가자고. 그곳이 김대중 전 대통령 연고지임을 잘 알고 있던 기사는 흔쾌히 승낙했다.

먼저 목포북교초등학교로 갔다. 교문 옆에는 '제15대 대통령 후광 김대중 선생 출신학교(30회) 꿈은 이루어진다'라는 돌비석이 서 있었다. 카메라로 교정을 담은 뒤 곧장 택시에 승차했다. 10여 분 지난 후 택시는 목상고등학교 정문 앞에 섰다. 교문 옆에는 역시 '제15대 대통령 후광 김대중 선생 출신학교'라는 돌비석이 서 있었다. 뒤편에는 '김대중 동산'과 김대중 동상도 서 있었다. 그날은 비가 내린 데다 주말이라 두 학교 모두 고즈넉했다.

택시기사의 김대중 대통령 평은 인색했다. 그는 목포 사람들의 평은 점차 시들해진다고 말했다. 그 까닭을 묻자 대통령 재임 중 목포를 위해 해놓은 게 없단다. 목포 사람들은 수십 년 동안 김대중을 열광적으로 밀어줬다. 하지만 재임 중 변변한 공장 하나 유치하지 못했다는 불평이었다. 나는 그 얘기를 듣자 마음이 몹시 씁쓸했다. 전두환 생가 마을이 있는 경남 합천 주민들도 똑같은 불평이었다. 모두 그런 것은 아닐 테지만 많은 주민들이 자기 고장 발전에만 혈안이 돼 있다. 그저 내 땅, 내 집값만 오르면 입이 벌어진다. 토지공개념 같은 획기적인 큰 변화 없이는 가족주의, 지역주의, 빈익빈 부익부의 사슬에서 이 나라 백성들이 좀처럼 벗어날 수 없을 것만 같다. 그날 원주 집으로 돌아오자 밤 10시를 조금 넘었다. 긴 여로의 피로가 해일처럼 덮쳐왔다.

정계 입문

1950년 6월 25일, 전쟁이 일어나던 날 김대중은 사업차 서울에 있었다. 그는 용케 마포나루에서 한강을 건넜다. 거기서 목포까지 걸어 20일 만에 집에 도착했다. 어머니는 대문 앞에서 아들을 반겨 맞았다. 아내와 갓난아이는 자기 배의 선장이 돌봐주고 있었다. 그는 목포경찰서에서 인민군 정치보위부 장교로부터 호된 취조를 받은 뒤 목포형무소에 수감됐다.

1950년 9월 28일 서울 수복 때, 김대중은 목포형무소에서 풀려났다. 구사일생으로 목숨을 부지했다. 목포에서 다시 사업을 시작했다. 배 세 척 중, 한 척은 당국에 징발당했고, 다른 한 척은 폭격으로 파손되고 남은 한 척으로 새로 시작했다. 김대중은 곧 재기했다. 그가 전쟁 포화 속에서 빨리 일어설 수 있었던 것은 첫째는 경제의 흐름을 파악한 탓이요, 둘째는 적당한 모험을 한 탓이요, 셋째는 종업원들과 사이가 좋았기 때문이었다. 김대중은 곧 목포일보사까지 인수했다. 1951년 1월 4일, 서울은 다시 공산군에게 점령당했다. 정부는 다시 부산으로 천도했다. 김대중은 사업기반을 목포에서 부산으로 옮겼다.

1952년 5월 26일, 부산 '정치파동'이 일어났다. 젊은이들은 38선을 오르내리며 죽어가고 있건만 임시수도 부산에서는 치졸한 정치 작태가 벌어졌다. 그 사건은 1950년 5월 30일에 실시된 제2대 국회의원 선거에서 무소속 의원들이 대거 당선됨으로 비롯됐다. 당시 대통령은 국회에서 간접선거로 뽑았기에, 이승만 대통령의 재집권이 불가능한 상황이었다. 이에 이 대통령은 국민이 직접 대통령을 뽑는 선거제도로 바꾸기 위해 의원들을 포섭해 헌법을 개정하려 했다. 그는 자유당을 새로 만들었다. 야당 측은 대통령중심제를 아예 의원 내각제로 바꾸려고 했다.

이런 기류를 감지한 이 대통령 측은 직접 선거를 촉구하는 민중대회를 열었다. 폭력조직과 우익단체들이 배후에서 조종해 국민의 뜻이라면서 국회의사당을 포위했다. 마침내 계엄을 선포하고 야당 의원들을 체포했다. 체포한 야당 의원들에게는 국제공산당원이라는 올가미를 씌웠다. 이런 상황에서 장택상 국무총리가 대통령은 직접 선거, 국회는 이원제로 구성한다는 이른바 '발췌개헌안'을 내놔 이를 골자로 한 헌법 개정안이 국회를 통과했다. 김대중은 그 무렵 현실 정치에 뛰어들었다.

그는 1954년 목포에서 제3대 국회의원 선거에 무소속으로 입후보했다. 투표 결과 10명의 후보 가운데 5등을 했다. 비록 선거에서는 패했지만 많은 것을 깨쳤다. 정당 기반 없이 선거를 치른다는 것이 매우 힘들다는 것도 알았다. 당시 선거에는 돈이 엄청나게 들었다. 시루에 물 퍼붓기였다.

1955년, 김대중은 큰 꿈을 펴고자 서울로 갔다. 서울 용산구 남영동에 집을 마련하고 아내는 호구지책으로 미장원을 차렸다. 김대중은 삼각지 근처의 한국노동문제연구소로 출근했다. 월간 잡지 《신세계》의 주간도 맡았다. 이와 별도로 '동양웅변전문학원'도 운영했다. 훗날의 정치적 동지 김상현, 김장곤 의원도 그곳에서 만났다.

장면을 대부로 모시다

1956년 3월 공화당이 창당됐다. 장택상, 이범석 등을 최고위원으로 추대했다. 장택상 최고위원은 김대중에게 많은 도움을 줬다. 공화당은 창당 후 최고위원 간에 노선 갈등이 빚어졌는데, 그때 당원들이 무더기로 탈당했다. 김대중도 그때 탈당했다. 1956년 5월, 대통령 선거가 실시됐다. 이승만, 신익희 두 후보 간의 대결이었다. 부통령 후보로는 이기붕, 장면이 출마했다. 신익희 후보는 정권 교체를 열망하는 국민들과 야당 연합세력의 대폭적인 지지를 받았다. 평화적 정권 교체의 국민적 열망은 선거 열흘 전에 물거품이 됐다. 신익희 후보가 전북 지방으로 유세 가던 중 열차 안에서 사망했다. 그나마 다행으로 그 선거에서 민주당 장면 후보가 부통령으로 당선되었다.

김대중은 장면 부통령을 대부로 모시고 가톨릭 신자가 됐다. 1956년 6월, 명동성당 노기남 대주교실에서 장면 부통령이 지켜보는 가운데 중림동성당 김철규 신부가 집전했다. 세례명은 '토머스 모어Thomas More'였다. 김대중은 장면 부통령과 이런 인연으로 그해 9월 민주당에 입당했다. 장면 부통령이 이끄는 신파에 속했다. 입당 후 얼마 되지 않아 장 부통령 저격 사건이 발생했다. 김대중은 그 사건을 지켜보면서 암담한 정치 현실에 분노했다.

1958년 봄, 다시 국회의원 선거철이 돌아왔다. 김대중은 목포에서 출마할 수 없었다. 이미 민주당 정중섭이 의석을 차지하고 있었기 때문이다. 그래서 궁리 끝에 휴전선 근처인 강원도 인제에서 출마하기로 했다. 하지만 자유당 측의 후보 등록 방해로 김대중은 선거판에서 강제로 쫓겨났다.

자유당은 전국에서 압승을 거뒀다. 김대중은 선거 후 곧바로 '후보 등록 방해사건'을 법원에 제소해 1959년 3월 재판에서 이겼다. 김대중이 보궐선거에 출마하자 상대측은 "김대중은 공산당원입니다"라고 몰아붙였다. 유권자들은 새빨간 거짓말을 그대로 믿었다. 어찌해볼 도리가 없었다.

1954년 목포, 1958년, 1959년 인제에서 거듭 떨어졌다. 출마는 곧 돈이었다. 한 번만 출마해도 기둥뿌리가 뽑힌다는 것이 선거였다. 세 번의 선거를 치르자 집안에는 뗏거리조차 없었다. 집에 있기가 민망했다. 무작정 버스를 타면 내릴 곳이 없었다. 김대중은 그렇게 하루하루를 보냈다. 그런 와중에 아내가 세상을 떠났다. 김대중은 아내에게 너무 많은 것을 받았는데 한 번도 갚지 못했다. 아내는 그에게 모든 것을 아낌없이 쏟았다. 살림이 쪼들려도 결코 화내거나 짜증 부리는 일이 없었다.

김대중은 정치를 하겠다고 서울에 올라와서 여덟 번이나 이사했다. 아내는 동네에서 미장원을 차려 살림을 돕다가 가게가 빚으로 넘어가자 몰래 집에서 미용 손님을 받았었다. 김대중은 장례를 치른 뒤, 두 아들의 손을 잡고 남산에 올라갔다. 팔각정에 올라 서울 시내를 내려다보면서 아이들에게 일렀다.

"어머니가 없다고 좌절해서는 안 된다. 잘 커야 한다. 그것이 어머니가 바라는 것이다."

어린 자식들은 말이 없었다. 김대중은 돌아서서 눈물을 쏟았다. 참으로 잔인한 세월이었다.

자유당 정부는 돌연 제4대 대통령 선거를 1960년 3월 15일에 실시한다고 발표했다. 야당의 대통령 후보를 두고 신파와 구파 싸움의 후유증을 예견한 조기선거 전략이었다. 1959년 11월, 민주당은 대통령 후보에 조병옥, 부통령 후보에 장면을 내세웠다. 정·부통령 후보 경선 결과 불과 3표 차이로 조병옥 후보가 대통령 후보로 결정됐다. 하지만 장면 박사의 깨끗한 승복으로 자유당이 바라던 후유증은 없었다. 1960년 1월 29일 미국으로 건너가서 신병 치료를 받던 조병옥 박사가 끝내 돌아오지 못한 채 현지에서 운명했다. 4년 전, 신익희 후보의 불상사의 재판再版이었다. 김대중은 장면 박사의 강원도당 책임자로서 전심전력을 다해 선거운동을 했다.

1960년 3월 15일 정·부통령 선거는 불법 무법 천지였다. 그 결과 4·19 민주혁명을 불러왔다. 4·19 이후 새 헌법에 따라 제5대 민의원 선거와 제1대 참의원 선거가 1960년 7월 29일에 동시에 실시됐다. 김대중은 다시 강원도 인제에서 민주당 후보로 민의원에 출마했다. 그때부터 부재자 투표제도가 도입됐다. 외지인이었던 김대중에게는 직격탄이었다. 김대중은 자유당 토박이 후보에게 1천여 표 차로 졌다.

민주당은 양원 모두에서 대승을 거둬 구파인 윤보선이 대통령이 되고, 신파 장면이 국무총리로 인준을 받았다. 장면 총리는 현역 의원이 아닌 김대중을 민주당 대변인으로 지명했다. 김대중은 장면 정권의 입으로 맹활약했다. 그런 가운데 강원도 인제에서 당선한 국회의원이 3·15 부정선거에 관련된 사실이 밝혀져 의원 자격을 박탈당했다. 그리하여 1961년 5월 13일에 보궐선거를 치렀다. 김대중은 다시 민주당 후보로 출마해 마침내 당선했다. 1954년 목포에서 낙선한 이래 1958년, 1959년, 1960년, 내리 네 번의 패배 만에 처음으로 당선되는 기쁨을 맛봤다.

5월 14일 선거관리위원회로부터 민의원 당선증을 받자 만감이 교차했다. 세상을 떠난 아내가 가장 먼저 떠올랐다. 김대중은 당선증을 쥐고 통곡했다. 김대중은 5월 14, 15일 당선 인사를 다녔다. 15일 밤늦도록 당선사례를 하고 5월 16일 아침, 단잠을 자고 있는데 한 당원이 잠을 깨웠다. 서울에서 군인들이 쿠데타를 일으켰다는 청천벽력의 소식을 전했다. 군사혁명위원회는 국회를 해산했다. 김대중은 의원 배지도 달아보지 못한 채 백수가 됐다. 그때의 참담함이란 하늘이 무너지는 충격이었다.

영원한 동행자를 만나다

1962년 5월 10일, 김대중은 이희호와 결혼했다. 이희호는 서울 장안의 부유한 집안에서 태어나, 이화여고와 이화여전 문과를 거쳐, 서울대학교 사범대학 교육학과를 졸업한 재원이었다. YWCA총본부 외교국장으로 활동하다가 미국 램버스대학에서 사회학을 수학하고 스칼릿대학 대학원 사회학과를 졸업한 뒤 귀국해 YWCA연합회 총무를 맡고 있었다. 누가 보아도 두 사람은 집안이나 학벌 등 결혼조건이 맞지 않는, 세속적인 이해관계로는 쉽게 이뤄질 수 없는 결혼이었다.

김대중 대통령 부부. © 김대중 이희호 기념사업회

그 사람, 김대중은 노모와 어린 두 아들을 거느린 가난한 남자였다. 그뿐 아니라 그의 셋방에는 앓아누운 여동생도 있었다. 또한 내일을 예측할 수 없는 정치 재수생이었다. 1954년 처음 정치에 투신해 3대 국회의원 선거에 출마한 이후, 한 번은 후보 등록이 취소되었고, 세 번이나 고배를 마신 좌절의 연속이었다. 1961년 5월 13일 강원도 인제의 보궐선거에서 마침내 당선되었으나 사흘 뒤 5·16 쿠데타가 일어나 국회가 해산되어버렸다. 그뿐 아니라 설상가상으로 장면 내각에서 여당인 민주당 대변인을 지냈던 경력 때문에 검거되어 두 차례에 걸쳐 3개월간 구속된 억세게 운이 나쁜 남자였다. 조국의 민주주의와 통일을 위해 내 한 몸 바치겠다는 큰 꿈과 열정이 그가 가진 전 재산이었다.

내가 그와 결혼하겠다고 하자 당연히 주위에서 반대가 극심했다. 가족은 물론 친지, YWCA, 여성계 선후배들이 극구 만류했다. 눈물로 호소하는 이들도 있었다. […] 그에게 정치가 꿈을 이루는 길이며 존재 이유였다면, 나에게는 남녀평등의 조화로운 사회를 만드는 길이 존재 이유였다. 남녀 간의 뜨거운 사랑보다는 서로가 공유한 꿈에 대한 신뢰가 그와 나를 동여맨 끈이 되었다.

이희호, 『동행』 65~68쪽 요약 정리

두 사람은 그렇게 만났다. 이희호는 그의 자서전에서 "김대중과 나의 결혼은 모험이었다. '운명'은 문밖에서 기다렸다는 듯이 거세게 노크했다."라고 당시의 심정을 고백했다. 이들 부부의 인생길은 가시밭의 연속이었다. 1963년 2월, 중앙정보부의 한 간부가 정치 활동이 금지된 김대중에게 공화당 창당에 참여해달라고 제의했다.

"당신은 실력 있고 유능하오. 우리가 중용할 테니 같이 갑시다."

"나는 당신들이 쿠데타로 쓰러뜨린 민주당 대변인을 지냈소. 장면 정권이 부정부패하고 나빠서 당신들이 일어났다고 말하는데, 나는 장면 정권이 역사상 가장 좋은 정권이니까 지지해달라 말하고 다녔소. 이제 내가 거꾸로 당신네가 제일 좋은 사람이라고 말한다면 국민들이 나를 변절자로 손가락질할 것이오. 변절자를 영입해서 당신네들이 득 볼 게 뭐가 있겠소."

김대중은 이렇게 거부했다. 그 옆방에는 김종필이 이들의 면담 결과를 기다리고 있었다. 중정 간부는 두 사람의 만남을 주선했지만 김대중은 그 말만 하고 일어섰다.

"그만 일어나보겠소."

중정 간부가 김대중의 뒤통수를 향해 내뱉었다.

"주둥이만 산 놈!"

제5대 대통령 선거 직후인 1963년 11월 26일 제6대 국회의원 총선거가 실시됐다. 김대중은 고향 목포에서 민주당 후보로 출마했다. 공화당에서는 차 아무개를 후보로 내세웠다. 선거전에 돌입하자 김대중은 목포 시민들에게 외쳤다.

"저는 목포의 아들인데도 그동안 객지를 떠돌았습니다. 목포에서 가장 먼 곳, 강원도 인제에서 출마하여 천신만고 끝에 국회의원이 됐습니다. 또한 집권 여당의 대변인으로 활동했습니다. 강원도도 저를 알아주고, 서울에서도 저를 인정해주는데, 고향에 돌아온 저를 목포 시민들이 외면해서야 되겠습니까? 고향에서 패하면 이제는 돌아갈 곳이 없습니다. 저를 키워주십시오. 큰 인물이 돼 보답하겠습니다."

선거는 막바지로 갈수록 혼탁해졌다. 공화당은 경찰과 지방공무원을 동원해 야당 선거운동을 방해했다. 그때 한 의인이 나타났다. 그는 부정선거 지시를 받은 목포경찰서 정보반장 나 아무개 경사로 '국회의원 선거대책'이란 부정선거 비밀지령문을 폭로했다. 야권은 일제히 부정선거를 규탄했다. 선거 거부까지 거론하면서 내무부장관, 치안국장을 사임시키라고 정부를 압박했다.

김대중은 큰 표 차로 목포에서 당선했다. 하지만 공화당은 전국적으로 압승했다. 전국구를 포함해 110석을 차지했다. 야권에서는 민정당이 41석, 김대중이 속한 민주당이 13석, 여당 성향의 자유민주당이 9석을 획득했다.

1964년 4월 21일, 공화당은 김준연 의원 구속동의안을 상정했다. 김준연 의원은 국회에서 한일협정 당시 김종필 중앙정보부장과 일본 오히라 외상이 접촉할 때 정치자금으로 1억 3천만 달러를 받았다고 폭로했다. 나라가 발칵 뒤집혔다. 박 정권은 김 의원 구속을 공언했다. 하루가 지나 국회가 폐회하면 국회 동의 없이도 구속할 수 있었다. 그때 한

건수 원내총무가 김대중 의원에게 부탁했다.

"긴 의원, 지금 낭산(김준연의 호) 선생에 대한 구속동의안 상정을 여당이 밀어붙이고 있소. 당신이 나서줘야겠소. 안건 처리를 못 하도록 오늘 밤 자정까지 끌어달라는 말이오."

"일반 안건 가지고도 한 시간 끌기 어려운데 어떻게 의사진행 발언으로 몇 시간을 끈단 말이오."

"그러니까 김 의원이 나서달라는 것 아니오. 당신이면 할 수 있다고 중진의원까지도 합의했으니 어서 발언대에 오르시오."

김대중은 떠밀리다시피 발언대에 올랐다. 그의 발언을 지켜보던 공화당 의원들은 '김대중이 지금 필리버스터Filibuster(의사진행 방해)를 하고 있으니 대책을 세우자'고 수뇌부에 건의했다. 하지만 당시 공화당

국회에서 발언하는 김대중 의원. © 김대중 이희호 기념사업회

원내총무 김용태는 이를 무시했다.

"놔두시오. 해봤자 얼마나 버티겠소. 제풀에 지칠 것이오. 한 시간도 못 할 테니 놔두시오."

하지만 김대중의 의사진행 발언은 해가 저물어 깊은 밤까지 이어졌다. 그날 그의 발언 시간은 5시간 19분으로 훗날 기네스북에도 국회 최장 발언 시간으로 기록됐다.

1967년 6월 8일은 제7대 국회의원 선거일이었다. 김대중은 목포에서 재선을 노렸다. 그런데 불길한 소문이 돌았다. 정부 여당이 김대중을 낙선시키려 하는데, 그 맨 앞에 박정희 대통령이 있다는 것이다. 박 대통령은 중앙정보부와 내무부 간부를 청와대로 불러 지시했다고 한다.

"이번 선거에서 김대중은 무슨 일이 있더라도 낙선시켜야 한다. 여당 후보 열 명이나 스무 명은 떨어져도 상관없다. 김대중만은 절대 당선시켜서는 안 된다."

목포는 선거전에 돌입하기 전부터 가장 뜨거운 시선을 받았다. 상대는 육군소장 출신으로 체신부장관을 지낸 김병삼 후보였다. 그는 지역을 누비면서 목포 발전을 위해 자신이 꼭 당선돼야 한다고 말했다. 박 대통령은 목포역 광장에서 1만 명을 모아놓고 여당 후보 지지 연설을 했다. 언론은 연일 목포 선거를 대서특필했다. 사람들은 '목포의 전쟁'이라 불렀다. 목포 시민들의 관심은 박 대통령이 왜 김대중을 집요하게 쓰러뜨리려 하느냐로 옮겨갔다.

마침내 목포 시민들은 김대중이 대통령감이기에 미리 그 싹을 자르기 위한 술책이라고 여기게 되었다. 김병삼 후보 측에서는 이렇게 말했다.

"이번만큼은 여당 후보를 내자. 이다음 선거에는 김대중을 다시 밀어주자. 김대중이 당선되면 목포는 망한다."

하지만 김대중의 유세장에는 인산인해로 사람들이 몰렸다. 김대중은 외쳤다.

"유달산이여! 삼학도여! 영산강이여! 이 김대중이를 지켜달라!"

김대중은 흡사 전쟁과 같은 선거를 치렀다. 개표 결과 김대중 후보가 6천여 표 차로 당선됐다. 관권에 대한 민권의 승리였다. 김대중은 목포 시민들에게 당선 인사를 했다.

"여러분의 은혜에 보답하기 위해 앞으로 대통령에 도전하겠습니다. 한국의 김대중, 세계의 김대중이 되겠습니다."

제7대 대통령 선거 후보

1969년 7월 19일 '3선 개헌반대 시국강연회'가 효창운동장에서 열렸다. 당국은 이 강연회를 집요하게 방해했다. 그럼에도 그날 유세장에는 발 디딜 틈이 없을 정도로 시민들이 구름처럼 몰려들었다. 마침내 김대중은 포문을 열었다.

"마지막으로 이 사람은 박정희 씨에게 충고하고 호소합니다. 박정희 씨여! 당신에게 이 나라 민주주의에 대한 일편의 양심이 있으면, 당신에게 국민과 역사를 두려워할 자격이 있으면, 당신에게 4·19와 6·25 때 죽은 영령들 주검의 값에 대한 생각이 있으면, 어떠한 일이 있더라도 3선 개헌은 하지 마십시오. 만일 당신이 기어이 3선 개헌을 강행했다가는 당신은 제2의 이승만이 되고, 공화당은 제2의 자유당이 된다는 것을, 해가 내일 동쪽에서 뜬다는 것보다 더 명백하게 말씀드립니다."

여권은 김대중 의원의 경고에도 아랑곳하지 않고 기어이 3선 개헌안을 국회 제3별관에서 날치기 처리했다. 3선 개헌안은 국민투표에 부쳐져 쉽사리 통과됐다. 박 대통령 3선의 길이 열렸다. 당시 신민당의 잠재적 후보인 유진오 총재는 이에 대한 충격으로 그만 쓰러졌다.

1970년 1월 초, 신민당 임시전당대회가 열리고 유진산이 총재로 선출됐다. 당시 유진산은 '사쿠라'라는 말을 들을 정도로 야당성을 의심받고 있었다. 원내총무 김영삼 의원은 40대 기수론을 주창하며 세대교체 여론을 주도하고 있었다. 김대중, 이철승도 이에 동조했다. 대권 도전에 뜻이 있었던 유진산 총재는 40대 기수론을 잠재우고자 이들을 향해 직격탄을 날렸다.

"구상유취口尙乳臭(입에서 아직 젖내가 난다)의 정치적 미성년자들이다."

하지만 여론은 싸늘했다. 유진산 총재는 세 명 가운데 한 명을 지명할 수 있는 지명권을 자신에게 달라고 했다. 그때 신민당 당내는 김영삼이 포함된 진산계가 주류였고 김대중, 정일형, 이재형 계는 비주류였다. 유진산은 지명권을 얻게 되자 예상대로 김영삼의 손을 들어줬다. 그래도 김대중은 포기하지 않고 1970년 1월 24일 대통령 후보 지명전에 나서겠다고 공식 발표했다.

그런 뒤 전국의 대의원을 찾아 나섰다. 그 무렵 야당 대의원들은 산동네에 많이 살고 있었다. 부인 이희호는 가파른 비탈길을 오르며 대의원 집을 일일이 찾아다녔다. 1970년 9월 29일 대통령 후보 지명 전당대회 날이었다. 팽팽한 긴장 속에 개표 결과가 발표됐다.

"재적 885명 중 김영삼 421표, 김대중 382표, 무효 82표!"

아무도 반수를 넘지 못했다. 그러자 2차 투표에 들어갔다. 무효표 82표는 이철승 후보의 표였다. 그때 이철승 계의 한 인사가 김대중에게 '다음 총재 선출 때 이철승을 지지하겠다'는 각서를 써달라고 했다. 그러면 2차 투표에서 김대중을 지지하겠다고 언약했다. 김대중은 명함 뒤에 요구한 각서를 써줬다. 곧 2차 투표 결과가 발표됐다.

"재적 884명 중 김대중 458표, 김영삼 410표, 무효 16표!"

그날 40대 대통령 후보 탄생은 한국 정치사의 새바람이었다. 김대중이 대통령 후보로 당선되자 가장 놀란 것은 박정희 후보였다. 그런 탓인지 중앙정보부장은 대통령 선거 전에 경질되었다.

제7대 대통령 선거에서 김대중 후보는 정책 대결로 승부수를 던졌다. 종래 야당 투쟁 방식이었던 여당 후보에 대한 인신공격은 일체 하지 않았다. 김 후보가 제시한 정책은 향토예비군의 폐지, 대중경제 노선 추진, 미·중·소·일 4대국의 한반도 전쟁 억제 보장(이른바 4대국 안

제7대 대통령 선거 포스터.(1971)
ⓒ 김대중 이희호 기념사업회

전보장론), 남북한 화해와 교류 및 평화통일론, 공산권 국가들과의 관계 개선과 교역 추진, 초·중등학교의 육성회비 징수 폐지, 시차제 실시, 학벌주의 타파, 이중곡가제 실시 등이었다.

이 공약들은 유권자의 폭발적 관심을 모았다. 그 가운데 향토예비군 폐지에 대한 지지는 절대적이었다. 정부와 여당은 매스컴을 총동원하여 김대중을 안보의식이 결핍된, 무책임한 정치인으로 몰아붙였다. 김대중의 4대국 안전보장론, 남북교류와 평화통일론 공약은 유권자에게 신선한 충격을 줬다. 김대중의 공약은 지식층을 중심으로 크게 퍼져나갔다. 이에 공화당 박정희 후보는 연일 김대중의 발언은 용공이라고 규탄했다.

"김대중이가 피리를 불면 김일성은 춤을 추고, 김일성이가 북을 치면 김대중은 장단을 맞춘다."

1971년 4월 27일 제7대 대통령 선거일이 다가오자 각 지방마다 공공사업이 여기저기서 벌어지고 날마다 기공식을 가졌다. 신문은 철저하게 통제를 받았으며, 야당으로 선거 자금이 흘러 들어가지 못하도록 전 방위로 감시망이 쳐졌다. 그런 가운데 조직 참모 엄창록이 저들의 회유와 협박에 넘어갔다. 선거 귀재인 그의 변절은 김대중 캠프에서는 크나큰 손실이었다. 선거 기간 중 김대중은 이른 아침부터 밤 10시까지 계속 연설을 하며 전국을 누볐다. 전국 어디를 가도 청중들이 구름처럼 몰려들었다.

대통령 선거일을 일주일 앞둔 1971년 4월 18일, 서울 장충단공원 유세장에는 100만 명의 청중이 몰려들었다. 김대중은 구름같이 몰려든 청중을 향해 사자후를 토했다.

"존경하고 사랑하는 서울 시민 여러분! […] 이번에 정권 교체를 하

제7대 대통령 선거 당시 장충단공원에서 백만 청중에게 답례하는 김대중 후보 부부.(1971) ⓒ 김대중
이희호 기념사업회

지 못하면 이 나라는 박정희 씨 영구 집권의 총통시대가 올 것입니다.
공화당은 지난 개헌 때 이미 박정희 씨를 남북통일이 될 때까지 대통
령을 시키려고 했으나, 그 당시는 아직 공화당 내부나 야당이나 국민
이나 거기까지는 할 수 없어서 못 했던 것입니다. 나는 공화당이 그런
계획을 했다는 사실과 이번에 박정희 씨가 승리하면 앞으로는 선거도
없는 영구 집권 총통시대가 온다는 데 대한 확고한 증거를 가지고 있
습니다."

　이날 장충동 유세장에는 후보와 청중이 하나가 되었다. 정권 교체를
바라는 거대한 민심의 물결이었다.

　"여러분! 감사합니다. 나는 이번 선거에서 기어이 승리할 것입니다.
여러분은 이번 선거에서 나와 더불어 승리할 것입니다. 여러분! 7월 1일
은 새로운 대통령 취임식을 올리는 날입니다. 550만 서울 시민 여러분!
7월 1일 청와대에서 만납시다."

이날 김대중 후보의 장충단공원 유세 상황을 보고 받은 여권 수뇌부는 깜짝 놀랐다. 이에 당시 박정희 후보는 선거를 이틀 앞두고 같은 장소인 장충단공원에서 맞불 유세를 벌였다. 청중 동원에 총동원령을 내렸다. 공무원, 기업체 직원, 통반장을 통한 조직적인 총동원령이 내렸다. '야당 후보의 청중은 걸어서 가고, 여당 후보의 청중은 자동차를 타고 간다'는 유행어까지 있었다.

하지만 청중 수나 열기는 김대중 후보 때보다 크게 떨어졌다. 그날 박정희 후보는 비장의 무기를 꺼냈다.

"내가 이 자리에 나와서 '나를 대통령으로 한 번 더 뽑아주십시오' 하는 정치 연설은 오늘 이 기회가 마지막이 될 것이라는 것을 확실히 말씀드립니다."

그 말에 선량한 유권자들은 화선지에 먹물처럼 빨려들었다. 1971년 4월 27일 마침내 투표일이었다. 김대중은 전국을 누비면서 최선을 다했다. 4월 29일 정오가 지나서야 개표가 완료됐다.

박정희 634만 2,828표, 김대중 539만 5,900표. '조금만 더 우리 당이 결속했더라면…….' 김대중은 무척 아쉬웠지만 현실을 담담하게 받아들이며 다음 선거를 기대했다.

정부는 대통령 선거가 끝나자 곧이어 제8대 국회의원 선거를 1971년 5월 25일 실시한다고 발표했다. 대통령 선거를 치른 지 한 달도 안 돼 총선을 치르겠다는 것이었다. 야당으로서는 숨 돌릴 시간도 없는 버거운 싸움이었다. 김대중은 그해 5월 11일부터 24일까지 후보들의 지원 유세로 5천 킬로미터 이상 전국을 누볐다.

투표 전날, 아침부터 비가 내렸다. 그날 김대중은 목포에서 비행기를 타고 서울로 올라가 지원 유세를 할 예정이었다. 예약 확인을 위해 목포비행장에 알아보니 기상 문제로 비행기가 뜰 수 없다고 했다. 대신 광주비행장에서는 이륙이 가능하다고 했다. 서둘러 광주로 향했다.

빗발은 계속 차창을 때렸다. 그때 택시 한 대가 끼어들었다. 그들은 김대중을 알아보고 손을 흔들었다. 그렇게 한참 달리는데 갑자기 맞은편에서 대형트럭이 갑자기 나타나 그가 탄 승용차를 향해 돌진해 왔다. 대형트럭은 김대중의 승용차 트렁크를 들이받았다. 그러자 승용차는 오른쪽 길 아래 논으로 떨어졌다. 트럭은 뒤따르던 택시도 정면으로 받았다. 그 충격으로 운전사와 승객 한 명은 그 자리에서 즉사하고 동승한 3명은 크게 다쳤다. 모든 것은 눈 깜짝할 사이에 일어났다. 뒤따르던 경호차가 일행을 구출해 인근 병원으로 옮겼다.

선거 초반 '진산파동'이란 악재를 만났지만 야당은 그 총선에서 선전하며 크게 약진했다. 의원 204석 가운데 89석을 차지했다. 군소정당은 2석으로 양당제가 굳건해졌다. 특히 서울에서는 유진산이 '진산파동'의 빌미를 준 영등포 갑구를 제외한 나머지 18개 선거구에서 모두 야당 후보가 당선됐다. 부산에서도 8개 선거구 중 6개 지구, 대구에서도 5개 선거구 중 4개 선거구를 야당이 이겼다. 야당 바람은 도시에서 태풍이었다.

김대중 납치사건

1972년 10월 11일 김대중은 총선 유세지원 중 다친 다리를 치료하고자 일본에 갔다. 게이오대학의 한 교수로부터 다친 다리 치료를 받자 걷기가 훨씬 부드러워졌다. 10월 19일에 귀국할 예정이었다. 귀국 이틀 전 한 친구(최서면)로부터 전화가 왔다.

"오늘 오후 7시에 박 대통령의 중대발표가 있다는데 알고 있는가?"

"처음 듣는데, 무슨 내용인지 아는 게 있는가?"

"잘 모르겠지만 분위기가 좋지 않은 것 같구면."

김대중은 그날 오후 7시 일본에서 TV를 지켜봤다. 박 대통령의 특별선언은 국회를 해산하고, 계엄령을 선포한다는 내용이었다. 헌법을 바꾸겠다면서 새 헌법을 '유신헌법'이라고 명명했다. 요지는 대통령을 통일주체국민회의에서 간접선거로 선출하고, 국회의원의 3분의 1을 대통령이 추천하며, 대통령이 헌법의 효력까지 정지시킬 수 있도록 긴급조치권을 부여한다는 것이었다. 또한 대통령은 3권 위에 군림할 수 있고, 6년 임기에 연임제한을 철폐해 종신 집권이 가능토록 했다. 김대중은 집으로 전화를 걸었다. 아내는 집 걱정 말라면서 남편의 신변을 더 걱정했다.

"심상치 않아요. 서울에 오시지 않는 게 좋겠어요."

일본에서 김대중은 성명서를 발표했다. '박 대통령의 특별선언은 영구 집권을 노리는 획책'이라고. 이후 김대중은 일본을 떠나 무대를 미국으로 옮겼다. 김대중 아내 이희호는 정보원을 따돌린 뒤, 제3의 장소에서 전화를 걸어 남편과 통화했다.

"미국이나 일본에서 절대로 혼자 다니지 마시고, 음식도 조심하세요. 언제 어디서나 기관원들이 당신을 노리고 미행한다는 것, 잊지 마셔야 해요."

김대중은 일본과 미국을 오가면서 반유신투쟁을 전개했다. 더 효과적인 투쟁을 하고자 '한국민주회복통일촉진국민회의(한민통)'을 결성했다. 그러자 중앙정보부 6국장이 이희호를 찾아와 남편의 귀국을 종용

하라고 전했다.

1973년 7월 10일, 미국에서 일본으로 입국했을 때다. 공항에 마중 나온 동지들이 수심 어린 표정으로 은밀하게 말했다.

"재일 한국인 야쿠자들의 움직임이 수상합니다. 뭔가 음모가 있는 것 같습니다."

누군가 김대중을 노리는 게 분명했다. 고국에서 아내도 그런 느낌을 수시로 은밀히 전했다.

"저들이 당신 때문에 두통을 앓고 있는 것은 사실이에요. 그럴수록 귀국해서는 안 됩니다."

1973년 8월 8일 오전 11시, 김대중은 양일동 민주통일당 총재를 만나고자 도쿄 도심 그랜드팰리스호텔로 갔다. 김강수 비서와 함께 승강기를 타고 22층에 올라갔다. 그런데 22층 복도에는 앉을 만한 곳이 없기에 김 비서에게 아래층 로비에서 대기하라고 한 뒤, 양 총재가 묵고 있는 2211호실 문을 두드렸다. 양 총재가 반갑게 그를 맞았다. 두 사람은 국내 정치상황과 시국문제에 대해 대화를 나눴다.

"김 의원, 이제 그만 귀국하시지?"

"저도 들어가고 싶습니다. 하지만 국내에서 모두 어용 야당이나 하고 있는데, 제가 들어가서 뭘 하겠습니까? 오랜 망명생활을 하니까 자금이 궁합니다. 좀 도와주십시오."

둘이서 이런저런 얘기를 나누는데 밖에서 노크 소리가 들렸다. 양 총재가 문을 열자 김경인 의원이 나타났다. 김대중과는 친척뻘이었다. 셋이서 함께 점심을 먹었다. 낮 1시 15분쯤 호텔방을 나섰다. 그때 어디선가 건장한 사내 대여섯 명이 복도로 뛰쳐나와 그 가운데 두 명이 김대중의 멱살을 잡았다. 김대중은 그들에게 호통을 쳤다.

"무슨 짓이냐. 너희들은 누구냐?"

사내들은 곧장 김대중의 입을 틀어막고는 옆방으로 데려갔다. 옆방을 미리 빌려놓은 듯했다. 반항하는 김대중의 배를 주먹으로 가격해 쓰러뜨린 뒤 손수건을 코에다 대고 눌렀다. 김대중은 순간 그것이 마취제라고 느꼈다. 한순간 의식이 몽롱했다가 깨어났다.

"조용히 해. 말 안 들으면 죽여버릴 거야."

한국말이었다. 순간 김대중은 '큰일이 벌어지겠구나!'라는 생각에 의식을 잃은 것처럼 일부러 꼼짝하지 않았다. 그들은 방문을 열어 호텔 복도를 살핀 뒤 김대중을 양쪽에서 끼고는 승강기 안으로 끌고 갔다. 승강기는 17층인가 18층에서 멈췄다. 젊은 남자 두 명이 들어왔다. 김대중은 이때다 싶어 일본말로 고함을 쳤다.

"살인자다. 나를 구해달라!"

그러자 두 남자는 7층에서 황급히 내렸다. 그들이 내리자 납치범들은 끼고 있던 팔을 더욱 옥죄더니 주먹으로 김대중을 때리고 발로 정강이를 찼다. 지하로 내려가자 승용차가 대기하고 있었다. 그들은 김대중을 뒷좌석으로 밀어 넣더니 양옆으로 한 명씩 타고 앞 좌석에는 두 명이 탔다. 사내들은 김대중을 뒷좌석 바닥에 앉히더니 다리로 그의 머리를 눌렀다. 곧 승용차는 지하주차장을 빠져나갔다. 김대중은 22층 호텔 방에서 지하로 추락한 기분이었다. 그 순간 양일동 총재의 웃음소리가 귓가를 감돌았다.

김대중을 태운 승용차는 어디론가 달렸다. 한참을 달린 뒤, 어느 빌딩의 다다미방에 김대중을 옮겨놓았다. 그런 뒤 김대중의 온몸을 묶었던 끈을 풀고 옷을 벗기고는 허름한 옷으로 갈아입혔다. 신발도 구두 대신에 운동화로 갈아 신겼다. 그런 뒤 김대중의 온몸을 다시 끈으로 칭칭 묶었다. 그러고는 화물포장용 강력 테이프로 얼굴만 남기고 몸 전체를 둘둘 감은 뒤 모터보트에 옮겨 태웠다. 납치범들은 보트 위에서 김대중의 머리에 보자기 같은 것을 씌웠다. 순간 김대중은 죽음을 직감하면서 성호를 그었다. 그때 한 납치범이 김대중의 배를 걷어차며 내뱉었다.

"이 새끼가!"

모터보트는 한 시간쯤 달린 뒤 커다란 배로 김대중을 옮겨 실었다. 한 행동대원이 김대중을 때렸다.

"나는 이미 죽음을 각오한 사람이오. 굳이 때릴 필요는 없지 않소."

그 말 탓인지 매질이 그쳤다. 다른 무리들에게 인계하는 것 같았다. 김대중은 갑판 선실로 끌려갔다. 그곳에서 온몸이 더욱 촘촘하게 묶였다. 두 손을 가슴에 모으게 한 뒤 묶고, 두 발도 묶었다. 몸 위, 아래, 가운데, 세 토막으로 나눠 흡사 시체를 염하듯 묶었다. 손목에는 30~40킬로그램 무게의 돌인지 쇳덩이 같은 것을 달았다.

"이만하면 바다에 던져도 풀리지 않겠지?"

그런 말이 김대중의 귀에 들렸다. 곧 바다에 던져질 게 분명해 보였다. 김대중은 갑자기 살고 싶은 생각이 엄습했다. 그 순간 그는 기도를 드렸다.

'살려주십시오, 저는 아직 할 일이 남아 있습니다.'

순간 눈에 붉은빛이 번쩍 스쳤다. 갑자기 엔진소리가 폭음처럼 요란하더니 배가 미친 듯이 요동치며 내달렸다. 선실에 있던 납치범들의 소리가 들렸다.

"비행기다!"

폭음 같은 게 들리자 배는 전속력으로 달리기 시작했다. 그렇게 30여 분 달리던 배가 속도를 줄였다. 다시 사방이 조용해졌다.

납치 엿새째인 8월 13일 오후가 되자 납치범 행동대원 하나가 다가와 말을 걸었다.

"왜 선생은 해외에서 국가에 반대하는 투쟁을 벌이는 겁니까?"

"내가 반대하는 것은 독재정권이지 국가가 아니오."

"국가가 정권이지, 국가와 정권이 다를 게 무엇이란 말이오?"

잠시 뒤 그가 돌연 화제를 바꿨다.

"김대중 선생, 협상 좀 합시다."

"말해보시오."

"지금부터 선생을 차에 태워 집 근처에 풀어드릴 거요. 그사이 눈을 감은 붕대(안대)는 풀어서도 안 되고 소리를 내도 안 됩니다. 거기서 소변을 본 다음 집으로 돌아가십시오."

"좋소."

그들은 김대중의 눈을 안대로 가린 다음 두 시간여를 달렸다. 김대중은 그들의 정체를 물었다. 그들은 '구국동맹단체'라고 말했다. 잠시 뒤 '자유민주주의를 수호하는 반공단체'라고 정정했다. 이윽고 차가 멈췄다. 그들은 김대중에게 차에서 내리라고 했다. 김대중은 그들과 약속한 대로 서 있는 그 자리에서 소변을 봤다. 그런 뒤 눈을 가리던 붕대를 풀었다. 한참 지나자 언저리 사물들이 서서히 시야에 들어왔다. 집 근처 주유소 간판이 낯익었다. 긴 악몽에서 깨어난 순간이었다.

김대중은 동교동 자택 근처 골목에 서 있었다. 달빛이 밝았다. 하늘에는 보름달이 두둥실 떠 있었다. 김대중은 집으로 발걸음을 옮겼다. 마치 저녁 산책을 끝내고 돌아가듯이.

대문 앞에 서서 문패를 올려다봤다. '김대중 이희호' 문패가 물끄러미 김대중을 내려다봤다. 골목에는 인기척이 없었다. 집 안에서 불빛이 새어나왔다. 김대중은 초인종을 눌렀다. 막 직장에서 퇴근하는 이처럼. 인터폰에서 누구냐고 물었다.

"나다. 나야."

그 말에 집안사람들이 모두 우르르 몰려나왔다. 다들 맨발이었다.

귀국 후 교도소 수감 아니면 줄곧 가택연금의 연속이었다. 1976년 3월 1일, 윤보선, 정일형, 함석헌, 문익환 등 재야 민주지도자들과 함께 '명동 3·1 민주구국선언'을 주도하여 긴급조치 9호 위반으로 구속되어 1심에서 징역 8년을, 대법원에서 징역 5년형 확정을 받았다.

1977년 4월 14일, 진주교도소로 이감됐다. 김대중은 특별히 격리돼 독방에 갇혔다. 좌우 옆방과 맞은편 방도 비워놓고 교도관 몇이서 밤낮으로 감시했다. 날마다 교도소 담 밑에서는 지지자들이 찬송가를 부르고 구호를 외치고 기도를 올렸다. 간혹 그들의 외침이 들려왔다.

"우리가 있으니 걱정 마십시오."

교도소에 수감된 사형수 김대중, 수인번호 9.
(1981) © 김대중 이희호 기념사업회

그들의 외침이 복음처럼 들렸다. 교도소 생활 중 김대중에게 독서는 참으로 유익했다. 독서란 원래 간접 경험이긴 하지만, 옥중에서 읽는 책은 그 이상이었다. 김대중은 아무런 방해도 받지 않고, 정독할 수 있기에 어떤 때는 저자와 대화하고 있다는 느낌마저 들었다. 역사·종교·경제·사상·문학 등을 탐독했다. 하루 20쪽 또는 30쪽을 읽겠다는 목표를 세우고, 여러 권을 번갈아 읽었다. 자신에게 닥친 위기와 역경을 자기 발전의 기회로 삼았다. 그는 감옥을 흡사 '인생대학교'로 전화시킨, 절망 속에서도 내일을 준비한 의지의 인물이었다.

1979년 10월 27일, 새벽 4시쯤 전화벨이 울렸다. 미국 로스앤젤레스에서 걸려온 한 지인의 전화였다.

"간밤에 박정희 대통령이 총격으로 사망했답니다."

그 소식은 새벽공기처럼 서늘했다.

형 집행 정지로 가석방될 때 김대중 내외.(1978) ⓒ 김대중 이희호 기념사업회

서울의 봄

10·26 사태 후 1979년 12월 12일, 서울 시내에서 총격전이 벌어졌다. 전두환 합동수사본부장이 보낸 헌병들이 육군참모총장 공관에서 정승화 계엄사령관을 연행했다. 최규하 대통령의 재가 없이 저지른 불법 연행이었다. 전두환과 그 일파들이 쿠데타로 군권을 장악한 12·12 사태는 예사롭지 않았다.

1980년 새해를 맞았다. 정국은 불안했다. 매스컴에서는 '서울의 봄'이라고 요란을 떨었다. 하지만 꽃 피고 새 우는 그런 따뜻한 봄은 아니었다. 정치권은 마냥 미로를 헤매고 있었다. 국민들의 요구는 대통령 직선제였다. 하지만 최규하 대통령의 행보는 갈수록 묘연했다. 그해 2월 말, 김대중은 복권이 되자 곧 김영삼-김대중 단독회담을 가졌다. 김영삼은 김대중에게 거듭 신민당 입당을 재촉했다. 김대중은 입당하지 않고 관망 자세를 취했다.

1980년 4월 14일 전두환 합동수사본부장 겸 보안사령관은 다시 중앙정보부장 서리를 맡았다. 이로써 전 장군은 나라의 모든 정보기관을 장악했다. 5월 14일 서울, 대구, 광주 등 전국의 주요 도시에서 대대적인 가두시위가 벌어졌다.

"비상계엄 해제하라."

"전두환은 물러나라."

"유신 잔당 타도하자."

5월 17일 전군 지휘관 회의를 거쳐 국방부장관이 제출한 비상계엄 확대안은 오후 9시 50분에 국무회의를 통과했다. 전두환의 5·17 쿠데타였다. 그날 오후 10시가 넘어 40여 명의 군인들이 동교동 김대중 집

내란음모 공판.(1981) © 김대중 이희호 기념사업회

을 덮쳐 그를 연행해 갔다. 그는 중앙정보부 지하실에 갇힌 지 60일 만인 1980년 7월 15일 성남시의 육군교도소로 이송됐다.

1980년 8월 14일 오전, '김대중내란음모사건' 첫 번째 계엄 군법회의가 열렸다. 이 사건에 연루된 24명은 그날에야 비로소 한자리에서 얼굴을 볼 수 있었다. 9월 11일, '내란음모' 혐의로 수감된 24명에 대해서 검찰 측의 구형이 있었다. 김대중에게는 국가보안법 위반, 내란음모죄로 사형이 구형됐다. 김대중은 최후 진술을 했다.

"머지않아 1980년대에는 민주주의가 회복될 것입니다. 나는 그걸 확실히 믿고 있습니다. 그때가 되거든 먼저 죽어간 나를 위해서든, 또는 다른 누구를 위해서든, 정치적인 보복이 이 땅에서 다시는 행해지지 않도록 부탁하고 싶습니다. 이것이야말로 내 마지막 남은 소망이기도 하고, 또 하느님의 이름으로 하는 내 마지막 유언입니다."

제15대 대통령 김대중

9월 17일 선고 공판이 열렸다. 김대중은 재판장의 입 모양을 뚫어지게 바라보았다. 입술이 옆으로 찢어지면 사, 사형이었고, 입술이 앞쪽으로 튀어나오면 무, 무기징역이었다. 마침내 재판관의 입이 찢어졌다.

"김대중 사형!"

그러나 세계 여론이 김대중을 살렸다. 1981년 1월 23일 김대중은 무기징역으로 감형됐다. 그해 1월 31일, 김대중은 육군교도소에서 청주교도소로 이감됐다.

교도소 생활의 첫째 즐거움은 단연 독서였다. 김대중은 청주교도소에서 보낸 2년간 온통 독서에 빠져 지냈다. 이희호는 남편을 위해 다양한 책을 구해서 넣어주었다. 김대중은 책을 읽으면서 '만약 여기 오지 않았더라면 이런 진리를 깨우치지 못했을 것이다'라며 무릎을 쳤다. 그는 교도소 생활을 독서의 기회로, 곧 교도소를 '인생대학'으로 여기며 지냈다.

둘째 즐거움은 '가족 면회'였다. 매달 한 번씩, 한 번에 10분간으로 제한됐다. 손 한 번 만져보지 못했지만, 가족을 만난다는 것은 다시없는 즐거움이었다. 가족과 나눈 정신적 교감은 그를 살게 만드는 또 다른 힘이었다. 세 번째 즐거움은 '편지 받는 즐거움'이었다. 아내는 2년 동안 거의 하루도 빠짐없이 일기를 쓰듯이 편지를 썼다. 무려 649통이었다. 세 아들과 형제, 조카들도 600통가량의 편지를 보냈다.

네 번째 즐거움은 '화단 돌보기'였다. 매일 점심 후에는 한 시간 정도의 운동시간이 주어졌다. 교도소에 있는 동안 김대중은 꽃을 가꾸며 그들과 대화했다.

세월이 흘러 1982년 12월 16일, 김대중은 서울대 병원으로 이송됐고, 일주일 뒤인 12월 23일 밤 워싱턴공항에 도착했다. 그렇게 2년 남짓 망명생활을 마친 뒤 1985년 2월 8일 귀국했다. 그해 2월 12일 총선이 있었다. 투표함을 열자 국민들은 열광했다. 선거 혁명으로 신민당의 승리였다. 지역구 50석, 전국구 17석을 얻었다. 당시 제1야당이었던 민한당은 35석에 그쳤다.

1987년 6월, 야권과 재야, 그리고 학생들은 박종철 고문치사사건 등을 몰아붙여 마침내 6·29 선언을 받아내 대통령 직선제를 관철했다. 그해 7월 9일, 사면 복권된 김대중과 김영삼은 그럼에도 대통령 후보 단일화를 이루지 못한 채, 노태우 민정, 김영삼 민주, 김대중 평민, 김종필 공화라는 1노 3김의 대선 각축을 벌였다.

선거 전날 대한항공 폭파사건의 범인이라는 김현희의 귀국은 선거판을 요동치게 했다. 선거 결과 노태우 후보 828만 표, 김영삼은 633만 표, 김대중은 611만 표의 지지로 낙선의 고배를 마셨다. 모든 비난은 단일화를 이루지 못한 야권에게 쏟아졌고, 여론의 화살은 김대중에게 더 집중됐다.

"회한에 젖은 그는 '국민들의 염원을 위해 내가 양보했어야 했다'라며 후회했다. 그러나 너무 늦은 생각이었다. 나 역시 역사와 국민 앞에 큰 죄를 지은 느낌이었다."

이희호, 『동행』 286쪽

13대 대선에서 패배한 김대중은 충격과 실의에 빠졌다. 노태우가 어부지리로 당선되자 모든 비난이 야권에 쏟아졌다. 다시 야권 통합론이 고개를 들었다. 김영삼의 통일민주당에서는 김대중의 평민당을 해체하라고 요구했다. 하지만 김대중은 오히려 박영숙, 이길재, 문동환,

임채정, 정동년, 이해찬 등 재야인사 91명을 당에 영입해 진영을 보강했다.

1988년 4월 26일 17년 만에 소선거구제가 부활된 제13대 국회의원 총선에서 민정당 125석, 평민당 70석, 민주당 59석, 공화당 35석으로 여소야대 국회가 출현했다. 이로써 김대중은 기사회생하게 됐다. 1990년에 노태우, 김영삼, 김종필은 3당을 합당시켜 거대 여당인 민자당을 출범시켰다. 그들은 보수 대연합이라고 주장했지만 이는 반민주 야합이고 반호남의 연합이었다. 김대중은 3당 합당에 반대한 민주당의 잔류세력과 연합해 통합민주당을 만들었다.

그리고 지방자치제 관철에 주력해 단식 투쟁에 들어갔다. 단식 13일 만에 민자당으로부터 1991년 상반기에 지방의회 선거를 실시하겠다는 약속을 받아냈다. 30년 만에 실시된 1991년 3월과 6월의 지방의회 선거에서 민자당이 압승했다. 김대중도 소기의 성과를 거둬 많은 인재를 확보할 수 있었다. 1992년 3월 24일에 실시된 제14대 국회의원에서 김영삼의 민자당은 219석에서 149석으로 참패했다. 김대중의 민주당은 63석에서 97석으로 대약진을 하고, 신생 정주영의 국민당은 31석을 차지했다.

1992년 5월 25일, 서울올림픽공원 제2체육관에서 열린민주당 대통령 후보 지명대회에서 김대중은 대통령 후보로 선출됐다. 세 번째 대선 도전이었다. 그해 12월 18일에 실시된 제14대 대통령 선거에는 민자당 김영삼, 민주당 김대중, 국민당 정주영, 이종찬(중도사퇴), 박찬종, 이병호, 김옥선, 백기완 등이 출마했다. 선거 결과 민자당 김영삼 후보 997만 표(42.0%), 민주당 김대중 후보 804만 표(33.8%), 국민당 정주영 후보 388만 표(16.3%), 박찬종 151만 표(6.3%)로 민자당 김영삼 후보의 당선으로 막을 내렸다. 그날 밤 11시쯤 당사에서 돌아온 김대중은 아내에게 쓸 것을 가져오라고 했다.

"이번에도 하느님은 나를 선택하지 않으셨습니다. 내가 할 일은 여기까지인 것 같소. 이제 정계를 떠나려고 하오. 내가 말하는 것을 받아 써주오."

그의 비장한 결정에 나는 할 말을 잃었다. 이윽고 그가 구술하고 나는 받아 적었다.

이희호, 위의 책, 302쪽

"존경하는 국민 여러분! 저는 또다시 국민 여러분의 신임을 얻는 데 실패했습니다. 저는 이것을 저의 부덕의 소치로 생각하며 패배를 겸허한 심정으로 인정합니다. 그리고 저는 김영삼 대통령의 당선을 진심으로 축하합니다. 저는 김영삼 총재가 앞으로 이 나라의 대통령으로서 정치, 경제, 사회 등 모든 분야에서 성공하여 국가의 민주 발전과 조국의 통일에 큰 기여 있기를 바라마지 않습니다.

국민 여러분! 저는 오늘로 국회의원직을 사퇴하고 평범한 시민이 되겠습니다. 이로써 40년의 파란 많았던 정치 생활에 사실상 종말을 고한다고 생각하니, 감개무량한 심정을 금할 길이 없습니다. […] 이제 저는 저에 대한 모든 평가를 역사에 맡기고 조용한 시민 생활로 돌아가겠습니다. 국민 여러분과 당원 동지 여러분의 행운을 빕니다."

『김대중 자서전』 1권 606쪽

1993년 1월 26일, 김대중 부부는 홀연 영국 케임브리지대학으로 유학을 떠났다. 그리고 그해 7월 4일, 영국에서 다시 서울 땅을 밟았다. 김포공항에는 수천 명의 환영 인파가 기다리고 있었다. 공항 출입구를 빠져나와 환영행사장 연단까지 가는 데도 힘들 정도로 인산인해였다. 행사장에서 기자들이 물었다. 영국에서 구상한, 남북관계에 대한 전향적인 복안이 있는지를. 그는 이렇게 답했다.

"남과 북은 만나야 합니다. 북의 풍부하고도 값싼 노동력과 남의 투자가 합치면 양쪽 모두에게 득이 됩니다. 북한은 통일 독일에서 짐만된 동독의 경우와는 다릅니다."

1994년 1월 27일, 김대중은 '아시아·태평양 평화재단'을 출범시켰다. 한반도의 평화와 민족 공영의 길을 모색하고, 아시아의 민주 발전과나아가 세계 평화에 기여하기 위한 모체였다. 아태재단은 서울 창천동아름빌딩에 둥지를 틀었다. 1995년 7월 13일, 김대중은 국회의원 51명결의로 정치 재개를 요청받았다. 그들은 김대중이 전면에 나서 위기에처한 나라를 바로 세워야 한다고 주장했다. 이에 김대중은 일시적인 비난을 받더라도 국민의 고통을 외면해서는 안 된다는 신념으로 이를 수용했다. 그리하여 7월 18일에 "국민 여러분에게 드리는 말씀"이란 정계 복귀 성명을 발표했다.

존경하고 사랑하는 국민 여러분! 저는 지난 10년 동안 많은 시련을무릅쓰고 우리나라의 민주화와 평화통일을 위해 노력해왔습니다. 이제 그 노력의 완성을 신당을 통해서 이룩하여 국민 여러분에게 마지막 봉사를 하고자 합니다. 그리하여 오늘의 비판이 반드시 국민적 수용과 지지로 변화될 수 있도록 성심을 다하겠습니다. […] 저는 지금가장 겸손한 마음으로 다시 한번 국민 여러분께 사과의 말씀을 드립니다. 한편 신당이 이 시대가 요구하는 국민적 여망을 책임 있게 달성하는 정당으로서, 오늘 제 결단의 충정이 국민 여러분으로부터 이해와 지지를 받을 수 있도록 모든 것을 바쳐서 노력하겠다는 점을 아울러 다짐하는 바입니다.

1995년 9월 5일, 서울올림픽공원에서 '새정치국민회의' 창당대회가 열렸다. 김대중은 총재로 선출되고, 부총재로 조세형, 이종찬, 정대철, 김영배, 김근태와 함께 영입인사로 박상규, 신낙균, 유재건이 뽑혔다. 1996년 4월 11일, 제15대 국회의원 총선거에서 신한국당이 139석, 새정치국민회의 79석, 자민련이 50석을 얻었다.

1997년 5월 19일 김대중은 새정치국민회의 대통령 후보로 선출됐다. 네 번째 도전이었다. 김대중은 여권의 이회창 후보를 제압하기 위해서 내각제를 고리로 자민련의 김종필을 끌어들이고, 박태준도 합류시켰다. 이에 이회창도 민주당과 합당해 당명도 한나라당으로 바꾸고, '3김 청산'을 구호로 내세웠다. 하지만 당내 이인제가 불복하여 국민신당 후보로 출마했다. 김대중으로서는 호재였다. 이런 상황에 김영삼 정부가 'IMF 구제금융'을 신청하는 사태에 이르자 더욱 유리한 국면으로 접어들었다.

1997년 12월 18일에 치러진 제15대 대통령 선거 결과, 새정치국민회의 김대중 1,032만 표(40.3%), 한나라당 이회창 993만 표(38.7%), 국민신당 이인제 492만 표(19.2%)로, 김대중은 39만 표 차로 이회창 후보를 가까스로 누르고 대통령에 당선됐다. 1971년, 1987년, 1992년에 이은 네 번의 도전 끝에 마침내 대한민국 제15대 대통령으로 당선, 1998년 2월 25일 대통령에 취임했다.

김대중이 제15대 대통령으로 당선됐을 때, 한국 경제 상황은 바람 앞에 선 등불처럼 위태로웠다. 김영삼 정부 말기인 1997년 정초부터 시작된 한국 경제의 위기는 그해 12월에 이르러 최악의 상태였다. 한보 등 대기업들의 잇단 부도로 금융권 위기가 고조됐다. 그해 7월에는 동아시아 국가들의 외환위기 여파가 한국에도 미쳤다. 엎친 데 덮친 격으로 10월에 국제신용평가회사인 S&P가 한국의 신용등급을 하향 조정하자 다른 국제신용평가사들도 덩달아 신용등급을 낮췄다. 위기가 더욱 심각해졌다. 만기외채 연장이 어려워지고 차입금리 상승과 새로운 차입이 중단되는 등 외환 부족과 환율상승이 발생했다.

김대중은 대통령 당선 직후부터 국가 부도 위기 극복을 위해 팔을 걷어붙이고 나섰다. 선거 기간에 쌓인 피로를 풀 틈조차 없었다. IMF 미셸 캉드쉬 총재, IBRD(국제부흥개발은행, 국제연합 산하의 국제금융기관) 제임스 올펜스 총재, 퀀텀펀드 조지 소르서 대표 등이 일산 김대중 집으로 찾아왔다. 그들과 조찬, 오찬, 만찬을 나누면서 금융 위기를 해결하고자 한국에 투자해줄 것을 요청했다. 해가 바뀐 1998년 1월 13일에는 삼성 이건희, 현대 정몽구, LG 구본무, SK 최종현 등 국내 4대 그룹 회장들과 만나 기업 경영의 투명성 제고, 상호 지급 보증 해소, 재무 구조의 획기적 개선 등 5개 항에 합의와 동시에 '사재 출연'을 요구하는 등 국난극복에 그들이 앞장서게 했다.

이러한 김대중 대통령의 국난 극복 총력전에 발맞춰 국민들은 외환위기를 위한 자발적인 금 모으기 운동에 나섰다. 결혼반지, 돌 반지 등 각종 기념반지들이 쏟아져 나왔다. 1907년 일본에 진 국채를 갚으려고 민중들이 일으킨 제2의 '국채보상운동' 같았다. 이처럼 정부와 기업, 국민들이 모두 하나로 동참한 덕에, IMF와 약속한 2004년보다 3년 빠른

2001년 8월에 IMF 차입금을 조기에 완전 상환하여 IMF 구제금융으로부터 벗어났다. 이같이 조기에 국난을 벗어날 수 있었던 까닭은 첫째, 대한민국호의 선장인 김대중이 일찍이 상고 출신으로 실물 경제전문가였기 때문이다. 둘째는 김대중의 뛰어난 리더십으로 국가 역량을 극대화시켰기 때문이다. 셋째는 김대중 정부가 시장 개방과 외국자본 유치에 적극적이었다는 점 때문이다.

6·15 남북공동선언과 노벨평화상 수상

김대중이 제15대 대통령에 취임하자 북측이 남과 정상회담을 원한다는 징후가 여러 경로를 통해 보고됐다. 2000년 2월, 임동원 국정원장의 보고다.

"북측이 송호경 아시아태평양평화위원회(아태위) 부위원장을 대표로 정해놓고, 싱가포르에서 접촉하자고 제의해 왔습니다."

김대중은 박지원 문광부장관을 특사로 지명해 싱가포르로 보냈다. 박 장관은 박씨를 물고 왔다. 이른바 '4·8 합의문'이다. "2000년 6월 12일부터 14일까지 김대중 대통령이 평양을 방문하여 김정일 국방위원장과 역사적인 정상회담을 한다"는 것이다. 2000년 6월 13일, 대한민국 김대중 대통령은 서울을 출발하여 평양에 도착, 역사적인 남북정상회담을 가졌다. 그리하여 2000년 6월 15일 '남북공동선언'을 발표했다.

조국의 평화적 통일을 염원하는 온 겨레의 숭고한 뜻에 따라 대한민국 김대중 대통령과 조선민주주의인민공화국 김정일 국방위원장은

2000년 6월 13일부터 6월 15일까지 평양에서 역사적인 상봉을 하였으며 정상회담을 가졌다. 남북 정상은 분단 역사상 처음으로 열린 이번 상봉과 회담이 서로 이해를 증진시키고 남북관계를 발전시키며 평화통일을 실현하는 데 중대한 의의를 가진다고 평가하고 다음과 같이 선언한다.

1. 남과 북은 나라의 통일 문제를 그 주인인 우리 민족끼리 서로 힘을 합쳐 자주적으로 해결해나가기로 하였다.

2. 남과 북은 나라의 통일을 위한 남측의 연합제 안과 북측의 낮은 단계의 연방제 안이 서로 공통성이 있다고 인정하고, 앞으로 이 방향에서 통일을 지향시켜나가기로 하였다.

3. 남과 북은 올해 8·15에 즈음하여 흩어진 가족, 친척 방문단을 교환하며 비전향장기수 문제를 해결하는 등 인도적 문제를 조속히 풀어나가기로 하였다.

6·15 공동선언 서명 후 남북 두 정상.(2000. 6.) © 김대중 이희호 기념사업회

4. 남과 북은 경제 협력을 통하여 민족 경제를 균형적으로 발전시키고 사회·문화·체육·보건·환경 등 제반 분야의 협력과 교류를 활성화하여 서로의 신뢰를 다져나가기로 하였다.

5. 남과 북은 이상과 같은 합의 사항을 조속히 실천에 옮기기 위하여 이른 시일 안에 당국 사이의 대화를 개최하기로 하였다.

김대중 대통령은 재임 중 '6·15 남북공동선언'으로 남북 화해에 주춧돌을 놓았다. 이는 우리나라 분단사의 금자탑이다.

2000년 10월 13일 저녁, 노르웨이 노벨위원회는 '2000년 노벨평화상 발표문'을 통해 김대중을 수상자로 발표했다. 선정 이유는 1997년 김대중이 대통령 선거에 당선됨으로써 한국은 민주정부 체제를 더욱 공고히 했고, 한국 내 화합을 도모했다는 점, 김대중의 대북 '햇볕 정책'을 통해 남북한 사이에 50년 이상 지속된 전쟁과 적대감을 극복하려고

김대중의 노벨평화상 수상.(2000. 12.) ⓒ 김대중 이희호 기념사업회

노력했다는 점, 그의 북한 방문으로 두 나라 사이의 긴장을 완화하는 과정에 주요 동력이 됐다는 점, 이제 한반도에 냉전이 종식되리란 희망이 싹트게 되었다는 점, 한국과 이웃 국가, 특히 일본과의 화해에도 기여했다는 점 등이었다. 김대중 대통령의 수상 소감은 이러했다.

"이 영예로운 노벨평화상을 제가 받게 된 것은 다시없는 영광입니다. 이 영광을 지난 40년 동안 민주주의와 인권, 그리고 남북한의 평화와 화해 협력을 위해 변함없이 성원해주신 한국 국민 모두에게 돌리고자 합니다."

분단 이후 남북 정상이 최초 정상회담으로 평화통일의 초석을 놓은 것은 김대중 대통령의 크나큰 업적이다. 하지만 정치인으로 자신이 뱉은 말을 뒤집어 다시 정계에 복귀한 일은 큰 오점이 아닐 수 없다.

제16대 대통령

노무현

다시 부산으로 갔다. 하지만 2000년 4월 13일 제16대 국회의원
선거에서 한나라당 허태열 후보에게 패했다. 지역주의를 극복하
지 못하고, 1만 3천여 표 차이로 낙선했다. 그날 그는 쓰라린 마음
을 다독이며 잠들었다. 그런데 이튿날 아침 눈을 뜨니 상상도 못 할
일들이 그를 기다리고 있었다. 수많은 시민들이 노무현의 홈페이지
에 찾아와 밤새 울분에 찬 글을 소나기처럼 쏟아놓은 것이었다.

노무현을 만나다

서울 종로구를 '정치 1번지'라고 부른다. 그 까닭은 종로구에 청와대도, 지난날 중앙청(옛 정부종합청사)도 종로구에 있었기 때문이다. 게다가 종로구 지역 출신 정치인 중에는 훗날 대통령, 국무총리, 여야 당수가 되는 이가 많았다.

1996년 4월 11일에 실시된 제15대 국회의원 선거 때 서울 종로구는 전국 최대 관심 지역으로 전 국민의 눈길이 이곳에 쏠렸다. '정치 1번지'라는 지역구답게 쟁쟁한 정치인들이 입후보했다. 당시 여당인 신한국당의 이명박 후보, 새정치국민회의의 이종찬 후보, 통합민주당의 노무현 후보, 그 밖에 무소속 및 군소정당 후보 등 모두 7명이 입후보했다. 그때 나는 종로구의 한 유권자로 선거일을 앞둔 마지막 주말 오후에 일부러 종로5가 효제초등학교 운동장에서 열린 후보자 합동유세장을 찾아갔다. 그리하여 두어 시간 그들의 열띤 말의 공방전을 한껏 즐겼다.

가장 먼저 단상에 오른 이는 신한국당의 이명박 후보였다. 그는 '종로 발전의 적임자'라는 말과 함께 장밋빛 공약을 잔뜩 늘어놓고 하단했다. 운동장을 가득 메운 청중 가운데 상당수가 이내 썰물처럼 빠져나갔다. 동원된 청중으로 보였다. 이어 새정치국민회의 이종찬 후보가 연단에 올랐다. 그는 '종로 토박이를 뽑아달라'면서 '이명박 후보가 선거판을 흐리는 관권선거를 한다'고 맹비난했다. 4년 전과는 정반대의 목소리였다. 그동안 늘 여당 후보로 4선을 한 이종찬 후보가 어느 날 갑자기 야당 후보가 돼 여당 후보를 공격하는 걸 보면서, 나는 '한 치 앞을 내다보지 못하는 게 인생'이라는 말을 절감했다.

그날 노무현 후보는 여섯 번째로 등단했다. 그때는 관중이 거의 빠져 나간 뒤였다. 유세장은 마치 날이 저문 파장 터와 같았다. 그는 이미 연설을 끝내고 자리를 뜬 이명박 후보와 이종찬 후보를 두루 싸잡아 특유의 카운터 말 펀치를 날렸다. 하지만 두 당사자들도, 청중들도 대부분 자리를 떠난 뒤였다. 마치 허공에 화살을 쏘는 격이었다.

노무현 후보는 유세를 마친 뒤 홀로 쓸쓸히 운동장을 가로질러 교문 쪽으로 나갔다. 그는 상심한 마음을 달래려는 듯, 담배 한 개비를 꺼내 입에 물고 불을 붙인 뒤 아주 맛있게 태우면서 퇴장하다가 나와 정면으로 마주쳤다. 후보에게 유권자는 '왕'이 아닌가. 그는 입에 문 담배를 얼른 손아귀에 감춘 뒤 나에게 아주 공손히 인사했다.

"노무현입니다."

나는 그에게 말없이 목례로 답했다. 그러고는 나도 그의 뒤를 따라 유세장을 벗어났다. 지금도 그날 그가 허망한, 쓸쓸한 표정으로 돌아서는 뒷모습이 마치 엊그제 본 듯 선명히 떠오른다.

우리나라는 국토가 좁기 때문인지, 한 사람만 건너면 서로 다 알고 통한다. 나의 고교 시절 친구로, 중동고 3학년 때 짝이었던 전라남도 보성 양조장 집 아들 염동연이 후일 뜻밖에도 노무현 대통령 후보 캠프장으로, 대통령 만드는 데 일등공신 역할을 했다. 노 대통령을 잘 아는 그에게 내가 도움을 청하자 그는 흔쾌히 응해줬다.

1996년 종로에서 3등으로 낙선한 노무현은 6년 후 2002년 12월에 대한민국 제16대 대통령이 됐다. 변방 부산상고 출신이 천하의 경기고, 서울 법대 출신의 전 국무총리 이회창 후보를 꺾은 뒤 대한민국 대통령이 되다니! 이는 경천동지할 노릇이 아닌가? 맥아더의 인천상륙작전 성공확률보다도 훨씬 더 기대치가 낮은 일이었다. 내가 그런 얘기를 하자, 염동연 전 의원은 '자네만 그랬던 게 아니었네'라면서 당시의 일화를 들려줬다.

　2001년 초 이제 막 출범한 노무현 금강캠프에 여러 인사를 영입하는 과정에서 벌어진 일이라고 한다. 그때 캠프에서는 한 유명인사를 좌장으로 모시면 어떻겠느냐는 의견이 나왔다. 그리하여 한 참모가 노무현 장관(당시 해양수산부장관)을 수행하고 가서 그 인사를 만났다. 그런데 얼마 후 캠프로 돌아온 노 장관의 심기가 몹시 불편해 보였다. 얼굴에서 찬바람이 났다.

　"그 사람이 나를 알기를…… 허, 나 원 참!"

　"왜 그러세요?"

　"아니, 나 원…… 창피해서 얘기하기도 싫네요."

　노 장관은 감정을 삭이고자 그대로 캠프사무실 밖으로 나갔다. 염동연은 당시 동행한 참모에게 그 내막을 꼬치꼬치 물었다. 그 참모는 "노 장관 면전에서 그 인사가 '당신이 대통령 된다면 대통령 안 될 사람이 누가 있겠느냐'는 투로 말했다"라고 전했다.

　이 일이 일어나고 1년 뒤, 노무현은 대통령에 당선됐다. 그러자 그 인사가 부총리 자리를 제안하더란다.

　2015년 5월, 나는 경남 김해 가야대학교로부터 글쓰기 특강을 요청받아 그곳에 갔다. 나는 이따금 지방에서 특강을 할 때 지역 학생들의 흥미를 돋우고자 가능한 한 그 지역 인물이나 그 지방과의 인연을 얘기한다. 그 고장은 노무현 대통령의 고장이라는 걸 미리 알고, 특강 주제인 '말과 글의 중요성'을 강조하는 데 그의 예화를 들었다.

"변방 김해 봉하 촌놈이, 그것도 부산고등학교나 경남고등학교 출신도 아닌, 부산상고 출신이, 우리나라 대통령이 된 것은 노무현 전 대통령이 말을 잘했기 때문입니다. 그분이 대통령 후보 당내 경선에서 상대측에서 장인의 좌익 활동을 문제 삼을 때, 그는 이렇게 맞받아쳤습니다. '아이들 잘 키우고, 지금까지 서로 사랑하면서 잘 살고 있습니다. 뭐가 잘 못됐습니까? 이런 아내를 제가 버려야 합니까? 그렇게 하면 대통령 자격 있고, 이 아내를 그대로 사랑하면 대통령 자격이 없다는 겁니까? 여러분이 그런 아내를 가지고 있는 사람은 대통령 자격이 없다고 판단하신다면 저 대통령 후보 그만두겠습니다! 여러분이 하라고 하면 열심히 하겠습니다!' 이 말로 노무현은 한센병균보다 더 무서운 연좌제의 악령에서도 벗어날 수 있었고, 대통령 후보도 됐고, 대통령까지 됐습니다."

가야대학교 학생들의 눈빛이 금방 초롱초롱해졌다. 그날 강의가 끝나자 박수는 물론이요, 내 책을 구입한 학생들이 사인을 부탁하고 기념사진 촬영까지 이어졌다. 그때 대학 측에서는 기왕에 먼 길 왔으니 하루를 그곳에서 쉬고 그다음 날 다른 과 학생들에게 한 차례 더 특강을 해달라고 요청했다. 나는 그 요청을 감사한 마음으로 수락하고 대학 측에서 마련해준 한옥 게스트하우스에서 지낸 뒤 다음 날 오전에 노무현 생가 마을을 방문했다.

우리나라 의병사 공부를 하던 중 알게 된 이태룡 박사가 마침 그 고장 사람으로 앞장서주었다. 그날 봉하마을로 가는 길목은 노무현 서거 6주기 추모 행사를 위한 준비가 한창이었다. 도로에는 노란 바람개비들이 빙빙 돌면서 나그네를 환영했다.

이태룡 박사는 저서와 국화송이를, 나는 국화송이만을 제단에 바치며 깊이 고개 숙였다. 이 모든 것을 봉하마을 뒷산의 부엉이바위는 말없이 지켜보고 있었다. 그는 왜 고향마을 뒷산 부엉이바위에서 뛰어내렸을까? 나는 그 답을 염동연에게 물었다.

"그분은 결벽증이 심한 분이었다네. 그 결벽주의 때문에 대통령까지 올라갔던 거지. 결벽주의는 청렴결백하다는 장점도 있지만, 자존심에 상처를 입을 때는 쉬이 견디지 못하는 단점도 있다네. 게다가 자신을 겨누던 칼날이 안방으로 옮겨가자 당신이 희생해서 가족을 살리고자 문득 부엉이바위가 떠올랐을지도……."

친구의 말을 듣고 보니 일면 수긍이 갔다. 사랑하는 가족을 지키려는 가장의 그런 뜨거운 마음을 가져보지 못했던 나로서 그가 심히 존경스러웠다. 그는 아내를, 가족을 진정으로 사랑했던 순정파, 의리의 사나이였다.

노무현 묘소 참배를 마친 뒤 생가로 갔다. 주인은 잠시 이웃집에 마실 간 듯 안방도, 건넌방도, 정지(부엌)도, 곳간도 모두 열려 있었다. 주인이 살아 있었더라면 구면인 이태룡 박사와 가까운 선술집에 가서 이 박사의 『한국의병사』 발간을 축하하는 이야기를 나누며 막걸리 한잔 나눴을 텐데…….

"경남 안의(함양) 출신 노응규 의병장이 노무현 대통령 종증조부입니다."

이 박사는 내가 전혀 몰랐던 노 대통령 가계에 대해 이야기했다.

"그런 의병장의 후예라서 남다른 강단이 있었나 봅니다."

내가 그 말에 화답했다.

"왕대밭에 왕대 나지요."

노무현은 1946년생으로 개띠다. 나는 1945년생 닭띠다. 그래서 친밀감도, 때로는 그의 정의에 대한 용기를 보고 자굴심도, 자괴심도 가졌다. 노무현은 아버지 노판석과 어머니 이순례의 2녀 3남 중 막내로 9월 1일(음 8월 6일)에 태어났다.

그는 진영읍 대창초등학교를 졸업하고 진영중학교에 입학했다. 하지만 학비 때문에 애를 먹었다. 1960년 2월 이승만 대통령 생일을 앞두고 학교에서 대통령을 찬양하는 글짓기 행사를 열었다. 소년 노무현은 이것은 부당한 일이니 백지를 내자고 학급 친구들을 선동했다. 그의 선동으로 친구들은 모두 백지를 냈다. 그는 괘씸죄로 교무실에서 온종일 벌을 섰다. 그에게는 불의를 보고 참지 못하는 불같은 정의감이 흐르고 있었다. 그와 또래인 나로서는 상상도 할 수 없는 용기 있는 행동이었다.

그는 집안이 가난해 고교 진학을 포기했다. 아무에게도 말하지 않고

노무현 생가. ⓒ 박도

5급 공무원(현 9급) 시험공부를 시작했다. 큰형은 그 사실을 알고 부산 상고에 진학하게 했다. 그의 최종학력에는 '부산상고'라는 수식어가 평생 붙었다. 노무현은 부산상고 졸업을 앞두고 농협 입사 시험에 응시했으나 떨어졌다. 학교에서 알선해준 한 어망회사에 취업했다. 급여가 형편이 없어 곧 회사를 그만두고 백수가 됐다. 1968년 3월에 육군에 입대했다. 육군 상병으로 전역한 뒤 하늘의 별따기처럼 무모한 고시공부를 시작했다. 그러면서 같은 동네에 살던 권양숙과 사귀었다. 권양숙의 아버지는 시각장애인으로, 6·25 전쟁 당시 인민군에 협력한 혐의로 전쟁이 끝난 뒤 구속과 재수감을 거듭하다가 끝내 옥사했다.

　서로 사랑했지만 혼인까지는 순탄치 않았다. 노무현은 별 가능성이 없는 고시공부를 하는, 남의 집 귀한 딸 밥 굶기기에 딱 좋은 백수였다. 또한 신랑 쪽 어머니는 신부 쪽 아버지의 전력 때문에 썩 내키지 않는 눈치였다. 하지만 두 사람은 물불 가리지 않고 서로 좋아했다. 그리하여 1973년 1월, 결혼식을 올렸다.

개천에서 용이 나다

　1975년, 노무현은 제17회 사법고시에 합격했다. 고졸 합격자는 노무현 단 한 사람이었다. 노무현이 사법고시에 합격통보를 받자 그의 아내는 너무 기쁜 나머지 눈물범벅이 되도록 엉엉 소리 내어 울었다. 그가 사법고시에 합격한 것은 개천에서 용이 난 만큼이나 큰 경사였다. 마을에서는 돼지를 잡고 풍물을 치면서 일주일이 넘도록 동네잔치를 벌였다. 그것만으로도 기쁨을 다 표현할 수 없었다. 후일 대통령이 됐을 때도 그때의 기쁨만 못했다.

그는 대전지방법원에서 판사 생활을 시작했다. 모범적인 법관도, 우수한 판사도 아니었다. 하지만 그는 이른바 생계형 범죄에 대해서는 관대한 판사였다. 닭서리를 하다 잡혀 온 젊은이나 소액의 '촌지'를 받았다가 기소된 하급 공무원에게는 무죄나 집행유예를 주려고 애썼다. 사연을 꼼꼼히 들여다보면 도무지 남의 일 같지가 않았기 때문이다. 결국 1년도 다 채우지 못하고 판사직에서 물러났다.

1978년 5월에 변호사 개업을 했다. 그저 그런 변호사였다. 그때부터 돈 걱정하지 않고 살게 됐으며, 허리를 숙이는 사람도 많아졌다. 살맛이 났다. 개천에서 용이 된 인물들이 대부분 그렇듯 초기의 노무현 변호사도 그랬다. 출세해서 가난하고 힘없는 사람들을 도와주겠다던 어린 시절의 꿈은 슬며시 녹아 사라지고 있었다.

1981년 9월, 전두환 정권이 이른바 '부림釜林사건(사회과학독서모임을 하던 이들을 기소한 부산지역 사상 최대의 용공조작사건)'이라는 것을 발표했다. 그 사건에 손댄 것이 노무현을 인권변호사 '노변'으로 바꾼 계기가 됐다.

2004년 3월 12일은 국회에서 노무현 대통령 탄핵소추안이 통과된 날이다. 그날 나는 NARA에서 백범 암살 배후 문서를 찾다가 워싱턴 공항에서 귀로에 올랐다. 권중희 선생과 미국에 머무는 40여 일 동안 영어에 서툰 우리의 불편함을 보살펴줬던 재미동포 자원봉사자들은 그날도 공항까지 배웅했는데 평소와 달리 눈자위가 벌겋고 눈물을 글썽였다. 간밤에 고국에서 날아온, 노무현 대통령 탄핵소추안이 가결됐다는 소식에 대한 울분 때문이라고 했다.

그날 우리 두 사람은 워싱턴을 떠나 다섯 시간 뒤 로스앤젤레스 국제 공항에 닿았다. 그곳에 마중 나온 동포들도 한결같이 노무현 대통령 탄핵소추안 통과에 대한 울분을 토했다. 다음날 그들의 간담회에 참석했다. 왜 고국을 떠나 미주에 있는 동포들까지 노무현 대통령 탄핵소추에 비분강개를 금치 못했을까. 재미 언론인 진천규(미주《한국일보》기자)에게 물었더니 이런 대답이었다.

"역사의 후퇴로 반통일 세력들의 농간에 놀아나고 있기 때문입니다."

노무현, 그는 세상을 바꾸려고 했다. 두꺼운 기득권층의 완강한 반대는 마침내 대통령직까지 위협하고 있었다. 그러자 국내외 진보계 및 뜻 있는 젊은 세대들이 그를 보호하고자 나섰다

'부림사건'은 내가 재야 운동에 뛰어들게 된 결정적인 계기였다. 그리고 내 삶에서의 가장 큰 전환점이기도 했다. […] 부림사건에는 사실 '사건'이 없다. 무슨 저항의 움직임이 구체적으로 있었던 것이 아니라 억지로 엮어낸 조작된 사건이었다. 1979년에 이흥록 변호사가 양서조합을 만들었는데, 그 회원들이 대부분 잡혀 들어갔던 것이 전부이다.

내가 그 사건의 변론을 맡게 된 것은 이흥록 변호사의 응원 요청을 받아들인 것이었다. 검사가 김광일 변호사를 그 사건에 함께 엮겠다고 협박하는 바람에 김 변호사가 그 사건을 변론할 수 없어 손이 모자란다는 것이었다. 그때만 해도 나는 사건의 내용이나 성격을 파악하기는커녕 시국에 대한 최소한의 인식도 가지고 있지를 못했다. 그럼에도 선뜻 변론에 나선 것은 무엇이든 두려워하지 않고 피하지 않겠다는 생각 때문이었다. 그런데 막상 '부림사건'의 내용을 파악해보니 이건

너무나 터무니없는 것이었다. 지금 생각하면 아무것도 아닌 책들, 예를 들어『전환시대의 논리』,『난장이가 쏘아올린 작은 공』,『우상과 이성』 같은 책을 읽었다는 게 죄가 되었다. 돌잔치에 모인 몇 사람이 정부를 비판한 몇 마디는 정권 전복 기도로 둔갑했다. 탁구장에서 탁구를 치며 한 얘기, 여름철 계곡에서 놀며 한 얘기, 두 사람이 다방에서 한 얘기까지도 모두 불법집회요, 계엄 포고령 위반이 되어 있었다. 그렇게 붙잡혀 들어간 사람 중 한 젊은이를 교도소에서 접견하게 되었다. 그는 57일간이나 경찰에 구금되어 매 맞고, 조사받고, 통닭구이 등 온갖 고문을 당했다. 그러나 그 학생의 가족들은 전혀 그 사실을 모르고 있었다.

그의 어머니는 아들이 행방불명되자 문득 3·15 부정선거 때 마산 앞바다에서 시체로 떠오른 김주열이 떠올라, 부산 영도다리 아래에서부터 동래산성 풀밭까지 아들의 시체를 찾겠다며 마치 실성한 사람처럼 온 부산 시내를 헤매고 다녔다는 것이다. 그 학생을 내가 처음 접견했을 때 그는 경찰의 치료를 받아 고문으로 인한 상처의 흔적을 거의 지운 후라고 했다. 얼마나 고문을 당하고 충격을 받았는지 처음에는 변호사인 나조차도 믿으려 하질 않았다. 공포에 질린 눈으로 슬금슬금 눈치를 살피는 것이었다. 한창 피어나야 할 젊은이의 그 처참한 모습이란…… 눈앞이 캄캄해졌다. 세상에 어떻게 이런 일이…… 상상조차 해본 일이 없는 그 모습에 기가 꽉 막혔다. 분노로 인해 머릿속이 헝클어지고 피가 거꾸로 솟는 듯했다. 도저히 스스로 걷잡을 수 없을 만큼 큰 충격이었다. 정말 이것만은 세상에 꼭 폭로해야겠다고 마음을 다져먹고 변론을 시작했다. 통닭구이 등의 고문과 무수한 매질, 접견은커녕 집으로 연락조차 없었던 일, 아들을 찾아 나선 그 어머니의 처참했던 심경 등을 낱낱이 적어 법정에서 따져 물었다. 방청석은 울음바다가 되었다.

노무현, 『여보, 나 좀 도와줘』 209~211쪽 요약 정리

'부림사건'은 내게 있어 또 다른 의미를 가지고 있다. 그때까지 나는 독재와 고문에 대해서만 분개해왔던 게 사실이다. 그런데 부림사건이 진행되고 있는 와중에도 학생들은 나에게 독점자본에 의한 노동 착취와 빈부 격차의 모순 같은 문제를 이해시키려고 노력했다. 그러면서 자신들이 읽다가 붙잡혀 온 책들을 읽기를 권했다. 나는 변호사 일로 바쁜 데다가 경황이 없어 잘 읽히지 않았다. [⋯] 그러나 나는 그때 그들로부터 많은 감명을 받았다. 그리고 그들의 관심사에 관해서도 차츰 눈을 뜨게 되었다. 훗날 그들이 석방되어 나올 때쯤에는 나도 꽤 많은 책을 읽고 있었으나, 그보다는 그들의 순수한 열정과 성실함이 나를 그들의 세계로 끌어들인 것 같다.

위의 책, 213쪽 요약 정리

노무현이 노동사건과 시국사건 변론에 몰두했던 1980대 중반은 한국현대사의 가파른 고갯길이었다. 그 시절 노무현은 '민주헌법쟁취국민운동본부' 부산본부 집행위원장으로 부산 시위의 제일선에 섰다. 그의 마음에 와닿았던 민중가요의 첫 구절인 '사람 사는 세상'을, 그는 정치에 입문하면서 꿈으로 삼았다.

1988년 초 통일민주당 김영삼 총재한테서 영입 제안이 왔다. 아내는 머리를 싸매고 반대했다. 아내는 정치를 몰랐지만 남편이 정치를 하면 가족과 주변 사람들에게 무슨 일이 벌어질지 직관적으로 알았다. 노무

현이 아내에게 생활비를 가져다주지 못한 것이 여러 해가 됐다. 출세한 변호사로 친지들에게 챙겨야 할 것도 많았지만, 그러질 못했다.

노무현은 김영삼 총재의 영입 제안을 운명으로 받아들였다. 복잡하게 생각하지 않고, '국회의원이 되면 노동자를 돕는 데 유리할 것이다'라고 단순 소박하게 판단했다. 전두환 대통령의 왼팔로 통한 허삼수 후보가 출마한 부산 동구를 선택했다.

"허삼수 후보는 반란을 일으킨 정치군인입니다. 국회가 아니라 감옥에 보내야 합니다."

김영삼 총재의 이 한마디는 선거에 큰 도움이 됐다. 1988년 4월 총선에서 압승을 거뒀다. 국회의원 임기가 시작되자마자 노무현은 전국의 노사분규 현장을 찾아다니면서 몸으로 부딪쳤다.

5공 청문회

1988년 가을은 국회 청문회의 계절이었다. 5공 비리 특위 청문회와 광주특위 청문회가 있었다. TV가 생중계하는 가운데 청문회가 열렸다. 다음 날 눈을 떠보니 노무현은 그새 전국적으로 유명인사가 돼 있었다. 정주영의 입에서 "안 주면 재미없을 것 같아서 줬다"라는 모금의 강제성 시인 발언이 나왔다.

"시류에 순응한다는 것은 힘 있는 사람이 하고자 하는 대로 따라간다는, 그러한 뜻으로 해석할 수 있겠습니까?"

노무현의 이 말에 정주영은 아무 대답도 못 했다. 당에서는 정주영 회장이 고령인 데다가 업적이 많은 기업인이니 함부로 다루지 말라는 지시가 내려왔다. 다른 증인들한테는 고함을 치거나 욕설까지 했던 국회의원도 정주영에게는 "회장님!" 소리를 하면서 예우했다. 하지만 노무현은 정주영 회장이라고 봐주지 않았다. "시류에 따라 산다"고 말했던 정주영 회장이 마침내 말문이 막힌 것이었다. 그 순간 TV 생중계를 지켜보던 국민들은 오랜 체증이 '뻥' 뚫렸다.

1990년 1월 22일, 여당인 노태우의 민주정의당, 야당인 김영삼의 통일민주당, 김종필의 신민주공화당 3당이 민주자유당으로 합당했다. 모든 것이 일사천리였다. 노무현은 통일민주당 합당 결의 대회장에서 주먹을 불끈 쥐고 외쳤다.

"이견이 있습니다. 반대토론 합시다."

정당 내부에 민주적 절차라는 것은 존재하지 않았다. 보스가 결정하면 나머지는 우르르 따라갔다. 모두가 떠나갔다. 그때 노무현은 정치를 그만두리라 마음먹었다. 3당 합당은 노무현에게 두 가지 충격을 줬다.

그 하나는 호남이 정치적으로 고립됐고, 영남은 보수 정치세력의 손아귀에 완전히 들어가고 말았다는 점이다. 지역 구도는 돌이킬 수 없을 정도로 고착화됐다. 그 둘은 우리 정치가 통째로 기회주의 문화에 빠졌다는 것이다. 철새 정치 수준이 달라진 것이다. 정권을 놓고 자웅을 겨루던 정치지도자가 당을 옮겨간 적은 없었다. 그 와중에 김정길 의원은 상심한 노무현을 다독이면서 무너진 야당을 다시 일으켜 세웠다. 노무현은 김정길 의원의 손을 잡고 새로운 집을 지었다. 통일민주당에 있다가 3당 합당을 거부한 사람들이 중심이 돼 민주당을 창당했다. 당시 사람들은 이 당을 '꼬마 민주당'이라고 불렀다.

노무현은 1992년 제14대 국회의원 총선에서 다시 부산 동구에 출마했다. 많은 이들이 서울에서 출마하기를 권했다. 하지만 김정길, 노무현은 부산을 버릴 수 없었다. 영남에 야당을 복원하고 싶었다.

4년 전 김영삼 총재를 '대통령병 환자'라고 비난하던 허삼수 후보가 "위대한 민족의 지도자 김영삼 총재님을 모시고 부산 발전을 위해 이 몸을 바치겠다"라고 말했다. 4년 전 허삼수 후보를 '반란군 총잡이'로 규정하고 "국회가 아니라 감옥으로 보내야 한다"라고 말했던 김영삼 총재는 지원 유세에서 말했다.

"허삼수 씨는 충직한 군인입니다. 뽑아주시면 중히 쓰겠습니다. 저를 대통령으로 만들어주시려면 허삼수 씨를 국회의원으로 뽑아주십시오."

김영삼의 지원 유세는 곧장 뽕나무밭을 바다로 만들었다. 그때 노무현의 선거구호는 이랬다.

"큰 새는 바람을 거슬러 날고, 살아 있는 물고기는 거슬러 헤엄친다."

그 당시 노무현은 바람을 거슬러 날아오를 만한 큰 새가 아니었다. 허삼수 후보의 절반밖에 표를 얻지 못하고 낙선했다. 노무현은 오히려 홀가분했다. 이로써 노무현은 김영삼과 결별하게 됐다.

1990년 3당 합당에 반대한 노무현은 '꼬마 민주당'으로 활동하다가 야권 통합을 주도해 통합민주당 대변인이 됐다. 14대 대선 때는 김대중 후보 청년특위 물결유세단장을 맡기도 했다. 이듬해 3월, 김대중 총재가 없는 민주당 전당대회에 출마해 최고위원에 당선했다. 1995년 2월 임시전당대회에서 부총재로 선출되고, 그해 6월에는 민주당 부산시장 선거에 출마했으나 낙선했다. 그 이듬해 1996년 4월, 제15대 국회의원 선거 때는 서울 종로에서 입후보해 3위로 또다시 낙선했다.

1997년 노무현은 김대중이 정계 복귀를 선언한 뒤, 창당한 새정치국민회의에 입당했다. 제15대 대통령 선거에 김대중 후보 지지 방송 연설을 하는 등 당선에 힘을 보탰다. 1998년 이명박 의원이 부정선거 혐의로 당선 무효 확정 판결을 눈앞에 두고 사퇴한 서울 종로 보궐선거에 입후보했다. 그리하여 그동안 국회의원 선거에서 두 번, 부산시장 선거에서 한 번, 모두 세 번의 낙선 끝에 10년 만의 짜릿한 승리를 맛보았다. 하지만 노무현은 종로에 안주하지 않았다. 이 나라 고질병의 하나인 지역주의를 극복하고자 말이 아닌 행동으로 뭔가를 보여줘야 했다. 그는 자기희생과 헌신을 통해 국가의 고질적 문제를 해결하려는 자세로 다시 부산으로 갔다.

하지만 2000년 4월 13일 제16대 국회의원 선거에서 한나라당 허태열 후보에게 패했다. 지역주의를 극복하지 못하고, 1만 3천여 표 차이로 낙선했다. 그날 그는 쓰라린 마음을 다독이며 잠들었다. 그런데 이튿날 아침 눈을 뜨니 상상도 못 할 일들이 그를 기다리고 있었다. 수많은 시민들이 노무현의 홈페이지에 찾아와 밤새 울분에 찬 글을 소나기처럼 쏟아놓은 것이었다.

'노사모' 탄생

언론 인터뷰 요청도 밀물처럼 들어왔다. 어떤 국회의원 당선자도 그렇게 뜨거운 언론의 관심을 받지 못했다. 인터넷 여론은 그에게 '부산 시민이 원망스럽지 않느냐'고 물었다. 노무현은 이런 여론에 감사 글을 올리면서 '부산 시민을 비난하지 말아달라'고 부탁했다. 그는 인터넷 세상에서 '바보 노무현'이 됐다.

'바보 노무현'을 좋아하게 된 사람들은 모임을 만들었다. 2000년 6월 6일, 대전대학교 앞 조그만 PC방에 60여 명이 모였다. 그곳에서 '노무현을 사랑하는 모임', 곧 노사모가 탄생했다. 노무현을 대통령으로 만드는 것이 노사모의 궁극적인 목표라고 했다. 노사모는 좌절감에 빠졌던 노무현에게 새로운 용기를 줬다. 그들은 스스로 노무현을 지지하는 조직을 만들어 활동하면서 조금도 생색을 내지 않았다. 노무현이 2001년 5월, 기자간담회에서 차기 대선에 출마할 뜻을 비쳤다. 그 근본은 노사모의 성원 덕분이었다.

2000년 8월 7일 김대중 대통령은 노무현을 해양수산부장관으로 임명했다. 그로부터 9개월간 해양수산부장관 업무를 수행하면서 부족했던 행정 경험을 익혔다. 장관 경험은 그가 대통령으로 발돋움하게 되는 절호의 기회였다. 염동연의 얘기는 이랬다.

1997년 대통령 선거에서 김대중 총재가 민주당 후보로 나섰을 때 그는 차기 대통령 후보로 누가 좋을지를 생각했다. 김대중이 그해 대선에서 대통령 삼수에 성공하든 하지 못하든, 그건 관계없었다. 김대중이 그때 당선되지 않는다 해도 여든 가까운 고령에 또다시 대선을 치르기는 어렵기 때문이었다. 민주세력이 집권하려면 과연 누가 후보로 적합할지를 고심하고 또 고심했다. '누가' 다음 대선에 나갈 것인가? 아니다. 엄밀히 말하면 그 질문은 이렇게 바꿔야 맞았다.

'누가 나서면 차기 대선에서 이길 수 있을 것인가?'

당시 민주 진영에서 '누가 상대적으로 우월하거나 더 나은가'의 문제가 아니었다. '본선을 이길 수 있는 후보가 과연 누구일까?'였다. 그렇게 따지고 또 따져보니 정작 정통 민주 진영에서는 나갈 만한 사람이 없었다. 예선(당내 경선)은 이길지 몰라도 대다수가 본선(대선)에서는 경쟁력이 없었다. 노무현은 '패권적 지역주의'가 판치는 영남에서 경쟁력을 가진 유일한 민주당 정치인이었다. DJ 깃발을 들고도 영남에서 30퍼센트 안팎의 지지를 얻어내는 후보였다.

염동연은 노무현으로 생각을 굳혔다. 당시는 아무도 그런 생각을 하지 않았다. 보수 진영은 물론이고 민주 진영에서도 이런 생각을 하는 그를 이해하지 못했고 심지어 동지들마저 비웃고 조롱했다. 마치 400년 전 지구 주위를 태양이 돈다고 믿는 세상에 태양 주위를 지구가 돈다고 주장했던 갈릴레오처럼, 정신병자 또는 천덕꾸러기 취급을 받기 일쑤였다.

노무현은 동교동계 사람에게는 없는 다른 것을 갖고 있었다. '표의 확장성'이었다. 그가 가진 표의 확장성은 동교동계 정치인 누구에게도 견줄 수 없었다. 대선에서 사실 호남 표는 어디 갈 곳이 없는 표나 마찬가지였다.

김대중이 영남에서 얻는 표는 언제나 고작 10퍼센트 내외였다. 영남에 사는 6~7퍼센트의 호남 출신과 민주세력이 힘을 합하면 늘 그 정도에 그쳤다. 그런데 노무현의 30퍼센트는 보수 진영에게 갈 표를 뺏어오는 셈이니, 곱으로 60퍼센트를 얻는 효과나 마찬가지다. 염동연의 설명은 이랬다.

위기를 기회로 삼다

2002년 제16대 대통령 선거를 1년 앞둔 2001년 '이회창 대세론'이 정계를 지배했다. 김대중 대통령의 국정수행 지지도가 바닥으로 가라앉은 가운데 국민 여론은 이회창 총재에게 쏠렸다. 한편 집권 민주당에서는 '이인제 대세론'이 강했다. 하지만 이인제는 모든 여론조사에서 이회창에 열세였다. 그럼에도 민주당 예비후보 중에서는 압도적인 지지를 받았다.

2001년 가을 민주당에서 정동영 의원을 비롯한 개혁 성향의 소장 그룹이 동교동계를 공격하는 '정풍운동'을 일으켰다. 그러자 김대중 대통령은 민주당 총재직을 사임했다. 2001년 3월, 노무현은 해양수산부장관에서 물러난 이후 여의도 금강빌딩에 입주해 16대 대선을 준비했다.

민주당은 가라앉은 인기를 만회하고자 우리나라 정치사상 처음으로 국민참여경선제를 도입했다. 이는 당원과 국민을 같은 비율로, 참여 신청을 받아 선거인단을 구성하는 것이었다. 이 국민참여경선은 정가의 호재로 큰 관심을 불러일으켰다. 후보는 일곱 명으로 이인제, 김근태, 정동영, 한화갑, 김중권, 유종근, 노무현 등 모두 최선을 다해 가입 신청서를 모았다. 200만 명이 선거인단 참여를 신청했다. 그 가운데 2만여 명의 선거인단을 무작위로 뽑아 전국을 순회하면서 지지 후보자를 투표하게 했다.

7명의 예비후보 가운데 노무현 금강캠프가 가장 초라했다. 초기 캠프 내 국회의원은 단 한 사람도 없었으며, 노무현 후보조차도 국회의원이 아니었다. 당원 조직도 취약했고, 돈도 없었다. '노사모'와 부산상고 동문회가 있었다. 하지만 모두 비정치적인 조직이었다.

2002년 3월 9일 토요일, 제주도에서 첫 경선을 했다. 조직력이 강했던 한화갑 후보가 1위, 이인제 후보가 2위, 노무현 후보가 3위, 정동영 후보가 4위를 했다. 다음날 3월 10일 일요일 울산 경선에서는 노무현 후보가 1위를 했다. 첫 주말 2연전 결과를 합산하자 근소한 차로 1위였다. 3월 16일, 운명을 가를 광주 경선이 기다리고 있었다.

노무현 대선 금강캠프장 염동연은 틈만 나면 광주에 내려가 "정권 재창출은 노무현만이 가능하다. 광주의 선택이 정권을 재창출하는 거다."
라고 여론전에 불을 붙였다. 당시 광주 지역 여론 지도자들을 만나 이
렇게 설득했다.

첫째, 이인제는 비록 한나라당 당내 경선이었지만 이회창 후보에게
패배하고도 승복하지 않았다. 민주주의의 기본 원칙도 지키지 않은 사
람이다. 본선에서 국민들이 그에게 표를 주겠는가? '민주주의 성지' 광
주에서 이인제를 선택하는 것은 언어도단이다.

둘째, 3당 합당은 호남을 고립시키는 더러운 정치적 야합이었다. 김
영삼과 결별한 의로운 사나이 노무현이다. 부산에서 인기 없는 김대중
깃발을 들고 끊임없이 도전하면서 낙선했던 정치인 노무현! 심지어 천
신만고 끝에 얻은 종로도 버리고 부산으로 내려간 노무현! 이제 광주가
노무현에게 보상해야 한다.

셋째, 노무현은 부산에서 인기 없는 민주당 간판으로도 시장, 국회의
원에 출마해 매번 30퍼센트 이상의 득표율을 얻어냈다. 하물며 본인이
자기 동네에서 대선 후보로 나서는데 30퍼센트 이상을 득표하지 못하
겠는가? 결국 영남에서의 한 표는 우리에게 두 표가 되는 것 아닌가?

그런 설득이 주효한 탓인지 광주의 교수, 변호사, 언론인 등 전문가
집단은 광주 경선일 1개월 전부터 노무현 후보 지지 선언을 잇달아 발
표했다. 더구나 1주일 전, 울산 경선에서 노무현이 1등을 하자 광주 분
위기는 크게 달라졌다. 여론 주도층은 물론이고, 캠프에서 접촉했던 대
의원들, 일반 시민 사이에서 노무현 대세론이 형성되기 시작했다. 3월
13일 문화일보와 SBS가 공동으로 실시한 조사에 따르면, 노무현과 이
회창이 양자 대결을 벌일 경우 노무현이 41.7%로 40.6% 지지율을 기
록한 이회창을 앞서는 것으로 나왔다. 대선 주자 지지도 여론조사에서

이회창이 민주당 후보에 뒤처지는 결과가 나온 것은 그때가 처음이었다.

마침내 3월 16일, 광주 경선일의 날로 노무현은 1위를 차지했다. 물론 각고의 노력 끝에 얻은 값진 수확이었다. 그 누구도 예측하지 못했다. 당의 기둥뿌리를, 당내 기득권을 온통 거머쥐고 있는 상대를 그냥 한 방에 뒤집어엎은 것이다. 광주 경선은 그야말로 기적이었다.

국민참여경선제가 계속 진행되는 동안 후보들이 차례차례 사퇴했다. 이인제 후보는 김대중 대통령이 비밀리에 노무현을 지지했다는 '음모론'을 제기했다. 게다가 노무현 장인의 좌익 활동전력을 들추면서 '색깔론'을 제기했다. 노무현은 이를 피하지 않고 그의 달변으로 정면 돌파, 한순간에 색깔론을 잠재웠다.

4월 27일 서울 잠실실내체육관에서 열린 경선에서 노무현 후보는 민주당 대통령 후보로 확정됐다. 그러자 이회창 대세론은 자취를 감추고 노무현 지지율이 50%를 넘었다. 그러나 하늘 높은 줄 모르고 치솟던 노무현의 인기는 거기까지였다.

대통령 후보가 된 노무현은 4월 29일, 김대중 대통령 방문에 이어 4월 30일, 상도동 김영삼 전 대통령을 방문했다. 그날 노무현 후보는 김영삼에게 'YS 손목시계'를 보이면서 민주개혁 연합세력이 이길 수 있도록 국가 원로로서 도와달라는 청과 함께 부산시장 후보 문제를 상의했다. 이것은 크나큰 실책이었다. 그야말로 '국 쏟고 허벅지 덴' 꼴이었다. 그날 노무현은 김영삼으로부터 도움도 받지 못하고 지지율은 낙하산을 타기 시작했다. 곧이어 치러진 6·13 지방선거에서 호남을 제외한 전 지역에서 참패했다. 캠프 내에서 노 후보에게 미국을 방문하라고 했다. 하지만 노무현은 "갈 일이 있으면 간다. 그러나 사진 찍으러 가지는 않겠다."라고 정리했다. 노무현은 대한민국 대통령 후보가 미국에 가서 미리 선을 보이는 것은 주권국가를 모욕하는 일이라 생각했다.

지지율도 하락하고 지방선거에서 참패하자 민주당 내에서 노무현 재신임 요구가 봇물 터지듯 나왔다. 그 무렵 2002 월드컵 경기에서 지난날 본선에서 한 번도 이겨보지 못한 대한민국 대표 팀이 기적같이 4강에 입성했다. 대한축구협회 정몽준 회장의 인기가 하늘만큼 치솟았다. 마침내 정몽준 의원은 대선 출마를 선언하고 '국민통합21'이라는 정당을 만들었다. 민주당 내에서는 노무현 카드 대신에 정몽준 카드를 쓰자는, 이른바 후보 단일화추진협의회(후단협)를 결성해 노무현을 압박했다.

그해 2002년 11월 11일 순천의 한 호텔에서 노무현은 후보 단일화를 바라는 국민의 요구를 받아들인다고 선언했다. 양측은 후보 단일화 협상을 벌인 끝에 여론조사를 통해 그 결과에 따르기로 했다. 마침내 11월 24일 본격적인 여론조사가 실시됐다.

이튿날인 11월 25일, 노무현은 정몽준을 4.6% 차로 이기고 단일 후보가 되는 데 성공했다. 하지만 단일화 이후 악재의 연속이었다. 국민참여경선제에 출마했던 이인제 후보가 탈당해 이회창 지지를 선언했다. 게다가 단일화 이후 함께 유세를 다니던 정몽준 후보도 투표 하루 전날인 12월 18일 밤에 느닷없이 노무현 후보 지지 철회를 선언했다. 노무현은 비통한 마음을 삭이면서 평창동 정몽준의 집으로 찾아갔다. 하지만 한겨울의 쌀쌀한 바람만 맞고 돌아왔다.

이튿날은 투표일이었다. 오전 출구조사 결과, 노무현 후보는 이회창 후보에게 뒤지고 있었다. 그 소식을 접한 젊은이들이 서로 투표를 독려하면서 휴대전화 및 문자 메시지 발송이 폭주했다. 그들이 기적을 만들었다. 그날 오후 3시 이후, 이회창 집으로 갔던 방송 차량들이 노무현 집으로 쏠렸다. 전화위복이었다. 저녁 개표 결과 노무현 후보가 1,201만여 표 득표(48.9%)로 대한민국 제16대 대통령에 당선됐다. 이회창 후보는 1,144만여(46.6%) 표로 고배를 마셨다. 57만여 표 차였다.

2003년 2월 25일, 노무현 정부가 출범했다. '참여정부'라고 명명했다. 참여정부는 출범 초부터 큰 난관에 부딪혔다. 대북송금 특검법 수용, 이라크 파병 등으로 곤욕을 치렀다. 언론과도 매끄럽지 못했다. 언론은 노무현 대통령의 언어를 집중보도하면서 마냥 즐기는 모양새였다. 검찰과의 공개토론에서 "이쯤 되면 막가자는 거지요?"라든지, "미국 좀 안 갔다고 반미냐? 반미면 어떠냐?", "그렇게 별들 달고 거들먹거리고", "군대 가서 몇 년씩 썩지 말고" 등의 말을 놓치지 않고 물고 늘어졌다. 결정적인 말은 "대통령직 못해먹겠다"라는 말이었다.

이에 대한 염동연 전 의원의 견해다.

"노무현 대통령은 말이나 행동에 거침이 없는 사람이다. 영혼이 자유로운 분이다. 청와대에 들어가서도 무척이나 조심하고 또 조심했다. 하지만 몸에 밴 그런 성격을 감추지 못할 때가 종종 있었다."

재야 시절이나 의원 시절에 노무현의 그런 거침없는 말들은 국민들에게 시원스럽게 들렸을 것이다. 하지만 일단 대통령이 된 이후엔 보수 세력들에게 좋은 먹잇감이 됐다. 결국 탄핵의 빌미로도 활용됐다.

2003년 11월 친노 세력은 열린우리당을 창당했다. 노 대통령은 공식적인 자리에서 열린우리당을 지지해줄 것을 기대한다는 발언을 했다. 그러자 중앙선거관리위원회로부터 경고를 받는 등 선거법 위반 논란에 휩싸였다. 이를 빌미로 민주당, 한나라당, 자민련 등이 연합해 2004년 3월에 대통령 탄핵소추안을 국회에 발의해 통과시켰다.

노무현 대통령은 취임 1년 만에 대통령 직무를 정지당했다. 하지만 국민 여론은 오히려 노무현에게 우호적이었다. 그해 4월 15일 대통령 직무 정지 중에 실시된 제17대 국회의원 총선거에서 열린우리당은 반수가 넘는 152석을 얻어 16년 만에 여대야소 국회가 탄생했다.

2004년 5월 14일, 헌법재판소는 국회의 탄핵소추안을 기각함으로써 노무현은 다시 대통령 직무를 수행할 수 있게 되었다. 17대 국회가 개원되자 열린우리당은 다수로 국가보안법 폐지, 언론관계법 개정, 사립학교법 개혁, 과거사 청산법안 등 4대 개혁 법안을 국회에 상정했다. 여기다가 수도이전법안까지 상정했다. 보수단체와 기독교단체 회원 등은 국가보안법 폐지 반대 집회를 열었다. 사립학교법 개정을 종교 탄압으로 규정하기도 했다. 사실 집권당의 전략 부재로 한꺼번에 너무 많은 개혁 법안을 드민 감이 없지 않았다.

4개 개혁 입법 문제를 둘러싸고 보수-진보 간 치열한 논쟁을 벌였다. 그런 가운데 그해 10월 21일 헌법재판소가 수도이전은 위헌이라는 결정을 내렸다. 2005년 4월 30일 재보궐선거에서 열린우리당은 23곳 선거구 가운데 단 한 석도 얻지 못하는 참패를 당했다.

노무현은 특유의 승부수로 한나라당에 대연정을 제의했다. 한나라당 박근혜 대표는 이를 거절하면서 "참 나쁜 대통령"이라고 말했다. 2006년 5·31 지방선거에서도 열린우리당은 완전히 참패했다. 동시에 노무현의 지지도는 10%대로 추락했다.

17대 대선 두 달을 앞두고 남북정상회담이 열렸다. 하지만 세상의 눈은 온통 대선에 쏠렸고, 그 뒤로는 새 대통령 당선인에게 이목이 쏠렸다. 노무현은 그가 바라던 정치 개혁도, 정권 재창출도 이루지 못하고,

보수의 완강한 저항을 뚫지 못한 채 임기를 마쳤다. 2008년 2월 25일 이명박 새 대통령이 취임하자 노무현은 비로 그날 청와대를 떠나 고향 봉하마을로 내려갔다.

부엉이바위

2009년 5월 23일, 봉하마을 집에서 노무현은 평소보다 조금 일찍 잠에서 깼다. 컴퓨터를 켰다. 간밤에 늦도록 쓴 글을 다시 가다듬었다.

퇴임 후 노무현. ⓒ 노사모

너무 많은 사람들에게 신세를 졌다.

나로 말미암아 여러 사람이 받은 고통이 너무 크다.

앞으로 받을 고통도 헤아릴 수가 없다.

건강이 좋지 않아서 아무것도 할 수 없다.

책을 읽을 수도 글을 쓸 수도 없다.

너무 슬퍼하지 마라.

삶과 죽음이 모두 자연의 한 조각 아니겠는가?

미안해하지 마라.

누구도 원망하지 마라.

운명이다.

화장해라.

그리고 집 가까운 곳에 아주 작은 비석 하나만 남겨라.

오래된 생각이다.

여기까지 글을 가다듬은 다음, 다시 바탕화면에 저장했다. 그러고는 컴퓨터를 끈 뒤 겉옷을 걸치고 현관으로 나와 캐주얼 단화를 신었다. 경호관과 같이 이따금 아침 산책했던 봉화산 등산로로 걸어갔다. 동녘에서 해가 솟아오르고 있었다.

노무현은 이승에서 마지막 순간을 경호관이 지켜보게 하는 것은 도리가 아니라고 생각했을까. 또한 이 문제로 문책도 따를 것이라고 배려한 모양이다. 노무현은 일부러 심부름을 보냈다.

"정토원에 가서 법사님이 계신지 보고 오시게."

"예, 알겠습니다."

경호관은 즉시 정토원 쪽으로 사라졌다. 노무현은 혼자 부엉이바위로 슬금슬금 올라갔다. 그런 뒤 그는 끝내 보이지 않았다.

대한민국 최대의 공인인 전직 대통령이 꼭 그렇게 생을 마감해야 했을까? 나는 두고두고 '이건 아니다'라는 생각을 지울 수 없다. 아마도 이 땅의 민주시민들은 나라와 민족의 평화, 그리고 더 많은 시민들이 행복하게 살 수 있게 하는 새로운 세상을 위하여, 더 강하고, 더 치밀하고, 더욱 저돌적인 추진력을 가진 제2의 노무현이 나타나기를 기다릴 것이다.

2015년 5월 하순, 노무현 생가 답사를 마치고 돌아오면서 봉하마을 뒤편의 부엉이바위를 다시 한번 바라보았다. 부엉이바위는 그 모든 걸 다 알면서도 아무 말이 없었다.

부엉이바위. ⓒ 박도

제17대 대통령

이명박

"통수문을 여세요." 그 말이 떨어지자 광화문 동아일보사 앞 청계 광장 배수로에는 막혔던 물이 콸콸 쏟아졌다. 맑은 시냇물이 서울 한복판을 가로질러 흘렀다. […] 대중지지도도 치솟아 마침내 제17 대 대통령에까지 당선됐다. […] 한강과 낙동강을 잇는 경부운하, 영 산강의 호남운하, 금강의 충청운하를 건설한 후 나머지 강줄기를 수 로로 연결하고, 장기적으로는 북한 운하까지 건설한다는 야심 찬 계 획을 세웠다.

© 국가기록원

747 공약

제17대 대통령 선거를 앞두고 이명박 대통령에 대한 이런저런 말들이 참 많았다. 그 가운데 인터넷을 달궜던 말은 전과 '몇 범'이라는 말과 'BBK는 누구의 것이냐'는 질문이었다.

이명박 대통령 인수위원회 시절인 어느 날 저녁 인터넷을 열자 "인수위, '전 과목 영어로 수업' 추진"이라는 제목의 기사가 떴다. 나는 전직 국어 교사로 특히 언어교육 문제에는 남다른 관심을 가지고 있다. 섬뜩한 충격으로 제목을 클릭, 기사를 자세히 살펴봤다.

기자 : 이경숙 인수위원장은 새 정부에서는 영어 교육을 국가적 과제로 삼겠다고 밝혔습니다. 학교 교육만 받더라도 영어 하나만은 제대로 할 수 있도록 하면 사교육비도 줄일 수 있을 것이라고 말했습니다.

"(이경숙/대통령직 인수위원장) 영어 교육 하나만 제대로 우리나라에서 할 수 있다면 상당 부분이 줄어들지 않겠냐는 데 합의를 하는 것 같습니다. 그래서 이 부분만은 정말 국가적인 과제로 삼고."

기자 : 이 위원장은 초등학교 고학년부터는 영어 이외의 일반과목도 영어로 수업하는 방안을 검토하겠다고 밝혔습니다. 이를 위해 영어로 수업할 수 있는 교사 자격제도를 마련해 영어 전담교사를 양성하

고, 외국인 교사 충원을 위해 정부가 지원하겠다고 말했습니다. 이 위원장은 영어는 이제 교육만의 문제가 아니라 사회적 문제가 됐다면서 배경을 설명했습니다.

2008년 1월 22일 SBS 뉴스

그 순간, 우리 교육이 막다른 곳으로 치닫고 있다는 느낌이었다. 다행히 빗발 같은 여론에 영어 몰입교육은 슬그머니 자취를 감췄다. 나라 지도자, 곧 대통령의 가장 중요한 덕목이 도덕성과 정체성이다. 그런데 이명박 대통령은 이 두 가지에 흠결을 지녔기에 출범부터 강원 산골의 서생에게까지 염장을 질렀다. 정말 백여 년 전 서생들이 창의했듯이 뾰족한 죽창을 깎아 들고 서울 광화문으로 달려가 나라의 정체성을 좀먹은 무리들을 혼내준 뒤 옥사하고 싶은 심정이었다.

나는 중고교 교사로 30여 년을 보냈다. 그 기간에는 중고교 평준화 정책이 확고하게 시행돼 참으로 행복하게 교사생활을 할 수 있었다. 나는 박정희 전 대통령의 치적 가운데 가장 좋았던 정책을 꼽으라면 서슴없이 중고교 평준화 정책을 꼽고 싶다. 평준화 이전, 대한민국에서 가장 열심히 공부하는 학생은 초등학교 학생들이었고, 그다음은 중학생이었다고 할 만큼 입시 피해와 그 부작용은 이루 말할 수 없었다.

초등학교 저학년부터 과외가 극성을 부렸고, 중고교에는 부정입시로 이 나라 학생들은 출발부터 불공정 사회에 살아야 했다. 나는 구미중학교를 졸업한 뒤 고교에 진학하려고 상경했다. 하지만 단지 타교 출신이라는 이유로 불공정 입시를 겪었다. 대부분 전기고교에서는 동계 중학교(같은 교명) 졸업생들은 무시험으로 진학시키고 타교생은 1학급만 뽑았다. 내가 후기로 진학한 고교에서는 입학한 뒤 교실에 가보니 60명

정원인데 80명의 학생이 몰려 있었다. 20명은 보결생, 즉 부정 입학생들로 그들 학부모가 찔러준 입학 후원금은 교주나 교사들의 배를 불렸다. 이후 내가 서울에서 교사가 된 다음 목격한바, 옛날 교단을 지키던 선배 교사들은 지난 시절 보결생을 받으면서 검은돈 챙기던 그 맛을 잊지 못한 채, 평준화 정책을 깨뜨리려고 안달이었다. 이명박 정부는 '신자유주의 교육'이란 허울 좋은 이름으로 자율형 사립고를 허가해 고교 평준화 정책을 그대로 무너뜨려버렸다.

더욱이 자율형 사립고는 과거의 명문고와는 달리 훨씬 더 비싼 등록금을 받아 일반 시민들의 위화감을 조성케 했다. 결국 부의 대물림으로, 금수저 자녀들에게 명문고, 명문대학 진학을 용이하게 하는 제도로 개천에서 용 나는 기회가 더욱 어렵게 됐다.

지난날 고입 연합고사, 대입 예비고사나 학력고사 때의 입시는 사지선다형으로 비판도 많았다. 하지만 그런대로 나름의 공정성이란 게 있었다. 그러나 이즈음 여러 편법들이 난무한 입시제도는 뜻 있는 시민들로부터 교육 불공정의 원성을 사고 있다. 교육의 불공정은 국기를 흔드는 일로 부정부패의 출발이라고 해도 지나친 말이 아니다. 나는 전직 국어 교사로서 이명박 정권의 도덕성, 거기에다 우리 말까지 훼손하려는 그 정체성에 놀라움을 금치 못했다. 그 누구를 탓하기 전에 이명박 후보의 '747 공약(7% 경제성장, 국민소득 4만 달러, 7대 경제대국 진입)'에 현혹돼 표를 몰아준 유권자에게 그 책임이 있을 것이다. 그 책임에는 나도 자유로울 수 없다.

그 나라 지도자는 그 나라 시민들의 의식 수준을 벗어날 수 없다.

월급쟁이 신화

이명박 전 대통령은 1941년 일본 오사카에서 태어났다. 1945년 해방이 되자 그의 아버지 이충우는 가족을 데리고 고향 포항으로 돌아온 뒤 동지상고 이사장 목장의 노동자로 일했다. 워낙 가난한 집안이라 이명박은 초등학교 때부터 성냥, 김밥 등을 팔면서 가계를 도왔다. 중학교를 가까스로 마친 이명박은 담임선생님의 주선으로 동지상고 야간부에 장학생으로 입학해 3년 내내 학비를 면제받았다. 고등학교 졸업 무렵 서울로 올라온 이명박은 헌책방에서 구입한 책으로 독학해 고려대 상과대학에 진학했다.

1963년 고려대학교 상대 학생회장이 됐고, 1964년에는 고려대 총학생회장 직무대행으로 한일회담 반대 시위를 주도했다. 이때 이명박은 징역 3년, 집행유예 5년을 선고받았다.

대학 졸업 후 여러 회사에 입사지원서를 냈지만 시위 전과 기록 때문에 취업이 쉽지 않았다. 다행히 현대건설에 입사해 미친 듯 일했다. 그리하여 입사한 지 2년 만에 대리로 승진했고, 서른 살에 이사가 됐다. 그는 "공휴일도 없이 하루 열여덟 시간 넘게 일했다."

1977년 37세에 현대건설 사장이 됐고, 40대에 마침내 현대건설 회장이 됐다. 그는 '월급쟁이 신화'를 이뤘다. 그의 성공담은 1989년 〈야망의 세월〉이라는 TV 드라마가 되기도 했다. 그 덕분에 대중적인 인기를 얻었고, 이를 계기로 정치인의 길을 걷게 됐다. 김영삼의 제의를 받아들여 민자당 전국구 국회의원이 됐다.

1996년 제15대 총선에서 서울 종로구에서 출마해 이종찬, 노무현 등과 겨뤄 당선했다. 하지만 선거법 위반으로 국회의원직을 사퇴했다.

2000년 광복절 특사로 복권된 이명박은 2002년 서울시장에 출마해 당선됐다. 2005년 6월 1일, 서울시장 이명박은 떨리는 목소리로 말했다.

"통수문을 여세요."

그 말이 떨어지자 광화문 동아일보사 앞 청계광장 배수로에는 막혔던 물이 콸콸 쏟아졌다. 맑은 시냇물이 서울 한복판을 가로질러 흘렀다. 이명박 서울시장은 이와 함께 대중교통 개편사업을 시행해 버스 중앙차로제, 교통카드 제도를 도입해 시민들의 대중교통 이용에 획기적인 편의와 성과를 이뤄냈다. 이로써 대중지지도도 치솟아 마침내 제17대 대통령에까지 당선됐다.

금강산은 천하명산이다. 일찍이 중국의 시인 소동파는 "원컨대 고려국에 태어나서 금강산을 한번 보는 것이 소원"이라며 금강산의 절경에 감탄했다. 예로부터 금강산은 이름도 많다. 봄에는 금강산金剛山, 여름에는 봉래산蓬萊山, 가을에는 풍악산楓嶽山, 겨울에는 개골산皆骨山으로 불리며 이 밖에도 열반산, 지달산, 중향산 등의 별칭이 있다. 하지만 우리에게는 분단선 밖이라 단지 그림의 떡이었다.

이 금강산 길을 열기까지는 강원도 통천 두메산골에서 태어난 한 소년의 인간 승리가 있었다. 아버지가 소 판 돈을 몰래 빼내 서울로 올라간 소년이 반세기가 넘어 소 1천 마리를 몰고 고향으로 돌아갔다. 이 감동 드라마는 모든 겨레를 울려 마침내 1998년 11월 18일 금강산행 바닷길이 열리고, 2003년 2월 21일 금강산 육로 시범버스가 휴전선 철조망을 넘었다. 어느 정치인도 못 한 일을 현대그룹 정주영 회장이 해냈다.

한동안 금강산 길이 열려 자유롭게 오가던 남북 화해의 물결은 그러나 지금은 끊겨 있다. 이명박 대통령 재임 중인 2008년 7월 11일 새벽에 금강산 관광특구 군사지역에서 남녘 관광객이 북한군 초병의 총에 맞아 사망한 사고가 발생했다. 그 사고로 금강산 길이 끊겨 10여 년이 지난 지금까지도 열리지 않고 있다. 가족을 잃은 유족의 슬픔은 당연히 위로받아야 마땅하다. 동시에 이명박 정부가 어렵게 뚫린 금강산 길을 협상 등 다른 선택지 없이 단박에 끊어버린 것은 정치력 부재라 아니할 수 없다.

정치는 종합예술이다. 우리 겨레의 갈등과 대립을 고도의 정치력으로 푸는 게 지도자의 덕목이요, 정녕 지도자다운 길이다. 금강산 총격 사건이 일어났을 때 유족을 보듬으면서 인내력을 갖고 북측으로부터 진심 어린 사과를 받아내고 재발 방지 대책을 수립하게 해야 겨레의 장래를 위해 옳았을 것이다. 그때 교류가 끊어지지 않았더라면 이후 천안함 사건이나 연평도 포격 사건 같은 비극적 충돌이 발생할 가능성도 현저히 떨어졌을 것이다. 이명박 대통령은 나라와 겨레의 앞날을 내다보지 못한 단견의 소유자였다.

4대강 살리기 사업

이명박은 국회의원 시절부터 한반도 대운하 건설을 제안했다. 제17대 대선을 앞두고 대운하 건설 공약을 가시화했다. 그는 한강과 낙동강을 잇는 경부운하, 영산강의 호남운하, 금강의 충청운하를 건설한 후 나머지 강줄기를 수로로 연결하고, 장기적으로는 북한 운하까지 건설한다는 야심 찬 계획을 세웠다. 하지만 대통령 당선 후 전 국민의 반대로 대운하 사업을 슬그머니 4대강 살리기 사업으로 전환시켰다.

그 명분은 물 부족과 홍수 피해를 줄이고, 수질을 개선하며, 생태하천 구역을 조성하면서, 여가문화 및 삶의 질 향상과 34만 개의 일자리를 새로이 만든다는 것이었다. 하지만 그 무엇보다 신령한 국토 산하를 함부로 해치고 정복하겠다는 것은 오만의 극치다. 그 피해는 두고두고 이상 기후 등 자연 재앙을 불러올 것으로 염려된다.

제17대 대한민국 이명박 대통령―그는 서울시장으로 공직생활을 끝냈더라면 더 좋았을 것이다.

제18대 대통령

박근혜

어머니의 장례를 치르고 6일 뒤 '영부인배 쟁탈 어머니 배구대회'에 어머니 대신 퍼스트레이디로 참석했다. 그때 그의 나이 22세였다. […] 박근혜는 퍼스트레이디로 걸스카우트 명예총재를 지냈고, 전국의 학교를 돌면서 '새마을운동', '새마음운동'에 동참해줄 것을 호소했다. […] 1979년 10월 27일 새벽 1시 30분쯤 잠결에 긴 전화벨이 울렸다. 단잠에서 깨어나 수화기를 받자 가라앉은 비서관의 음성이 들렸다. "어서 일어나 몸단장을 해주십시오."

© 국가기록원

'대통령 영애'

나는 글을 쓸 때 가능한 한 사전에 작품의 배경지를 답사한다. 고교 시절부터 고향 선배 박정희 대통령을 소설로 쓰고 싶어 벼르고 벼르다가 2000년 여름, 중국 현지 사람들도 잘 모르는 중국 지린성 창춘 교외 날랄툰에 있는 옛 만주군관학교까지도 애써 찾아갔다.

그 길에 하얼빈 동북열사기념관에서 고향 출신 동북항일연군 허형식 장군을 만났다. 공교롭게도 박정희 생가 동네인 상모동 바로 앞 경부선 철길 건너 구미 임은동 출신이었다. 동시대 두 사람의 생애를 살펴보니 한 사람은 동북항일연군 총참모장으로, 또 한 사람은 위만군 장교로 만주 대륙을 누볐다. 두 사람 모두 총상으로 유명을 달리했다. 그뿐 아니라, 공교롭게 부인들마저 총상으로 세상을 떠났다. 그래서 한때 '네 발의 총성'이라는 가제로 두 사람의 생애를 교차하면서 그리려고 했다. 하지만 서로 맞서 대결한 적은 없기에 각각 독립된 실록소설로 집필 방향을 바꿨다. 먼저 『허형식 장군』을 집필하여 이미 출간했다.

그다음 후속 작품으로 '소설 박정희'를 쓰고자 서울 동작동 국립묘지에 안장된 박정희 무덤을 찾았다. 가는 날이 장날이라고 그날이 2009년 10월 26일로, 박정희 기일이라 추모 행사가 한창 열리고 있었다. 추모제가 끝난 뒤 참배객의 뒤를 따라 무덤 앞에서 묵념을 드리고 내려오는

데 당시 박근혜 의원이 그 길목을 지키면서 참배객들과 일일이 악수를 나누며 고마움을 표하고 있었다. 그는 나의 두 손을 꼭 잡으면서 매우 살갑게 인사했다. 그 인연으로 내가 쓴 『개화기와 대한제국』, 『일제강점기』, 『나를 울린 한국전쟁 100장면』 등의 책을 보냈고, 그때마다 고맙다는 답례 인사도 전했다. 그런저런 인연으로 당신 이종사촌 오빠인 홍세표 전 외환은행장과 함께 육영수 여사 사진집을 펴내기로, 한 사진전문출판사와 추진하다가 중단한 적이 있었다.

1989년 7월 10일

오늘 TV에서 집게벌레의 생태에 관한 프로를 보았다. 좁쌀 크기의 알을 낳아, 곰팡이의 해를 입지 않도록 한 알, 한 알 정성껏 침을 발라 땅속에 차곡차곡 쌓아놓는다. 알들이 부화하기 시작하면 알에서 새끼들이 쉽게 나올 수 있도록 껍질을 찢어주기도 하며 열심히 거들어준다.

겨울은 부화기이기 때문에 새끼벌레들은 땅 위로 나와도 먹을 것이 없다. 어미벌레는 자기 몸을 한겨울 동안 새끼들이 먹을 수 있는 영양분으로 제공하고 죽는다. 자연의 섭리에 따라 본능적으로 생활해가는 미물에 관한 이야기지만 '희생'이라는 두 글자가 한참 머릿속을 맴돌게 했던 장면들이었다.

1989년 10월 27일

어제 10주기 행사는 온화하고 청명한 날씨 속에 무사히 끝났음을 하늘에 감사드리는 마음이다. 묘소까지 가는 도중에 마음의 울렁임을 참기 힘들었다. 10년 만의 추도식이니 어찌 그렇지 않겠는가. 추도사에서 '아버지!' 하고 부르고 나서 감정이 폭발하면 자제키 어려울 것이라는 생각이 들었다.

차 안에서 어머니께 기도드렸다. 감정을 억제하게 해주십사고. 덕분에 차분히 추도사를 읽을 수 있었다. 분향하고 내려오는데 장군 묘소까지 빽빽이 들어선 추모 인파는 잊을 수 없는 광경이었다.

1992년 2월 12일

세상의 풍파는 험하다. 여러 가지 세상사가 안겨주는 고통은 다양하고 가는 골목마다 도사리고 있다. 믿었던 사람의 배신, 일의 좌절, 중상과 모략과 시기, 질투. 그런 것들을 피해서 살 수 있는 이는 단 한 사람도 없을 것이다.

그런 것들은 살아 있는 사람들에게는 끊임없이 도전장을 보내온다. 그 도전 자체를 없앨 수는 없다. 그것은 인생의 한 가지 빼놓을 수 없는 속성이니까. 그러나 그때마다 대처해나갈 수 있는 길은 있다. 그 길은 바른 생활에 있다. 무슨 일이 있어도 바른 길만은 가야 한다.

1992년 2월 24일

명창 한 분의 인터뷰를 들었다. 창을 할 때 사람들이 한구석에서 잡담하면서 잘 듣지 않으면 그들을 원망하거나 욕하지 않고 자신을 더 돌아본다고. 내가 더 기가 막히게 창을 잘해서 그들을 매혹할 수 있었다면 저들이 저리하지 않았을 것 아닌가. 아직도 내가 많이 부족한 탓이라고. 그래서 더 열심히 닦는다고.

1992년 8월 17일

어제 우연히 TV에서 낚시 미끼에 걸려 바동거리며 줄에 딸려 올라

오는 물고기를 보고서 불쌍하다는 느낌과 함께, 얼마나 많은 우리 인간들도 저 모양이 되어 사는 것일까 하는 생각이 들었다. 당장 눈앞에 보이는 이익 때문에 그 이면에 숨겨진 손해와 무서운 고통을 보지 못하고 사는 사람들은 하나같이 모두 저 미끼를 문 물고기와 같은 신세이다.

박근혜, 『평범한 가정에 태어났더라면』에서

마지막 단락을 읽으면서 박근혜도 한 낚시꾼의 미끼에 걸려 낚싯줄에 바둥거리는 한 마리 물고기와 같았다는 느낌이 들었다.

사람의 시선에는 독이 있다고 한다. 잘생기고, 똑똑하고, 부잣집 자녀라고, 권문세도 집 자제라고, 남에게 시선을 많이 받으면 자신도 모르게 교만, 오만해져서 마침내 그 독으로 박복하다는 얘기가 있다. 그래서 생긴 말이 '미인박복美人薄福', 또는 '미인박명美人薄命'이다. 아마도 박근혜 전 대통령도 어린 시절부터 '대통령 영애'라 하여 많은 사람들의 시선을 받고 자랐기에 파란만장한 생애를 사는 듯하다. 세상만사 남의 부러움과 좋은 것만이 복이 되는 것이 아니라는 걸 범인들에게 실례로 보여주고 있다. 그것이 그의 '운명'이라고 치부할 수도 있겠다.

어린 시절 박근혜 학생은 모범생으로 바르게 자랐다. 하지만 아버지, 어머니를 모두 잃는 두 번의 크나큰 시련 앞에서 그의 삶은 실타래처럼 헝클어졌을 것이다. 게다가 10·26 사태 이후 아버지를 따르던 사람들에 대한 배신감으로 총명을 잃은 듯하다.

박근혜의 행적

 2020년 한국에 살고 있는 60대 이상의 연령층이 그동안 살아오면서 가장 많이 들어본 대한민국 여성의 이름을 꼽으라면 육영수 여사와 영애 박근혜일 듯하다. 육영수 여사는 1974년 8·15 경축식장에서 서거했기에 더 긴 시간 귀에 익은 여성의 이름은 아마도 박근혜일 것이다.

 대통령의 딸로 태어나 양친 모두 비명에 잃고, 훗날 그는 대통령이 됐다. 그리하여 우리나라 헌정사상 최초의 '여성 대통령', '부녀 대통령'이란 기록을 남기고, 게다가 헌정 이후 최초로 탄핵된 대통령이 되었다. 그의 행적을 간략히 살펴본다.

 박근혜는 1952년 2월 2일 대구시 중구 삼덕동에서 군인의 딸로 태어났다. 당시 아버지 박정희 대령은 대구 주재 육군본부 작전교육국 작전

박정희 대통령 가족사진. ⓒ 국가기록원

차장이었다. 이후 아버지가 서울 신당동에 집을 마련할 때까지 부임지를 따라 자주 이사 다녔다. 첫돌 무렵에는 전남 광주시 동명동 셋방에서 살았으며, 1953년 여름에는 서울 동숭동으로, 다시 이듬해에는 광주로 내려가 1955년 7월 아버지가 사단장이 될 때까지 그곳에서 살았다. 그는 대구에서 태어났지만 말씨는 충청도 사투리 억양이 섞인 서울 말씨였다. 이는 충청도 옥천 출신의 어머니 육영수의 영향 때문일 것이다.

박근혜가 아홉 살이던 1961년 5월 15일 밤, 아버지 박정희가 5·16 쿠데타를 위해 집을 나서는데 부인 육영수가 "근혜 숙제 좀 봐주고 가세요"라는 말로 가족 간 마지막이 될 수도 있는 순간을 마련했다. 그러자 박정희는 묶던 군화 끈을 풀고 근혜 방에 가서 격려를 해주고 떠났다고 전해진다. 그 이튿날 새벽 쿠데타의 성공으로 모든 게 달라졌다. 아버지가 대통령이 되자 박근혜는 대통령 딸 영애로 온 국민의 관심 속에 자라게 되었다.

장충초등학교 졸업 후 성심여자중학교 2학년 때 세례성사를 받았다. 하지만 어머니의 영향 탓인지 불교에도 심취했다. '대통령의 딸'이었지만 학교 동창생들에게 비친 그의 이미지는 '소박하고 검소하며 촌스러운 엄친 딸'이었다고 한다. 이는 부모의 가정교육의 영향이었을 것이다. 치마 길이는 늘 무릎 아래까지 내려왔고, 도시락은 보리쌀 밥에 멸치볶음, 달걀부침이 주된 메뉴였다고 한다.

1967년 서울 성심여자중학교를 졸업하고, 그해 같은 재단의 성심여자고등학교에 입학했다. 1970년 성심여고 졸업 후, 서강대학교 전자공학과에 입학했다. 그는 서강대 졸업 후 곧바로 프랑스 유학을 떠났다. 프랑스 유학 중인 1974년 8월 15일 광복절 경축기념식장에서 어머니 육영수의 피격 소식에 급히 귀국하던 중 신문기사를 통해 어머니의 비

보를 전해 들었다. 그때 그는 '하늘이 무너져 내리는 충격을 받았다.'

어머니의 장례를 치르고 6일 뒤 '영부인배 쟁탈 어머니 배구대회'에 어머니 대신 퍼스트레이디로 참석했다. 그때 그의 나이 22세였다. 그로부터 5년 동안 어머니 대신 퍼스트레이디 역할을 맡았다. 박근혜는 퍼스트레이디로 걸스카우트 명예총재를 지냈고, 전국의 학교를 돌면서 '새마을운동', '새마음운동'에 동참해줄 것을 호소했다.

> 나는 아버지를 보필하는 일에 주력했다. 아버지가 국토시찰이나 산업현장을 방문할 때 수행했다. 아버지는 훌륭한 선생님이었고, 나는 착실한 학생이었다.
>
> 박근혜, 『고난을 벗 삼아 진실을 등대 삼아』에서

그 무렵 박근혜는 청와대 안주인으로, 퍼스트레이디로, 그리고 사회봉사자로 1인 3역을 소화하면서 분주한 나날을 보냈다. 1979년 10월

새마음봉사단 총재 시절의 박근혜. ⓒ 국가기록원

27일 새벽 1시 30분쯤 잠결에 긴 전화벨이 울렸다. 단잠에서 깨어나 수화기를 받자 가라앉은 비서관의 음성이 들렸다.

"어서 일어나 몸단장을 해주십시오."

그 순간 박근혜는 서늘한 기운과 함께 5년 전의 악몽이 스쳤다. 아버지가 저격을 당한 것이었다. 양친 부모를 모두 총탄으로 잃는다는 것은 하늘이 무너지는 충격이었다. 아버지의 장례를 치른 뒤인 1979년 11월 21일 박근혜 형제자매는 청와대를 떠나 신당동 집으로 돌아왔다.

오늘 옛 사진들을 정리하면서 인생만사 무상함을 또 한 번 느꼈다. 그 한 사람 한 사람 당시 내가 알고 있었던 그들과 지금 내가 알고 있는 그들이 한결같은 경우가 그야말로 드물었다. 모두가 변하고 변하여, 그때 그 사람이 이러저러한 배신을 하고 이러저러하게 변할 것을 어찌 생각이나 했겠는가. 지금의 내 주변도 몇 년 후 어찌 변해 있을지 알 수 없는 일이다.

박근혜, 『평범한 가정에 태어났더라면』, 1991년 2월 10일 일기에서

이 시기 그는 사람들의 배신에 큰 실망을 느꼈다고 한다. 이는 세상 물정을 잘 모르는 것이다. 세상에 변하지 않는 게 어디 있겠는가. 세파를 겪지 않았던 그는 은둔생활로 18년 동안 인고의 세월을 보냈다.

1997년 IMF 위기 당시 박근혜는 이회창 대통령 후보 선거대책위원회 고문 자격으로 정계에 발을 들여놨다. TV 찬조출연 이후 큰 반향을 불러일으켰다. 경제가 어려워지자 유권자들의 박정희 향수가 크게 작용한 모양이었다. 이듬해 4월 대구 달서지구 국회의원 보궐선거에 입후보해 상대 안기부 기조실장 출신인 엄삼탁 후보를 가볍게 제치고 국회

에 입성했다. 그리하여 제16대부터 제19대까지 줄곧 국회의원으로 활동했다.

'차떼기 당'이란 오명으로 난파 직전의 한나라당 대표를 맡아 '천막 당사'를 꾸려가며 당을 위기에서 탈출시켰다. 그뿐 아니라 여러 번의 재선거와 보궐선거에서 모두 압승했다. 그리하여 '선거의 여왕'이라는 별칭이 붙기도 했다. 마침내 제18대 대통령 후보로 출마, 2012년 12월 19일에 실시된 대선에서 51%의 득표율과 역대 최다 득표수를 기록하며 대통령에 당선했다.

박근혜 정부는 2013년 2월 25일에 출범해 2017년 3월 10일, 헌법재판소의 파면 결정으로 나머지 임기 약 1년을 채우지 못한 채 불명예로 끝났다. 그가 제18대 대통령으로 당선됐을 때 나는 '과연 그가 제대

제18대 대통령 후보 포스터. ⓒ 국가기록원

로 대통령직을 수행할지' 많이 염려됐다. 그러면서도 한편으론 최초의 여성 대통령으로 사회적 약자 계층을 잘 보살피긴 기대했다. 또 다른 한편으로는 아버지 집권 18년 동안 억울하게 죽어간 많은 유족들을 위로하고 감싸주며, 그에 상응한 보상을 해 국민대화합을 이루기 바랐다.

하지만 출발부터 내 기대는 사라졌다. 청와대 비서실장부터 지역감정을 조작한 이, 유신헌법을 만들고 공안을 조작했던 이가 임명되었다. 박근혜에게 청와대는 어린 시절 살았던 옛집으로, 그는 재임 중 대통령이라기보다 '유신 공주'로, '퍼스트레이디'로 사저처럼 안일하게 지냈다.

2014년 연두기자회견에서 "통일은 대박"이라는 대국민 연설을 하고도 전임 대통령들이 애써 만든 개성공단을 단박에 폐쇄하여 다시 냉전 시대로 돌려놨다. 2014년 4월 16일 승객 300여 명을 앗아간 세월호 참사 때 모호한 행적으로 시민들을 격노하게 했다. 대한민국 국정을 아무런 직책도 없는 한 민간인의 농간으로 좌지우지했다는 보도에 대다수 시민들은 참담함을 금치 못한 채 촛불을 들고 거리로 뛰쳐나왔다.

"저도 속고 국민도 속았다"

그의 임기 중 '문화예술인 블랙리스트'가 항간에 나돌 때 나는 '21세기 민주국가에서 그럴 수가 있느냐'고 그 설을 받아들이지 못했다. 진시황의 분서갱유가 21세기 대한민국에 부활해 지식인의 입에 재갈을 물린 것이다. 그 블랙리스트에는 내 이름도 보였다. 지식인의 사회 비판은 자동차의 제어장치와 같은 것이다. 브레이크가 없는 자동차는 얼마나 위험한가. 결국 박근혜 정부는 임기조차 채우지 못하고 벼랑에서 추락하고 말지 않았는가.

"저도 속고 국민도 속았다."

2008년 총선을 앞두고 친이명박계가 친박근혜계에 공천 배제를 전방위로 가했을 때 박근혜가 한 말이다. 이 말 한마디로 박근혜 대통령 편을 모두 아우르면서 강원도 산골의 한 서생이 한마디 남긴다.

'박근혜 님, 앞으로 정계 쪽은 아예 처다보지도 말고 여생을 조용히 보내길 권합니다. 그러면서 조용한 시간에는 서재에 앉아 진솔한 자기 성찰의 글을 남겼으면 좋겠습니다.'

제19대 대통령

문재인

2007년 3월, 노무현 대통령이 다시 불렀다. [···] 대통령의 정치적 상황이 워낙 좋지 않아 뿌리칠 수가 없었다. [···] 노무현 대통령의 장례를 치른 뒤 문재인은 '봉하재단' 감사직과 '노무현재단' 상임이사직을 맡았다. 결국 그 자리는 문재인에게 본격적인 정계 진출의 출발점으로 그 모든 게 '운명'이었다. [···] "문재인과 더불어민주당정부에서 기회는 평등할 것입니다. 과정은 공정할 것입니다. 결과는정의로울 것입니다."

© 국가기록원

큰 모자를 쓰다

'사람의 일은 관 뚜껑을 덮기 전에는 알 수 없다'고 한다. 사람 팔자는 알 수 없고, 정말 한 치 앞도 내다볼 수 없는 게 인생이다. 사형수가 대통령이 되고 그를 구속한 대통령이 사형수가 되는 기막힌 장면도 봤다.

대한민국 제19대 문재인 대통령의 재임 기간은 2017년 5월 10일부터 2022년 5월 9일까지였다. 필자가 이 글을 쓸 때 문재인은 대통령직에서 물러난 지 미처 일 년도 지나지 않은 시점이다. 이 시점에서 그에 대한 이런저런 글을 쓰기에는 매우 부담스럽다. 하지만 책의 구성상 그를 빠뜨릴 수 없기에 간략하게 소묘한다.

이 글을 쓰기 전에 나보다 그를 더 잘 아는 고교 친구 염동연 전 의원에게 인물평을 부탁했다. 그는 한참 망설이더니 "사람 순수하고, 참 좋지"라는 짤막한 답변을 하고는 더 이상 말하지 않았다. 그래서 나는 이런저런 다른 얘기를 하다가 먼저 촌평을 했다.

"사람은 좋았지만 너무 큰 모자를 쓴 게 아닐까?"

"역시 작가는 눈도 비유도 예리하네. 잘 봤네."

친구는 그 말을 한 뒤, 얼른 피차 건강 얘기로 화제를 돌렸다.

문재인은 대한민국 대통령 선거에 두 번 출마했다. 18대 대통령 선거 때 나는 투표일 마감 시간 직전까지 누구를 찍느냐로 무척 고심했다.

문재인에게 선뜻 기표할 수 없었던 것은 그의 말이 분명치 못하다는 느낌이 들었기 때문이다. 한 나라를 이끌어갈 지도자라면 매사 맺고 끊는 게 분명하고, 때로는 사자후와 같은 웅변으로 국민들을 휘어잡아야 한다. 그런데 그는 발음도 분명치 않을뿐더러 대중을 휘어잡을 웅변력도 없어 보였기 때문이다.

아무튼 제18대 대선에서 문재인은 대통령으로 당선되지 못했다. 제19대 대통령 선거에서는 박근혜 대통령의 탄핵 후유증으로 상대 후보를 가볍게 제치고 대통령으로 당선됐다. 그에 대한 대통령으로서의 평가는 아직 시기상조다. 하지만 산골 서생의 단견으로 그 첫째는 인사 실패요, 그 둘째는 남북정상회담은 역대 어느 대통령보다 여러 번 가졌음에도 결과물은 아무것도 없는 '꽝'으로 '빈 수레가 요란하다'는 말을 떠올리게 한다. 오죽하면 북한의 김여정조차 조롱의 말까지 늘어놓았을까.

문재인의 부모님 고향은 함경남도 흥남이다. 1950년 12월, 흥남 철수 때 미군 수송선을 타고 월남했다. 미군이 피란민들을 하선시킨 곳은 경남 거제였다. 그들은 아무 연고 없는 낯선 땅에서 고단한 삶을 시작했다. 부모님이 간고한 피란살이 하는 가운데 문재인이 태어났다.

아버지는 거제포로수용소에서 노무 일을 했고, 어머니는 거제에서 계란을 싸게 사서 머리에 이고 문재인을 업은 채 부산으로 건너가 파는 행상을 하면서 목숨을 부지했다. 얼마 후 그들 가족은 부산으로 갔다. 그때부터 문재인의 아버지는 장사를 했다. 부산의 양말 공장에서 양말을 구입하여 전남지역 판매상에게 넘겨주는 일이었다. 그러나 몇 년간 그렇게 장사하면서 외상 미수금만 잔뜩 쌓였고 빚을 졌다. 그의 아버지는 공무원이나 교사를 하면 맞을 사람으로, 피란에 갖은 일을 했어도 가난에서 헤어나지 못했다.

아버지의 실패 후 집안 생계는 어머니가 꾸려갔다. 처음 한 일은 구호물자 옷가지를 시장 좌판에 놓고 파는 일이었다. 연탄 배달도 했다. 한 번은 리어카에 연탄을 잔뜩 싣고 문재인이 앞에서 끌고 뒤에서 어머니가 잡아주면서 내리막길을 가다가 힘이 달린 어머니가 손을 놓쳐 리어카를 길가에 처박은 일도 있었다.

당시 부산 산동네에는 이북 피란민들이 옹기종기 몰려 살았는데 모두 찢어지게 가난했다. 가난하기는 학교도 마찬가지였다. 문재인이 다녔던 부산 영도 남항초등학교는 원래 작은 학교였는데 6·25 전쟁 후 갑자기 피란민들이 몰려와서 학생 수가 1천 명에 이르기도 했다. 비가 오면 교실에 지붕이 없어서 수업을 중단하고 귀가하곤 했다. 부모님은 교육열이 높아 문재인을 당시 부산에서 최고 일류였던 경남중학교에 입학시켰다. 문재인은 중학교 때부터 독서에 빠졌다. 그래서 일찍부터 사회문제에 눈을 떴다.

문재인은 대학 진학 때 역사학과로 가고자 했다. 하지만 담임선생님과 부모님이 반대하여 재수 끝에 경희대 법대에 진학했다. 대학 1학년 때 맞이한 10월 유신은 황당한 일이었다. 한 헌법학자의 강의가 기억에 남는바, 그는 자기가 쓴 헌법학 책으로 강의하면서, 100분 강의 내내 학생들을 바라보지 못하고 강의실 천장만 바라봤다고 한다.

1973년 하반기부터 본격적으로 유신 반대운동이 전국으로 번졌다. 그때 문재인은 유신 반대 선언문을 읽고 시위 학생들을 교문으로 이끌었기에 구속, 수감됐다. 구치소에 있을 때 2년 후배인 음대생 김정숙 학생이 면회를 왔다. 그런저런 인연이 계속 이어져 결혼까지 했다.

구치소에서 석방된 지 얼마 안 돼 입영 영장이 나왔다. 신체검사 통지서와 함께 입영통지서가 날아왔다. 입대한 훈련소는 창원 39사단이었다. 훈련소 퇴소 때 배치반은 부대는 '특전사령부'였다. 문재인은 특전사령부 예하 제1공수 특전여단 제3대대에 배치됐다. 특수전 훈련 때 폭파 주특기를 부여받았다. 이어 점프(공중낙하), 수중 침투훈련 등 고된 훈련의 연속이었다.

아내가 첫 면회를 왔다. 그 시절 군대 면회는 먹을 걸 잔뜩 싸오는 게 관례였다. 그런데 김정숙은 안개꽃만 한 아름 들고 왔다. 문재인 이병도 실망스러웠고 한편으로는 우스웠다. 그 꽃을 내무반으로 들고 오자 동료들이 배꼽을 잡고 웃었다. 아마 당시 대한민국 군대에 이등병 면회 가면서 음식 대신 꽃을 들고 간 사람은 그의 아내밖에 없었을 것이다. 군 복무 중 이런저런 일도 많았지만 어쨌든 무사히 제대했다.

집에 돌아왔지만 갑갑한 상황이었다. 부산 해운업계에 있던 선배가 취업을 권했다. 그러기로 하고 준비하는 중에 갑자기 아버지가 돌아가셨다. 아버지의 삶과 죽음이 너무 가슴 아팠다. 아버지를 위해서는 그냥 취업 정도로는 안 된다고 생각했다. 늦었지만 아버지에게 잘 되는 모습을 마음으로나마 보여드리고 싶었다. 그래서 사법시험을 보기로 결심했다.

노동·인권 변호사

1979년 초 사법시험 1차에 합격했다. 다음 해 2차 합격을 목표하고 있었는데 그해 10월 부마항쟁이 발발했다. 급기야 10월 26일 박정희 대통령이 시해됐다. 이듬해 봄, 캠퍼스로 돌아갔다. '서울의 봄'과 함께 캠퍼스에도 봄이 왔다. 복학 조건이 파격적이었다. 제적됐던 1975년 1학기 4월 초까지 학교에 다닌 것을 한 학기 이수로 인정해주고 복학 학기 등록금도 면제해줬다. 그 덕에 그해, 1980년 8월에 졸업했다. 얼마 후 처가 식구들과 강화 석모도와 보문사에 다녀오다 청량리경찰서 정보과 형사들에게 체포돼 그 길로 청량리경찰서 유치장에 수감됐다. 구속 사유는 계엄포고령 위반이었다. 구속된 지 20여 일쯤 됐을 때 뜻밖의 낭보를 받았다. 그 소식을 가장 먼저 들고 온 사람은 아내였다. 사법시험에 합격했다는 것이다. 다행히 3차 시험은 아슬아슬하게 통과됐다. 사법원 시절 판사를 지망했다. 판사 시보를 서울 북부지원에서 했다. 하지만 시위 전력으로 판사 임용이 안 되었다.

판사 임용에서 탈락된 뒤 할 수 없이 변호사 개업으로 방향을 바꿨다. '김&장'을 비롯해 괜찮은 로펌 여기저기서 스카우트 제의가 왔다. 조건도 좋았다. 하지만 뭔가 고급스러워 보여 오히려 내키지 않았다. 그냥 예사 변호사의 길을 택했다. 이왕이면 어머니가 살고 있는 부산에서 개업하고 싶었다. 다행히 아내가 동의해줬다. 그렇게 하여 노무현 변호사를 만나게 됐다. 그때까지 노 변호사를 몰랐다. 생판 초면이었다.

노 변호사는 그를 무척 편하게 대해줬다. 2002년 대선을 치를 때 문재인은 부산 선거대책본부장을 맡았다. 노 후보는 "노무현의 친구 문재인이 아니고 문재인의 친구 노무현입니다"라고 체질에 안 맞는 선대본부장을 맡아준 후배에게 고마운 마음을 표현했다. 노·문 두 변호사는 부산 지역의 대표적인 노동·인권 변호사로 알려졌다. 각종 시국사건을 도맡으면서 지역의 재야인사들과도 가까운 사이가 됐다. 세월이 지날수록 두 변호사는 재야운동에 깊숙이 발을 들여놓았다. 두 사람은 두 가지를 각별히 신경 썼다.

그 첫째는 스스로 깨끗하고자 노력했다. 그 둘째는 시국사건에서도 단지 변론뿐 아니라 수사와 재판절차까지 형사소송법의 규정을 관철하려고 노력했다. 한 예로 형사재판의 잘못된 관행을 하나씩 고치려 했다. 당시 시국사건인 경우 피고인을 서서 재판받게 하는 건 기본이고, 포승줄로 묶어놓고 수갑을 채워 재판하는 일도 다반사였다.

두 변호사는 법조문을 들이대며 재판장에게 요구했다. "수갑을 풀어주십시오", "포승줄을 풀어주십시오", "의자를 준비해서 앉게 해주십시오." 그렇게 형사재판의 잘못된 관행을 하나하나 고쳤다. 밤이 깊으면 새벽이 멀지 않듯이 독재정권은 민주화의 여명을 불러왔다. 1987년 6월 항쟁 승리의 날이 다가왔다. 1988년 5월 제13대 총선에서 노무현 변호사가 국회의원으로 당선됐다. 선거에 사용한 포스터의 구호가 '사람 사는 세상'이었다. 그 구호를 노무현은 계속해 썼다. 심지어 대통령 재임 중에도, 퇴직 후에도 썼다.

노무현은 국회의원으로 당선되자마자 국회 청문회 스타가 되었다. 영광도 컸지만, 좌절과 고통도 많았다. 문재인은 노무현의 정치 입문을 찬성했던 것을 후회하기도 했다. 노무현도 힘들 때는, 당신이 정치로 나를 내보냈으니 책임지라는 농담을 곧잘 했다. 실제로 노무현에게 변호사로 돌아올 것을 여러 번 권유했던 문재인은 나중에 오히려 정치권으로 흡수됐다.

친구 따라 대통령이 되다

2002년 노무현은 제16대 대한민국 대통령으로 당선됐다. 당선 후

그로부터 연락이 와서 아내와 함께 서울 모처에서 만나 즐거운 시간을 가졌다. 정치 이야기는 하지 않았다. 그 얼마 후 다시 노무현 당선인을 만났다. 이번에는 문재인에게 청와대 민정수석비서관을 맡아달라고 부탁했다. 문재인은 즉답하지 않았다. 그러자 노 당선자가 말했다.

"당신들이 나를 정치로 나가게 했고, 대통령을 만들었으니 책임져야 할 게 아니오."

문재인은 당선인의 뜻을 저버릴 수 없었다. 한 1~2년 눈 딱 감고 '죽었다' 생각하고서 다시 변호사 자리로 돌아오면 되겠지라는 순진한 생각으로 그 제의를 수락했다. 그리하여 2003년 1월 23일, 인수위 기자실에 가서 민정수석에 내정됐다는 인사를 하고 일을 시작했다.

청와대 민정수석 일을 맡은 지 1년 만에 해방되고 그해, 2004년 2월 28일에 네팔 히말라야로 떠났다. 거기서 야당이 노 대통령의 탄핵소추안을 발의했다는 소식을 접했다. 귀국하자 탄핵소추안이 국회에서 의결됐다. 노 대통령은 문재인에게 탄핵대리인단 구성을 비롯해 법적 대응 전반을 맡아달라고 부탁했다. 문재인은 지난 정리로 그 부탁을 들어줬다.

탄핵 재판 도중인 2004년 4월 15일, 제17대 국회의원 총선이 있었다. 선거 결과 여당인 열린우리당이 299석 가운데 152석으로 과반수를 넘겼다. 5월 14일 헌법재판소에서 탄핵은 기각됐다. 탄핵 재판이 끝난 뒤 노무현 대통령은 문재인에게 시민사회수석비서관 자리를 맡아달라고 간곡히 부탁했다. 꼼짝없이 문재인은 그 자리를 받을 수밖에 없었다.

2005년 1월, 다시 민정수석비서관으로 자리를 옮긴 뒤 2006년 5월 사임했다. 2007년 3월, 노무현 대통령이 다시 불렀다. 그리하여 참여정부 마지막 비서실장을 맡았다. 문재인은 진심으로 맡고 싶지 않았지만,

대통령의 정치적 상황이 워낙 좋지 않아 뿌리칠 수 없었다. '그래 우짜 겠노. 대통령과 마지막까지 함께하자.'고 마음을 다잡았다. 2007년 세 17대 대선에서 열린우리당의 정동영 후보가 이명박 후보에게 참패했 다. 문재인은 청와대를 떠나면 세상과 거리를 둔 채 조용하게 살고 싶 었다. 스스로 유배를 떠나는 심정으로 청와대를 떠났다.

2005년 5월 23일, 노무현 대통령의 서거는 전 국민을 충격에 빠뜨렸 다. 노무현 대통령의 장례를 치른 뒤 문재인은 '봉하재단' 감사직과 '노 무현재단' 상임이사직을 맡았다. 결국 그 자리는 문재인에게 본격적인 정계 진출의 출발점으로 그 모든 게 '운명'이었다.

2017년 3월 9일 제19대 대통령 선거에서 문재인은 대통령으로 당선 됐다. '친구 따라 강남 간다'가 아니고, '친구 따라 대통령이 됐다'였다.

2017년 5월 10일, 제19대 문재인 대통령은 취임사에서 다음과 같이 말했다.

"문재인과 더불어민주당 정부에서 기회는 평등할 것입니다. 과정은 공정할 것입니다. 결과는 정의로울 것입니다."

이 취임사 기사에 붙은 댓글이다.

'기립박수를 드립니다. 구구절절 옳으신 말씀뿐이었습니다. 이 기사 를 스크랩해 모셔두겠습니다. 대통령의 말도 중요하기는 하지만 그 말 에 책임을 지는 책임감이 더 중요한 것임을 잘 아시리라 믿습니다. 부 디 언행일치하는 책임감 있는 대통령이 되어주세요.'

'당신을 철저하게 반대했던 극렬한 보수주의자입니다. 하지만 앞으 로 당신을 자랑스러운 대한민국의 대통령으로 인정하겠습니다. 임기가 끝나는 날까지. 대한민국을 몽땅 바꾸어주시고, 협치와 통합, 둘로 나뉜 지금의 대한민국을 꼭 새롭게 만들어주시길 바랍니다. 이제부턴 당신

을 내 대통령, 대한민국의 대통령으로 받아들이겠습니다. 진심으로 축하드립니다.'

'화려한 미사려구보다 몸소 실천하면서 국민에게 희망을 주는 지도자가 절실히 필요한 때입니다. 오늘 취임사를 잘 기억해놓고 지켜볼 예정입니다. 부디 과거와 같이 국민을 실망시키지 않는 대통령이 되길 바랍니다.'

문재인은 5년의 임기를 마친 뒤, 2022년 3월 9일 제20대 대통령으로 당선된 윤석열에게 대통령의 바통을 넘겼다.

인사 실패

문재인 대통령 편 모두에서 밝혔지만 퇴임 1년도 지나지 않은 그에 대한 공과를 논하는 것은 때 이른 감이 있다. 하지만 저자로서 뭔가 한마디 해야 할 처지다. 단적으로 그는 인사에 실패했다.

『맹자』 4권에 '천시불여지리天時不如地利 지리불여인화地利不如人和'라 했다. 하늘의 때는 지리만 못하고, 지리는 사람들의 인화만 못하다는 말로 '사람'이 가장 중요하다는 말이다.

'인사는 만사'라는 말은 동서고금의 진리로, 지도자가 명심해야 할 그 첫째 덕목이다. 내가 아는 어떤 CEO의 말이다.

"일 년 364일은 느슨하게 보내도 단 하루, 인사 날만 정신 바짝 차리면 그 기업체는 잘 돌아갑니다."

인사는 그처럼 중요하다. 대통령 혼자 모든 국사를 다할 수 없다. 삼성의 이병철 회장, 현대 정주영 회장이 크게 성공한 CEO일 것이다. 그들의 성공 으뜸 원인은 인사를 잘했기 때문이다.

　그럼, 문재인 정권의 구체직 인사 실례를 극히 일부만 들어본다. 그 첫째, 가장 중요한 비서실장 인사다. 나도 이제까지 40여 권의 책을 펴낸 바 있고 출판기념회도 여러 차례 치러봤지만, 저자가 행사장에 카드기를 갖다놓고 책을 판매한다는 것은 상식 밖이다. 책을 펴내는 지성인이라면 그 정도의 상식과 도덕심은 기본일 것이다. 그런 이재에 밝은 사람이 문재인 대통령 비서실장이 되었다는 데 경악을 금할 수 없다. 그 둘째는 부총리 겸 교육부장관으로 교육 경력이 거의 없는 이를 교육 수장으로 임명했다는 점이다. 교육 경험이 짧은 새파란 젊은 장관 밑에 교단 경력 30, 40년의 일선 교장, 총장들은 얼마나 모멸감을 느꼈을까? 그런데 그분이 역대 교육부 최장수 장관이라니, 이건 잘못돼도 한참 잘못된 인사라 하지 않을 수 없다. 그 셋째는 국토교통부장관이다. 재임 중 천정부지의 부동산 가격 폭등이 집 없는 많은 젊은이들의 희망과 일할 의욕을 잃게 한 점이다. 서울 시내 부동산 중개인 아무에게나 그 자리를 맡겨도 그렇게 엉망진창으로 만들지는 않았을 것이다. 그 넷째는 적폐청산과 개혁을 부르짖던 법무부장관이다. '정기후정인正己後正人'이라는 말이 있다. 이는 자신이 바르게 처신한 뒤, 남의 잘못을 살펴야 한다는 말이다. 이 사태가 벌어졌을 때 문재인 대통령은 조기에 논란을 차단시켜, 들끓는 민심을 잠재워야 옳았다. 더욱이 자녀 입시 논란은 문 정권에 치명타였다. 문 대통령은 이 사태 수습을 미적거리다가 결국 정권조차 엉뚱한 이에게 넘기는 최악의 악수를 두었다. 한마디로 유행어인 '내로남불'의 극치였다.

　이 밖에도 내가 잘 아는 사람의 인사 실례를 더 들 수 있지만 인간관계에는 금도가 있기에 더 이상 거론치 않겠다. 그들의 얘기를 들어보면 대통령 선거 때 문재인 후보를 도왔기 때문에 그런 자리를 맡게 되었단다. 대통령이 되기 위해서 많은 사람들의 지지와 헌신적인 도움을 받아야 하는 것을 모르는 바 아니다. 하지만 당선 후 논공행상이 지나치면 이는 인사 참사로 나라를 기울게 한다. 박정희 대통령이 제5대 대통령 당선 후 반대편 선봉에 있었던 최두선 동아일보 사장을 국무총리로 임명한 예나, 김대중 대통령이 초대 비서실장을 경북 울진 사람 김중권으로 임명한 것은 당신 곁에 사람이 없어서가 아니었다. 고도의 인사 철학이었을 것이다.

또 하나 안타까운 말을 언급해야겠다. 문 대통령은 재임 중 역대 다른 어느 정부보다 남북정상 간 만남을 자주 가져 판문점, 평양, 백두산 등지에서 이 나라 백성들에게 좋은 그림을 많이 보여줬다. 그러나 퇴임 전까지, 최소한 끊어진 금강산 길이나 개성공단 재가동, 또는 한반도 종전평화선언 가운데 한두 가지는 치적으로 남겼어야 했다.

판문점, 군사분계선을 넘나드는 문재인 대통령과 김정은 국무위원장. ⓒ 국가기록원

문 대통령 당신은 그렇게 하고 싶었지만 미국 때문에 하지 못했다고 변명할지도 모르겠다. 그렇다면 그만한 배짱도, 정치력도 없이 왜 대통령 하겠다고 나섰느냐고 묻고 싶다. 그런 일을 하라고 많은 사람들이 그를 지지했을 것이다. 분단국가 대통령의 가장 큰 책무는 통일 문제 해결이다. 대통령 당선 후 목숨을 걸고 그런 일에 앞장섰다면 좋았으련만……

백범이나 몽양을 보라! 그들은 분단을 막고자 분골쇄신하다가 비명에 가셨다. 그랬기에 후세가 그들을 흠모하는 것이다. 한두 번은 트럼프의 바짓가랑이라도 꽉 부여잡고서 그런 문제들의 물꼬를 텄어야 옳았다. 어영부영 세월을 보낸 다음 퇴임을 하고서 양산으로 내려간, 자릿값도 못 한 대통령이 아닌가!

어느 전직 언론인의 촌평을 전하면서 문재인 대통령 편을 마무리한다.

"문재인, 그 사람 진국입니다. 부산에서 그냥 인권 변호사로 남았으면 좋았을 겁니다. 너무 큰 의자에 앉아 어버버하다가 내려온 분이지요."

나라의 번영과 통일을 이룰
위대한 대통령을 기다리다

나는 대한민국호의 한 승객으로서 선장이었던 초대 이승만 대통령부
터 윤보선, 박정희, 최규하, 전두환, 노태우, 김영삼, 김대중, 노무현, 이
명박, 박근혜, 제19대 문재인 대통령, 그리고 내각책임제 때 장면 총리
까지 그들의 면모와 행적을 스케치해보았다.

제1~3대 이승만 대통령은 초대 대통령으로 이 나라 민주헌정사에
주춧돌을 튼실하게 놓지 못했다. 무엇보다 자신의 임기 연장을 위해 헌
법을 고친 점은 큰 오점이다. 재임 중 반민특위 해산으로 친일파 청산
을 방해한 점도 실정이었다. 또한 6·25 전쟁 전후로 숱한 양민들을 이
념이 다르다는 이유로 집단 학살했다. 국민의 생명과 재산을 지켜야 할
대통령이 서로 이념이 다르다는 이유로 재판도 없이 무참히 총살시킬
수 있는가?

제4대 윤보선 대통령은 5·16 쿠데타를 막지 못한 책임에서 자유로
울 수 없다. 그리고 군정연장을 저지시킬 수 있는 제5대 대통령 선거에
서 박정희 후보와 정정당당하게 정책 대결을 하지 않고, 색깔론에 함몰
하여 마침내 군사정권의 연장을 굳혀주는 우愚를 범했다.

우리 헌정사상 유일했던 내각책임제하 장면 총리는 격동의 시대에
맞지 않는 유약한 신사 정치인이었다. 그가 5·16 쿠데타 때 피신치 않

고 목숨을 걸고 헌정사를 지켰더라면 군사정부는 수립되지 못했을 것이다. 추측건대 장 총리는 5·16 쿠데타 당시 가르멜수도원에 숨어 있으면서 미국에 여러 차례 SOS를 요청했을 것이다. 하지만 끝내 미국 측과 연락이 닿지 않자 모든 걸 체념한 채 순순히 정권을 이양한 것으로 보인다.

제5~9대 박정희 대통령은 가난을 물리치겠다는 불같은 집념으로 재임 중 이 나라를 산업국가로 탈바꿈시킨 점과 산을 푸르게 만든 점은 큰 업적이 아닐 수 없다. 하지만 무리한 장기 집권으로 끝내 부인도, 본인도 비명에 갔다. '총으로 일어선 자는 총으로 망한다'를 실증해 보인 대통령이었다. 내가 보기에 그는 대한민국 현대사에 온갖 악역을 도맡다가 용도폐기로 '토사구팽'을 당한 불행한 인물로 여겨진다.

제10대 최규하 대통령은 한밤중에 굴러온 대권을 그저 줍다시피 얻은, 당신의 머리에 맞지 않는 벙거지를 쓴 허수아비였다. 역대 대통령 가운데 체구는 가장 큰 분이 통은 제일 작았던 듯하다.

제11~12대 전두환 대통령은 출발부터 나빴다. 참 무서웠던 시절이었다. 1980년 광주사태의 반사이익으로 대권까지 꿰차 육사 골키퍼 출신이 대권 반열에 오를 수 있었다. 한 가지 점수를 주고 싶은 것은 그래도 당신 분수를 알고 경제 분야는 전문가에게 맡긴 점이라 하겠다.

제13대 노태우 대통령은 6·29 선언으로 두 야당 지도자(김영삼과 김대중)의 약점을 교묘히 파고들어 어부지리로 대통령 자리를 꿰찼다. 그가 선거 때 내세운 '보통사람'이라는 말은 유권자를 현혹시켰다. 그는 보통사람인 척 연기했을 뿐, 대단히 의뭉스럽고 좌고우면한 정치군인이었다. 다만 그의 재임 때 북방정책만은 큰 업적이라 하겠다. 말년에 숨겨둔 비자금이 들통나 울면서 대국민 사과를 한 장면은 대한민국 대통령의 권위를 스스로 땅바닥에 내동댕이친 참으로 못난 대통령이 아닐 수 없다.

제14대 김영삼 대통령은 거제도 멸치 어장주 김홍조 옹의 외아들이었다. 경남고, 서울대 문리대 철학과를 나온 귀공자로 정계에 투신해 잔뼈가 굵은 행운아였다. 그는 김대중과는 영원한 맞수요, 동지로 함께 험난한 정치 파고를 헤쳐왔다. 1993년, 정계 입문 40년 만에 대권의 권좌에 올랐다. 집권 초기 그의 지지율은 하늘 높은 줄 모르게 치솟았다. 하지만 국가경영 및 통치술 부족으로 마침내 IMF 구제 금융사태까지 이르게 했다. 젊은 날 정치권에서 투쟁에만 몰두했지 집권 이후의 국가경영에 대비한 통치술 공부는 게을리한 결과였을 것이다.

하늘조차 그를 돕지 않았다. 남북정상회담은 16일을 앞둔 시점에서 김일성 주석의 사망으로 무산됐다. 게다가 땅과 하늘, 바다에서 연이은 대형사고가 터졌다. 하지만 공직자 재산 등록, 군의 사조직인 하나회 척결, 금융실명제, 전두환·노태우 구속 등은 큰 업적이라 하겠다. 특히 그가 하나회 척결로 정치군인들을 정치판에서 몰아냈기에 이후 김대중·노무현·문재인 정부가 들어설 수 있었을 것이다.

제15대 김대중 대통령은 전남 신안군 하의도란 외딴섬 소년으로 갖은 역경을 헤치고 대통령 반열에 오른 것은 '낙도의 기적'이 아닐 수 없다. 그처럼 우리나라 정치인 가운데 풍상을 겪은 이도 드물 것이다. 그는 사형수에서 대통령이 됐다. 그래서 그에게는 '인동초', '4전 5기' 같은 수식어가 따른다. 절망 속에서도 좌절하지 않고, 교도소를 오히려 '인생대학'으로 삼아 내공을 쌓은 점은 역경에 처한 사람들이 본받아야 할 교본이다. 분단 이후 최초 남북정상회담의 결과로 이룬 '6·15 남북공동선언'은 길이 역사에 남을 금자탑이다. 다만 평생 동지요 라이벌이었던 김영삼과 단일화를 이루지 못해 군정연장을 도모케 한 것과 자신의 입으로 말한 정계 은퇴 번복은 대한민국 정치지도자의 말에 대한 신뢰성을 잃게 했다는 점에서 큰 오점이 아닐 수 없다.

제16대 노무현은 고졸 출신의 변호사로 대한민국 대통령에 오른 또하나의 '기적'이었다. 하지만 퇴임 후 고향마을 뒷산에서 스스로 생을 마감한 일은 우리 헌정사에 큰 흠결로 우리 모두를 아프게 했다. 전직 대통령이 정정당당한 법의 심판을 피한 채 스스로 생을 마감했다는 것은 '모든 사람은 법 앞에 평등하다'는 대원칙을 저버린 행위가 아닐 수 없다.

제17대 이명박 대통령은 이 나라 정치지도자라기보다 한낱 정상배의 이미지로 각인되었다. 기업인으로, 서울시장으로 공직생활을 마감했더라면 본인도, 나라도 좋았을 것이다.

제18대 박근혜 대통령은 처음부터 정계에 진출하지 않았더라면 좋았을 것이다. 보이지 않는 곳에서 조용히 아버지 추모사업을 하면서 소외된 계층과 불우한 사람들을 돕는 사회사업으로 여생을 보냈더라면 유신 공주 및 퍼스트레이디의 이미지를 끝까지 유지했을 것이다.

제19대 문재인 대통령은 전임자의 탄핵으로 쉽게 친구 따라 대통령 자리를 꿰찼다. 그는 제대로 준비되지 않은, 내공이 부족한 우유부단한 대통령이었다. '인사는 만사'라고 했는데 전문성과 지도력이 부족한 이들을 발탁하여 인사 참사를 불러일으켰다. 재임 중 부동산 가격 폭등은 젊은이들의 꿈을 잃게 했다. 역대 어느 정권보다 자주 남북정상의 만남이 이뤄졌지만 정작 가시적인 성과는 하나도 남기지 못했다. 이런저런 국정 장악 실패로 정권까지 야권에게 고스란히 넘겨줬다.

대한민국 역대 대통령들은 아마도 그들의 재임 중 미국의 간섭과 그 영향에서 자유롭지 못했을 것이다. 지난날 미국은 청와대까지 도청한 적이 있다고 한다. 그런 처지에서 대통령으로서 고충은 매우 컸을 것이다. 사실, 분단된 나라의 대통령이라면 최우선으로 통일 문제를 해결하는 데 앞장서야 한다. 역대 대통령의 스케치를 마치면서 우리나라 정부 형태에 꼭 대통령제가 능사인지에 대한 소견을 덧붙인다.

1948년 대한민국 정부 수립 후 그새 70여 년의 세월이 지났다. 1948년 제헌헌법 초안에는 내각제였으나 당시 이승만의 반대로 대통령제로 고쳤다. 그렇게 한동안 대통령제를 고수해오다가 1960년 4월 혁명 후 약 9개월간 내각책임제를 채택한 적이 있었다. 하지만 1961년 5·16 군사쿠데타 이후 내각책임제 정부 형태는 물거품처럼 사라졌다. 이후 내각책임제는 정국의 혼란을 도모한다는 폐단 여론으로 부활하지 못했다. 그러나 대통령제 70여 년을 넘긴 이 시점에서 다시 한번 시도해봄 직도 하다. 민도도, 경제력도 높아졌고, 국민들의 정치 수준도 향상됐다.

역대 대통령의 대부분이 퇴임 후 평범한 시민으로 돌아가지 못한 채 재임 때의 부적절한 통치 행위와 친인척 비리 등으로 그 말년은 불행했다. 이러한 불행의 원인에는 제왕적 대통령제가 갖는 막강한 권력 독점으로 인한 제도상의 문제점도 있을 것이다. 또한 임기제 대통령으로서 장기 집권에 대한 유혹으로 무리한 개헌을 도모하여 불행한 결과를 초래한 점도 있었다. 내각책임제의 정부에서 훌륭한 불세출의 정치지도자가 나타나 계속 다수당으로 국민들의 지지를 받는다면 개헌 없이도 장기 집권을 할 수 있을 것이다. 사실 단임 5년제는 정치를 안정시키고 분단국가로서 통일 대과업을 추진하기에 짧은 감도 없지 않다. 반대로 수준이 형편없는 정치지도자가 나타났을 경우에는 곧장 국민 발의

등으로 의회를 해산하여 쉽게 정권도 바꿀 수 있을 것이다. 적절한 시점에 내각책임제를 공론에 부쳐 국민 여론에 따른, 우리의 정치 현실에 맞는 새로운 형태의 정부를 창출해보는 것도 국가 장래를 위한 지평을 넓히는 방안이리라.

이제 이 책『대한민국 대통령』을 다음 세 가지 말로 마무리한다.

그 하나는 '이 나라 백성들이 통일 대통령을 기르자'는 말이요, 그 둘은 '계속 희망을 가지고 이 겨레를 구할 초인, 곧 위대한 통일 대통령을 기다리자'는 말이요, 그 셋은 '그 나라 지도자는 백성들의 수준과 같다'는 말이다. 그러기 위해, 우리는 나라의 지도자를 뽑는 안목을 더 높여야 할 것이다. 아무쪼록 이 책이 현직 및 다음 대통령들에게, 그리고 정치가를 꿈꾸는 젊은이와 일반 독자들에게 현대사를 이해하고 나라와 겨레의 장래를 구상하는 데 조금이라도 도움 되기를 바란다. 애써 수집한 귀한 사진을 제공해준 눈빛출판사에 고마움을 전한다. 조금 쉰 다음 새롭고 더 재미난 얘기로 여러분들을 찾아뵙겠다는 약속의 말을 남기면서…….

2023년 6월
원주 치악산 밑 박도 글방에서

박도

강준만,『한국 현대사 산책』, 인물과 사상사, 2002

강준식,『대한민국의 대통령들』, 김영사, 2017

권영민,『자네 출세했네―내가 본 최규하 대통령과 홍기 여사』, 현문미디어, 2008

기호열,『CIA 박정희 암살공작』, 청맥, 1996

김대중,『김대중 자서전』, 삼인, 2010

김병완,『박근혜의 인생』, 문학스케치, 2012

김삼웅,『김대중 평전』, 시대의창, 2010

김영삼,『김영삼 대통령 회고록』, 조선일보사, 2001

김택근,『새벽―김대중 평전』, 사계절, 2012

김학민·이창훈,『박정희 장군, 나를 꼭 죽여야겠소―한국 현대사의 미스터리 황태
    성사건의 전모』, 푸른역사, 2015

노무현 재단 엮음·유시민 정리,『운명이다―노무현 자서전』(노무현 전집 5권), 돌베
    개, 2019

노무현,『여보, 나 좀 도와줘―노무현 고백 에세이』(노무현 전집 1권), 돌베개, 2019

리, 프란체스카 도너, 조혜자 옮김,『이승만 대통령의 건강』(이승만 연구총서 1), 촛
    불, 2006

문재인,『문재인의 운명』, 가교출판, 2011

박근혜,『고난을 벗 삼아 진실을 등대 삼아』, 부산일보출판국, 1998

박근혜,『평범한 가정에 태어났더라면』, 남송출판사, 1993

박도 엮음,『미군정 3년사―빼앗긴 해방과 분단의 서곡』, 눈빛, 2017

박도,『항일유적답사기』, 눈빛, 2006

박도,『허형식 장군―만주 제일의 항일 파르티잔』, 눈빛, 2019

박도,『그 소년은 왜 대통령이 되었을까』, 오래, 2012

박명림,『한국 1950 전쟁과 평화』, 나남출판, 2002

박영규,『한 권으로 읽는 대한민국 대통령 실록』, 웅진지식하우스, 2014

백선엽,『군과 나』, 시대정신, 2016

서중석,『서중석의 현대사 이야기』, 오월의봄, 2015

신철식,『신현확의 증언』, 메디치미디어, 2017

이광복,『인간 김영삼』, 행림출판, 1993

이명박,『신화는 없다』, 김영사, 2005

이용원,『제2공화국과 장면』, 범우사, 1999

이종찬,『숲은 고요하지 않다―이종찬 회고록』, 한울, 2015

이희호,『동행―이희호 자서전』, 웅진지식하우스, 2008

임종국,『일제침략과 친일파』, 청사, 1982

장병혜·장병초 엮음,『대한민국 건국과 나―창랑 장택상 자서전』, 청랑 장택상 기
　　념사업회, 1995

전두환,『전두환 회고록』, 자작나무숲, 2017

전인권,『박정희 평전』, 이학사, 2006

정병준,『우남 이승만 연구』, 역사비평사, 2005

정운현,『실록 군인 박정희』, 개마고원, 2004

정재경 엮음,『박정희실기』, 집문당, 1994

조갑제,『내 무덤에 침을 뱉어라』, 조선일보사, 1999

최상천,『알몸 박정희』, 사람나라, 2004

최종고 편저,『우남 이승만―대한민국 건국대통령의 사상록』, 청아출판사, 2011

하우스만, 짐·정일화 공저,『한국 대통령을 움직인 미군 대위』, 한국문원, 1995